500 監 カン 監視
501 防 ボウ ふせ 防犯
502 犯 ハン おか 防犯 犯罪
503 設 セツ もう 設置
504 罪 ザイ つみ 犯罪
505 捜 ソウ さが 捜査
506 欠 ケツ か 欠かせない
507 概 ガイ おおむ 概観

第 11 課

508 裏 リ うら 裏
509 賀 ガ 年賀状
510 依 イ 依頼
511 誠 セイ まこと 誠実に
512 欲 ヨク ほ ～て欲しい
513 迷 メイ まよ 迷惑
514 惑 ワク まど 迷惑
515 範 ハン 範囲
516 志 シ こころざし 意志 志
517 構 コウ かま 結構な
518 寄 キ よ 寄付
519 乞 こ 乞う
520 断 ダン ことわ 判断 判断をくだす 断る
521 協 キョウ 協力
522 悩 ノウ なや 思い悩む 悩む
523 判 ハン 判断 判断をくだす
524 滞 タイ とどこお 滞在
525 某 ボウ 某氏
526 氏 シ うじ 某氏
527 冗 ジョウ 冗談
528 虫 チュウ むし 虫がいい 虫
529 嫁 カ よめ とつ 転嫁
530 呪 ジュ のろ 呪文
531 棄 キ 放棄
532 殿 デン との 殿様
533 柄 ヘイ がら 横柄な

---

534 復 フク 復権
535 権 ケン 復権
536 錯 サク 交錯
537 拒 キョ こば 拒絶
538 姿 シ すがた 姿勢
539 勢 セイ いきお 姿勢
540 詮 セン 詮索
541 索 サク 詮索
542 双 ソウ ふた 双方
543 陽 ヨウ 陽気な
544 抑 ヨク おさ 抑制
545 民 ミン たみ 国民
546 製 セイ 製造
547 造 ゾウ つく 製造
548 証 ショウ あかし 検証
549 胞 ホウ 同胞
550 喚 カン 喚起
551 己 コ おのれ 自己主張
552 歯 シ は 歯がゆい

第 12 課

553 幹 カン みき 新幹線
554 清 セイ きよ 清掃
555 団 ダン 集団
556 窓 ソウ まど 窓
557 紛 フン まぎ 紛失
558 管 カン くだ 管理
559 壊 カイ こわ 壊れる
560 危 キ あぶ 危険な
561 険 ケン けわ 危険な
562 盛 セイ も さか 全盛期
563 維 イ 維持
564 営 エイ いとな 経営
565 帽 ボウ 帽子
566 編 ヘン あ 編成
567 算 サン 計算
568 肯 コウ 肯定 自己肯定感
569 稼 カ かせ 稼ぐ
570 側 ソク がわ ～側
571 謝 シャ あやま 感謝
572 循 ジュン 好循環 循環
573 務 ム つと 勤務
574 更 コウ さら ふ 変更

---

575 嵐 あらし 嵐
576 敵 テキ 敵 天敵 敵対関係 敵意
577 互 ゴ たが お互い
578 領 リョウ 領域
579 域 イキ 領域 地域
580 折 セツ お おり 心が折れる 折れる
581 描 ビョウ えが 描く 描き出す
582 永 エイ 永遠に
583 勝 ショウ か 勝手に 身勝手な
584 紀 キ ～世紀
585 凶 キョウ 凶暴な
586 暴 ボウ あば 凶暴な
587 巨 キョ 巨人
588 襲 シュウ おそ 襲う
589 殺 サツ ころ 殺す
590 隣 リン となり 隣人
591 戦 セン たたか 第二次世界大戦
592 抱 ホウ いだ 辛抱強く 抱く
593 憎 ゾウ にく 憎しみ
594 距 キョ 距離
595 武 ブ 武器
596 撃 ゲキ 攻撃
597 群 グン む 群れ

漢字チャレンジ ⑬

598 泳 エイ およ 泳ぐ
599 浅 セン あさ 浅い
600 渡 ト わた 渡る
601 浴 ヨク あ 浴びる
602 湿 シツ しめ 湿度

漢字チャレンジ ⑭

603 拾 シュウ ひろ 拾う
604 拡 カク 拡大
605 捕 ホ つか 捕まえる
606 損 ソン そこ 損
607 拍 ハク ヒョウ 拍手

漢字チャレンジ ⑮

608 縮 シュク ちぢ 縮小
609 湖 コ みずうみ びわ湖
610 河 カ かわ 河川
611 慎
612 溶

漢字チ

613 泉 セン いずみ 温泉
614 血 ケツ ち 採血
615 認 ニン みと 確認
616 輸 ユ 運輸
617 及 キュウ およ 普及

漢字チャレンジ ⑰

618 緑 リョク みどり 緑
619 給 キュウ 給料
620 純 ジュン 単純な
621 綿 メン わた 綿
622 緩 カン ゆる 緩い

漢字チャレンジ ⑱

623 慢 マン 我慢
624 快 カイ こころよ 快適な
625 懐 カイ なつ 懐かしい
626 悔 カイ く くや 後悔
627 惜 セキ お 惜しい

漢字チャレンジ ⑲

628 救 キュウ すく 救護所
629 護 ゴ まも 救護所
630 煙 エン けむり 喫煙所
631 舗 ホ 店舗
632 輪 リン わ 駐輪場

漢字チャレンジ ⑳

633 募 ボ つの 募集
634 免 メン まぬが 免許
635 遇 グウ 優遇
636 歓 カン 歓迎
637 履 リ 履歴書

漢字チャレンジ ㉑

638 宗 シュウ 宗教
639 察 サツ 警察
640 宝 ホウ たから 宝くじ
641 害 カイ 有害な
642 宅 タク 自宅

漢字チャレンジ ㉒

643 贈 ゾウ おく 贈り物
644 貯 チョ た 貯金
645 貧 ヒン ビン まず 貧しい
646 賃 チン 賃金
647 財 ザイ 財産

漢字チャレンジ ㉓

648 柱 チュウ はしら 柱
649 詩 シ 詩
650 扱 あつか 扱う
651 購 コウ 購入
652 唯 ユイ 唯一

漢字チャレンジ ㉔

653 坂 ハン さか 坂
654 律 リツ 法律
655 移 イ うつ 移民
656 祝 シュク いわ 祝う
657 隠 イン かく 隠す

補助教材ダウンロードのご案内 About downloading

本書の学習に役立つリソースを、ウェブサイト「カルテットオンライン」で提供しています。

https://quartet.japantimes.co.jp/

The resources for this textbook can be downloaded from the following link.

https://quartet.japantimes.co.jp/en/

■写真提供

和倉温泉 加賀屋（p. 34, p. 37）／株式会社 BERTRAND（pp. 38－39）／ PIXTA（p. 57）／フォトライブラリー（p. 57, p. 96）／ナーモス株式会社（p. 59）／名古屋外国語大学 アトリウム食堂（p. 127）／株式会社 JR 東日本テクノハート TESSEI（p. 166）／毎日新聞社（p. 168）

技能でひろがる　中級日本語 カルテット Ⅱ

uartet: Intermediate Japanese Across the Four Language Skills II

)20 年 12 月 20 日　初版発行

)25 年 9 月 5 日　第 8 刷発行

修者：坂本 正

者：安井朱美・井手友里子・土居美有紀・浜田英紀

行者：伊藤秀樹

行所：株式会社 ジャパンタイムズ出版

〒 102-0082 東京都千代田区一番町 2-2

一番町第二 TG ビル 2F

:N978-4-7890-1745-9

edition: December 2020

printing: September 2025

rators: Yuki Minatsuki, Mizuki Fujita, Akira Sada and Homare Horikawa

rdings: The English Language Education Council, Inc.

ish translations: Ayaka Masumoto and EXIM International, Inc.

ish copyreading: EXIM International, Inc.

trations: Atsushi Shimazu (Pesco Paint)

ut, typesetting and cover art: Hirohisa Shimizu (Pesco Paint)

ting: Koho Co., Ltd.

shed by The Japan Times Publishing, Ltd.

hibancho Daini TG Bldg., 2-2 Ichibancho, Chiyoda-ku, Tokyo 102-0082, Japan

ite: https://jtpublishing.co.jp

978-4-7890-1745-9

ed in Japan

QUARTET

INTERMEDIATE JAPANESE ACROSS THE FOUR LANGUAGE SKILLS

SUPERVISOR | TADASHI SAKAMOTO
AUTHORS | AKEMI YASUI / YURIKO IDE / MIYUKI DOI / HIDEKI HAMADA

4技能でひろがる 中級日本語カルテット II

監修 坂本正
著 安井朱美／井手友里子
土居美有紀／浜田英紀

the japan times PUBLISHING

はじめに

中級レベルの日本語学習者が「読む」「書く」「話す」「聞く」の4技能をバランスよく伸ばすことを目標とした『4技能でひろがる 中級日本語 カルテットⅠ』が出版されたのは、2019年の夏。その年の冬から世界は激変しました。未曾有のコロナ禍で、これまで全く経験がなかったオンライン授業や在宅勤務をはじめとした数々のチャレンジを多くの方が現在も余儀なくされている状況です。そのような中で、ようやく『カルテットⅡ』の出版の日が迎えられる運びとなり、大変感慨深く思います。

本書は、初級が終わっても中級レベルへの移行がスムーズにいかない数多くの学生たちを微力ながらも助けたいという私たちの思いから始まりました。「読む」の読み物のトピックで「書く」の作文を書き、「話す」の会話や「聞く」の聴解へとつながることを目指しました。また同時に、授業内での使用のみならず学習者が独学もできるよう丁寧な説明とともに豊富な例文やモデル作文・会話を提示し、大学で留学生が学ぶ日本語の授業で試用を何度も繰り返しながら改訂を重ねてきました。

本書の作成には本当に多くの方々にお世話になりました。南山大学外国人留学生別科には本書を試用する機会を与えていただき、長年にわたり温かく見守っていただきました。ここに深く感謝の意を表します。また、本書に準拠した単語・漢字アプリ制作のためのクラウドファンディングに多額のご寄付をしてくださいました皆様お一人おひとりに、そして前回同様、緻密かつ丁寧な翻訳で多大な貢献をいただきました増本朱華さんにも心よりお礼を申し上げます。

最後に、出版まで支え続けてくださったジャパンタイムズ出版日本語出版編集部の皆様にはひとかたならぬお世話になりました。心から深謝申し上げます。

現在の困難な状況下でも、独学の方を含め、『カルテットⅠ』から続く「学び」を決してあきらめることがない学習者の皆様が世界中に大勢います。私たちはそんな皆様を心から応援しています。楽しみながら着実に中級から上級への階段を登っていく――本書がその学びの一助になることを願ってやみません。

2020年（令和2年）10月

著者一同

もくじ Contents

本書について

1 『中級日本語 カルテット』とは

『中級日本語 カルテット』は初級（250～300時間）が終わった学生のための中級総合教材です。中級レベルに必要な文法・表現・ストラテジーを学び、4つのスキル（読む・書く・話す・聞く）をバランスよく身につけることを目標にしています。

教材はⅠ（第1課～第6課）とⅡ（第7課～第12課）に分かれていて、それぞれにテキストとワークブックがあります。ⅠとⅡでCEFR（ヨーロッパ言語共通参照枠）のB1レベルの内容を学びます。

学習内容は、Ⅰは日本語能力試験のN3レベル、ⅡはN2・N1レベルを中心に、各課、文型・表現を約10項目ずつ、漢字は約45字ずつ、読みのストラテジーを1～2項目を学びます。第Ⅱ巻全体では、文型・表現65項目、漢字330字、読みのストラテジー10項目になります。

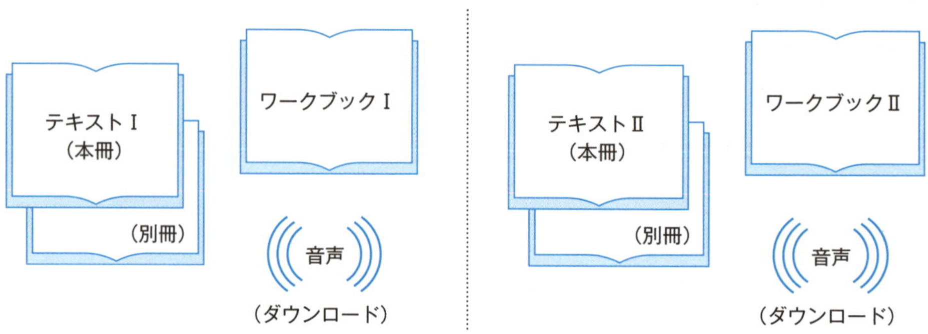

2 テキストⅡの構成と内容

『中級日本語 カルテット』のテキストには、1つの課に「**読む**」「**書く**」「**話す**」「**聞く**」のセクションがあり、共通するテーマでつながっています。「読む」の読み物のトピックが「書く」の作文や「話す」の会話、「聞く」の聴解でも取り上げられていたり、聴解には読み物の文型・表現が使われていたりと、各セクションが様々な形で関連していることで、4つのスキルを自然にバランスよく伸ばすことができます。読み物の単語リスト・漢字リストは、本文を見ながら使えるように、テキストに付属する「**別冊**」に収録しています。また、課の後ろに「**ブラッシュアップ**」として、語彙や表現を広げる活動と漢字に関するセクションがあります。

以下、テキストⅡの構成と内容について説明します。

(1) 第 7 課～第 12 課

読む　2 つの読み物で「文型・表現」や「読みのストラテジー」を学ぶ

■**読む前に・読んだ後で**　「読む前に」では、読み物のトピックについて質問に答える形でスキーマを活性化させ、読む準備をします。「読んだ後で」では、読み物の内容を自分の言葉でまとめたり、自分の国と比べたり、自分の経験や意見について話したりします。

■**読み物**　各課に「**読み物 1**」「**読み物 2**」の 2 つがあり、課が進むにつれて少しずつ難易度を上げてあります。トピックには、多くの学習者が興味を持っている日本文化や社会に関するものを中心に取り上げています。テキストⅡでは、第 8 課の読み物 1 を除くすべての読み物が生教材で、学習者向けにコントロールされていない読み物です。学習者が「読める」達成感を感じながら学習を進められることを目指しました。

■**読みのストラテジー**　その課の読み物を理解するのに有効なだけでなく、読解全般に広く応用が利くストラテジーを学習します。テキストⅠ同様、テキストⅡでも、文の読み方に関わるものと文章構成を理解するためのストラテジーを取り上げています。

■**文型・表現ノート**　読み物で使われている文型や表現の解説です。テキストⅡでは日本語能力試験の N2・N1 文法を中心に、主に中級レベルの文型・表現を取り上げました。英文の説明と共に例文を数多く載せて、例文から文型・表現の意味や使い方が確認できるようにしてあります。見出しに「★」が付いている項目は、話せること・書けることを目指すもの、「★」がない項目は意味がわかればいいものです。

書く　モデル作文をもとにして作文を書く

「書く」では、「読む」で学んだことを使って、読み物と関連したテーマで短い文章を書きます。実際に作文を書く前に、「**モデル作文**」や「**書くポイント**」を読んで文章の構成や書く時の注意点を理解したり、「**書いてみよう**」の質問に答えてブレインストーミングをしたりすることができるようになっています。

話す　モデル会話をもとに会話パターンの練習を行う

「話す」には、「**会話 1**」「**会話 2**」のセクションがあり、それぞれ 1 つのモデル会話をもとに、インプットからアウトプットまで段階を追って練習します。「会話 1」では目的のタスクを達成する会話を、「会話 2」ではスピーチや発表などの独話やディスカッションを扱っています。

1. **やってみよう**　モデル会話に入る前に、その会話の状況でまずロールプレイをすることで、自分が今どのくらい話せるかチェックします。
2. **聞いてみよう**　モデル会話を聞き、内容や流れをつかみます。
3. **モデル会話**　スクリプトを読んでモデル会話を文字で確認するとともに、「フローチャート」で会話全体の流れを視覚的に確認します。
4. **練習しよう**　モデル会話から抽出された会話パターンに沿って、自分の言葉でアウトプットする練習をします。

聞く　2つの異なるタイプの聴解練習を行う

「聞く」には「**聴解1**」「**聴解2**」の2つがあり、どちらも読み物に関連した内容になっています。聴解1は、図表を見ながら講義や説明を聞き、必要な情報を読み取る「聴読解形式」です。聴解2は留学生が友人と社会的な話題について話している会話です。議論しやすいテーマになっているので、聞く練習をした後、ディスカッションもできます。

(2)「ブラッシュアップ」セクション

第7課～第12課の学習とは別に、語彙や表現を広げる活動や漢字学習の役に立つストラテジーを課の後ろにまとめました。

上級へのチャレンジ

読み物の中から、文章を豊かにする表現を取り上げ、語彙力・表現力の向上を目指します。以下の項目については、その該当課の関連箇所と同時に学習すると効果的です。最後の「⑧インタビュープロジェクト」は第8課、第10課、第12課で学んだことを活かして行うプロジェクト活動です。

上級へのチャレンジ	関連する本文の部分
① 視点	☛ 第7課：書く
② 四字熟語	☛ 第8課：読み物1
③ ことわざ	☛ 第8課：読み物2
④ オノマトペ	☛ 第9課：読み物1・読み物2・会話2
⑤ カタカナ語	☛ 第10課：読み物1
⑥ 接続詞	☛ 第11課：読み物1・読み物2
⑦ 慣用句	☛ 第12課：読み物2
⑧ インタビュープロジェクト	☛ 第8課：書く／第10課：書く／第12課：書く

漢字チャレンジ

部首に関する知識や読みのヒントとなる「音符」に関する知識など、中級以降の漢字学習に必要なストラテジーを12項目取り上げました。これらを学習することで、漢字の意味や読みが推測しやすくなったり、これまでに学んだ漢字の知識を整理し直したりすることができ、中級以降ますます重要になる漢字力を効率よく伸ばすことができます。

(3) 巻末

■**聴解 解答・スクリプト**　「聞く」セクションの2つの聴解問題の解答とスクリプト全文。選択問題・○×問題の解答と記述式の問題の模範解答を載せています。

■**文型・表現さくいん**　「文型・表現ノート」の項目の五十音順リスト。

■**単語さくいん**　別冊の「単語リスト」に収録した単語の五十音順リスト。

(4) 別冊

テキストに付属する「別冊」には、**単語リスト**と「**覚える単語と例文**」、および**漢字リスト**を収録しました。

■ **単語リスト**　読み物に出てくる未習単語のリスト。このうち、覚えるべき重要な単語については、リストの後に「**覚える単語と例文**」として例文とともに示しています。

■ **漢字リスト**　読み物に含まれる学習漢字のリスト。漢字の読みと意味、書き順、熟語とその英訳を載せました。アミがけされた漢字は必修漢字で、書けるようにする必要があります。

[単語リスト]

	漢	行	単語	読み	意味
		0	旅館	りょかん	Japanese style hotel
			加賀屋	かがや	Kagaya
			女将	おかみ	proprietress
❶		2	100選	ひゃくせん	a selection of 100 (hotels)
❷	◇		総合	そうごう	overall
			一位	いちい	the first place
❸ 1.		4	おもてなし	おもてなし	hospitality; service
2.	◆	8	[～に] 到着(する)	とうちゃく(する)	to arrive
	◇		お迎え	おむかえ	welcoming
		9	館内	かんない	inside of the building

[覚える単語と例文]

❸ 1.	おもてなし	家に来た客にお茶とお菓子(かし)を出すのは「おもてなし」の一つだ。
2.	[～に] 到着(する)	飛行機が時間通りに空港に到着した。
3.	肩	息子(むすこ)は私の肩ぐらいの背(せ)の高さだ。

❶ 読み物内でこの単語が出る行数を示す。「0」はタイトルの意味。

❷ その課で学習する漢字が含まれている単語には◆か◇が付く。◆は読み書きできるようにすべき単語、◇は読めればいい単語。単語内で下線が付いている字が学習漢字。

❸「覚える単語と例文」の番号。

[漢字リスト]

読み物1	❹ 漢字	❺ 意味	❻ 読み	❼ 単語
	373 総	general; overall	ソウ	◇総合 (そうごう) overall 総理大臣 (そうりだいじん) prime minister
		(14)		
	374 到	reach	トウ	◆到着 (とうちゃく) arrival 到達 (とうたつ) attainment
		(8)		

❹ **学習漢字**　アミがかかっている漢字は、書けるようにすべき必修漢字。

❺ **漢字の意味**

❻ **漢字の読み**　音読みはカタカナ、訓読みはひらがなで示す。

❼ **漢字を使った単語**　◆◇は読み物に出てくる単語（＝単語リストに載っている単語）。◆は読み書きできるようにすべき単語、◇は読めればいい単語。

（5）音声ファイル

以下のセクションには音声が付いており、ヘッドフォンのマーク（🎧）で示しています。

- ■**読む**　「読み物 1」「読み物 2」の本文、「文型・表現ノート」の各項目最初の例文
- ■**話す**　「会話 1」「会話 2」のモデル会話
- ■**聞く**　「聴解 1」「聴解 2」
- ■**別冊**　「覚える単語と例文」

▶ スマートフォンやタブレットから（iOS / Android）
ジャパンタイムズ出版の音声アプリ「OTO Navi」をインストールして、
本書のファイルをダウンロードしてください。
▶ パソコンから（https://quartet.japantimes.co.jp/）
専用サイト「カルテットオンライン」にアクセスして、Zip ファイルを
ダウンロードしてください。

（6）その他

- ■**QUARTET2 Vocab & Kanji** (iOS/Android) テキストの単語や漢字が学べるアプリ（別売）。
- ■**カルテットオンライン**　授業に役立つ補助教材などを提供しているサイト。MP3 音声ファイル、「読み物 1」「読み物 2」多言語訳単語リスト、「文型・表現ノート」例文の音声付き Power Point® ファイル、「書く」「話す」ワークシート、索引、著者による説明動画、Can-do リストなどがあります。

3　ワークブックⅡの構成と内容

ワークブックには、各課の「読み物」と「文型・表現ノート」に関する練習問題があります。

- ■**読み物ワーク**　「読み物 1」「読み物 2」それぞれについて、A. 読み物の内容に関する正誤問題、B. 読みのストラテジーの問題、C. 内容についてより詳しく問う質問タイプの問題、の 3 つを用意しました。
- ■**文型・表現ワーク**　「文型・表現ノート」の項目に関する練習問題には 2 タイプあり、A はアウトプットまで求める項目（テキストで★がついているもの）に関する基本問題、B はその課で出ているすべての文型・表現を網羅したまとめの問題です。

また、テキストの「ブラッシュアップ」にある「上級へのチャレンジ」と「漢字チャレンジ」の練習問題も用意しました。**「上級へのチャレンジ ワーク」**と**「漢字チャレンジ ワーク」**は、テキストで学んだ後にその確認として行ってください。

About This Book

1 What's *Quartet?*

Quartet: Intermediate Japanese Across the Four Language Skills is a comprehensive intermediate learning resource for Japanese-language learners who have completed around 250 to 300 hours of elementary study. It is designed to provide well-balanced development of the four language skills—reading, writing, speaking and listening—through the study of grammar, expressions and strategies needed to communicate at the intermediate level.

Quartet is divided into two textbook volumes, each with a supplement, a workbook, and downloadable audio material. Volume I presents Lessons 1–6, and Volume II covers Lessons 7–12. Together, the two volumes are intended to help learners advance to level B1 of the Common European Framework of Reference for Languages (CEFR).

The material in Volume I is roughly equivalent to level N3 of the Japanese Language Proficiency Test, while that in Volume II is on par with N2 and N1. Each lesson focuses on approximately ten grammatical patterns and expressions, around 45 kanji, and one or two reading strategies. In total, Volume II presents 65 grammatical patterns and expressions, 330 kanji, and ten reading strategies.

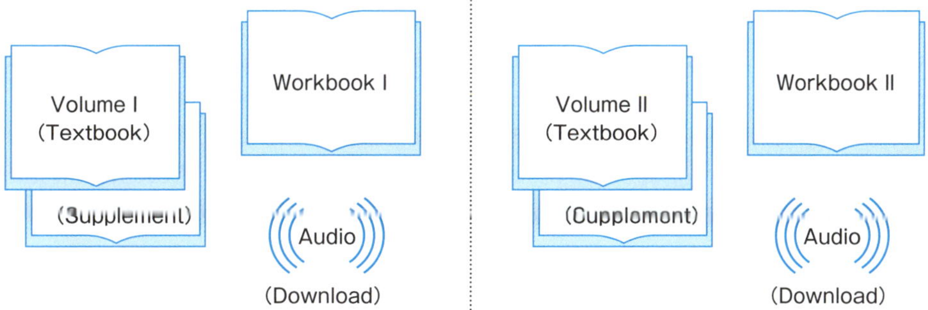

2 Structure and Content of Volume II

Every textbook lesson has four sections for the four language skills—**読む**, **書く**, **話す** and **聞く**—with each sharing the same theme. The sections are interconnected in various ways. For instance, the topic of the readings in 読む is taken up in the compositions of 書く, the dialogues of 話す, and the listening comprehension material of 聞く. As another example, the grammatical patterns and expressions used in the readings are also encountered in the listening comprehension tasks. This interlinking enables you to build up the four skills in a natural, well-balanced manner. The vocabulary and kanji lists have been compiled into a separate supplement (**別冊**(べっさつ)) so that they can be viewed alongside the textbook material. The textbook's six lessons are followed by a section entitled ブラッシュアップ, which offers activities for expanding your range of expression and a section on kanji.

The structure and content of Volume II are as follows.

(1) Lessons 7–12

読む Study grammatical patterns expressions and reading strategies through two readings

- **読む前に・読んだ後で** **読む前に** prepares you for each reading with schema activation in the form of questions on the reading's topic. **読んだ後で** involves tasks such as summarizing the reading in your own words, comparing the content with the situation in your homeland, and discussing your experiences and opinions in relation to the reading.
- **読み物** Each lesson has two readings (**読み物** 1／**読み物** 2). The readings gradually become more challenging with each new lesson, and generally focus on topics concerning Japanese culture and society that are of interest to many students. All the readings in Volume II other than the first one in Lesson 8 are real-world passages that haven't been watered down for learners. This is intended to give learners a greater sense of accomplishment after they complete each passage, and thus be more strongly motivated to advance their reading skills.
- **読みのストラテジー** This part presents reading strategies that not only are useful for developing a better understanding of the readings, but can also be effectively applied to reading comprehension in general. As with Volume I, the strategies covered in Volume II offer tips on how to parse sentences and follow the structure of compositions.
- **文型・表現ノート** Commentary is provided on the grammatical patterns and expressions used in the readings. Volume II covers mainly intermediate patterns and expressions, centering on JLPT N2 and N1 grammar. This section is designed to foster your ability to understand difficult words and sentences from context, offering explanations in English and numerous example sentences to assist you. Items marked with ★ are ones that you should strive to master for spoken/written communication, while those not so marked are ones that you just need to understand the meaning.

書く Write compositions based on the model text

This section challenges you to use what you learned in 読む to write short compositions on subjects related to the readings. Before that, you go over **モデル作文** and **書くポイント** to acquire a better understanding of text structure and writing pointers, and you respond to the questions in **書いてみよう** to brainstorm for your composition.

話す Practice conversation patterns using a model dialogue

This section is divided into two parts, **会話** 1 and **会話** 2. Each part offers conversation practice that is based on a model dialogue and progresses from input to output. 会話 1 presents task-based dialogues, such as inquiring about a lost article or making a suggestion. 会話 2 focuses on monologues such as speeches or presentations and discussions.

1. **やってみよう** Before going through the model dialogue, you do a little role-playing in the dialogue's context to see how well you can communicate in that situation.
2. **聞いてみよう** As you listen to the model dialogue, you try to understand its content and flow.
3. **モデル会話** Next, you read a script of the dialogue to check your understanding. **フローチャート** serves as a visual aid for gaining a handle on the overall flow of the dialogue.
4. **練習しよう** You then practice creating output in your own words, following patterns of expression drawn from the dialogue.

聞く Practice two types of listening comprehension

聞く is also divided into two parts, **聴解**(ちょうかい) 1 and **聴解** 2, both of which offer content related to the readings. 聴解 1 provides listening comprehension practice that requires you to identify specific information from a lecture, explanation, or other material that you listen to while looking as figures or charts. 聴解 2 presents conversations in which an international student discusses social topics with a friend. The subject matter lends well to discussion, so this material can also be used for discussion after listening comprehension practice.

(2) Brush-ups (ブラッシュアップ)

Lessons 7–12 are followed by a separate section that provides activities for expanding your range of expression, and handy strategies for mastering kanji.

上級へのチャレンジ

This part presents composition-enriching expressions from the readings to help you further build your vocabulary and expression skills. Some of these items can be reviewed more effectively when studied along with certain parts of the lessons. The table below lists those pairings. The last one, ⑧インタビュープロジェクト, is a project that challenges you to utilize what you learned in Lessons 8, 10 and 12.

上級へのチャレンジ	Corresponding sections of lessons
① 視点	☛ 第 7 課：書く
② 四字熟語(よじじゅくご)	☛ 第 8 課：読み物 1
③ ことわざ	☛ 第 8 課：読み物 2
④ オノマトペ	☛ 第 9 課：読み物 1・読み物 2・会話 2
⑤ カタカナ語	☛ 第 10 課：読み物 1
⑥ 接続詞	☛ 第 11 課：読み物 1・読み物 2
⑦ 慣用句(かんようく)	☛ 第 12 課：読み物 2
⑧ インタビュープロジェクト	☛ 第 8 課：書く／第 10 課：書く／第 12 課：書く

漢字チャレンジ

This section presents 12 strategies essential for kanji studies at the intermediate level and beyond, including strategies concerning radicals and phonetic indicators providing clues to the kanji readings. By equipping yourself with these strategies, you'll have an easier time surmising the meaning and reading of unfamiliar kanji and tidy up your knowledge of kanji already learned. This, in turn, will enable you to efficiently expand the kanji knowledge and skills that will become all the more important from the intermediate level onward.

(3) Appendices (巻末)

- **聴解（ちょうかい） 解答・スクリプト** This appendix contains the answers to the two listening comprehension tasks in each 聞く section and full scripts of the audio material. It provides the correct answers to multiple-choice and true/false questions, and model answers for the writing problems.
- **文型（ぶんけい）・表現さくいん** This is a list of the items presented in 文型・表現ノート, arranged in *a-i-u-e-o* order.
- **単語さくいん** This lists the words included on the supplement's vocabulary list, in *a-i-u-e-o* order.

(4) Supplement (別冊（べっさつ）)

The supplement accompanying the textbook contains vocabulary lists, lists of words that should be memorized and sample sentences using them, and kanji lists.

- **単語リスト** These list the vocabulary in the readings that have not yet been studied. The words in each list that should especially be learned are presented again in the subsequent **覚える単語と例文** list, along with sample sentences using them.
- **漢字リスト** These lists contain the target kanji found in the reading material, along with their readings, meanings, stroke orders, compounds and English translations. Shaded characters are essential kanji that you need to learn how to write.

[単語リスト]

	漢	行	単語	読み	意味
		0	旅館	りょかん	Japanese style hotel
			加賀屋	かがや	Kagaya
			女将	おかみ	proprietress
❶		2	100選	ひゃくせん	a selection of 100 (hotels)
❷	◇		総合	そうごう	overall
			一位	いちい	the first place
❸ 1.		4	おもてなし	おもてなし	hospitality; service
2.	◆	8	[～に]到着（する）	とうちゃく（する）	to arrive
	◇		お迎え	おむかえ	welcoming
		9	館内	かんない	inside of the building

[覚える単語と例文]

③		
1.	おもてなし	家に来た客にお茶とお菓子(かし)を出すのは「おもてなし」の一つだ。
2.	[～に] 到着(する)	飛行機が時間通りに空港に到着した。
3.	肩	息子(むすこ)は私の肩ぐらいの背(せ)の高さだ。

❶ These numerals represent the number of the line where each word first appears in the reading. Zero indicates the title.

❷ Words containing a kanji studied in that lesson are marked with ◆or◇.◆indicates that you should learn to read and write the word, while◇indicates that just learning the reading will suffice. The underlined kanji in the vocabulary list are the ones studied in the lesson.

❸ This is the number of the entry as listed in 覚える単語と例文 .

[漢字リスト]

④	⑤	⑥	⑦
読み物1 373 総	general; overall	ソウ	◇総合 (そうごう) overall 総理大臣 (そうりだいじん) prime minister
	(14) ㇛ 幺 幺 糸 糸 糸 糹 糹 紒 紒 総 総 総 総		
374 到	reach	トウ	◆到着 (とうちゃく) arrival 到達 (とうたつ) attainment
	(8) 一 ㇒ 𠫔 至 至 至 到 到		

❹ **Target kanji** Shaded characters are essential kanji that you should learn how to write.

❺ **Meanings**

❻ **Readings** *On-yomi* are given in *katakana*, *kun-yomi* in *hiragana*.

❼ **Words containing the kanji** ◆and◇mark words that appear in the reading material and the vocabulary list.◆indicates words that you should learn how to read and write;◇indicates that just learning the reading will suffice.

(5) Audio files

Audio material is offered for the following sections. These sections are marked with a headphone symbol (🎧).

- ■ **読む** Text of 読み物 1 and 2; the first sample sentence of each entry in 文型(ぶんけい)・表現ノート
- ■ **話す** The model dialogues of 会話 1 and 2
- ■ **聞く** 聴解(ちょうかい) 1 and 2
- ■ **別冊(べっさつ)** 覚える単語と例文

▶ **Smartphone / Tablet (iOS / Android)**
Install the Japan Times Publishing's OTO Navi app and use it to download the audio material.

▶ **Personal computer (https://quartet.japantimes.co.jp/en/)**
Access the official website QUARTET Online and download the Zip files containing this textbook's audio material.

(6) Others

- **QUARTET2 Vocab & Kanji** (iOS/Android) The app for studying vocabulary and kanji covered in the textbook is available.
- **QUARTET Online** The official website provides supplementary learning materials and other resources for lessons. You can download all the audio materials, vocabulary lists for 読み物 1 and 2 with multilingual translations, PowerPoint® slides of example sentences from 文型・表現ノート, worksheets for 書く and 話す, index lists, the authors' introduction videos, Can-dos, and more.

3 Structure and Content of Workbook II

The workbook offers practice exercises related to each textbook lesson's 読み物 and 文型・表現ノート.

- **読み物ワーク** This section provides three types of exercises for 読み物 1 and 2——(A) true/false questions on the readings, (B) reading strategy exercises, and (C) questions that delve into the readings' content in greater detail.
- **文型・表現ワーク** Two sets of exercises are provided for the items covered by 文型・表現ノート——(A) basic problems on items that require output (marked with in the textbook), and (B) exercises covering all grammatical patterns and expressions presented in the lesson.

The workbook also includes practices for the 上級へのチャレンジ and 漢字チャレンジ sections of ブラッシュアップ in the textbook. The worksheets should be used after studying the corresponding part of the textbook in order to check your mastery of the kanji.

品詞と活用の記号 Symbols for Parts of Speech and Conjugations

	品詞と活用形 Parts of Speech and Conjugations		例 Examples
普	すべての普通形	short form / plain form	読む・読まない・読んだ・読まなかった 大きい・大きくない・大きかった・大きくなかった 元気だ・元気じゃない・元気だった・元気じゃなかった 学生だ・学生じゃない・学生だった・学生じゃなかった
Vる	動詞の終止形	short present form of verb	読む　食べる　来る
Vた	動詞のた形	short past form of verb	読んだ　食べた　来た
Vて	動詞のて形	て-form of verb	読んで　食べて　来て
V~~ます~~	動詞の語幹 （ます形から「ます」を取った形）	stem of verb (form made by omitting ます from ます-form)	読み　食べ　来
Vない	動詞のない形	short present negative form of verb	読まない　食べない　来ない
Vず	動詞のない形の古い形 （ない形から「ない」を取って「ず」をつけた形。ただし、「しない」は「せず」になる）	old negative form of verb (form made by omitting ない of ない-form and adding ず. Note that しない becomes せず.)	読まず　食べず　来ず （「しない」は「せず」になる）
Vば	動詞の条件形	conditional form of verb	読めば　食べれば　来れば
V(よ)う	動詞の意志形	volitional form of verb	読もう　食べよう　来よう
いAい	い形容詞の終止形	short present form of い-adjective	大きい
いAくて	い形容詞のて形	て-form of い-adjective	大きくて
いA~~い~~	い形容詞の語幹 （終止形から「い」を取った形）	stem of い-adjective (form made by omitting い from short present form)	大き
いAければ	い形容詞の条件形 （「い」を「ければ」に変えた形）	conditional form of い-adjective (form made by replacing い with ければ)	大きければ
なA	な形容詞の語幹	stem of な-adjective	元気
N	名詞	noun	学生

「文型・表現ノート」での接続の表し方　Symbols for Connections in Grammar Notes

	意味 Meanings		例 Examples
普 ＊な A（だ） ＊N（だ）	普通形に接続。ただし、 な形容詞と名詞の現在形の場合、 「だ」は省略できる。	Connects to plain form. だ can be omitted in the case of な-adjectives and nouns in the present tense.	読む・読まない・読んだ・読まなかった 大きい・大きくない・大きかった・大きくなかった 元気（だ）・元気じゃない・元気だった・元気じゃなかった 学生（だ）・学生じゃない・学生だった・学生じゃなかった
普 ＊な A ~~だ~~ ＊N ~~だ~~	普通形に接続。ただし、 な形容詞と名詞の現在形の場合、 「だ」は省略される。	Connects to plain form. だ is omitted in the case of な-adjectives and nouns in the present tense.	読む・読まない・読んだ・読まなかった 大きい・大きくない・大きかった・大きくなかった 元気・元気じゃない・元気だった・元気じゃなかった 学生・学生じゃない・学生だった・学生じゃなかった
普 ＊な A ~~だ~~ → な ＊N ~~だ~~ → の	普通形に接続。ただし、 な形容詞の現在形は「だ」が「な」に、 名詞の現在形は「だ」が「の」になる。	Connects to plain form. だ changes to な in the case of な-adjectives in the present tense, and changes to の in the case of nouns in the present tense.	読む・読まない・読んだ・読まなかった 大きい・大きくない・大きかった・大きくなかった 元気な・元気じゃない・元気だった・元気じゃなかった 学生の・学生じゃない・学生だった・学生じゃなかった
普 ＊な A ~~だ~~ → な ＊N ~~だ~~ → な／である	普通形に接続。ただし、 な形容詞の現在形は「だ」が「な」に、 名詞の現在形は「だ」が「な」か 「である」になる。	Connects to plain form. だ changes to な in the case of な-adjectives in the present tense, and changes to な or である in the case of nouns in the present tense.	読む・読まない・読んだ・読まなかった 大きい・大きくない・大きかった・大きくなかった 元気な・元気じゃない・元気だった・元気じゃなかった 学生な／である・学生じゃない・学生だった・学生じゃなかった
普 ＊な A ~~だ~~ → な ＊N ~~だ~~ → な	普通形に接続。 ただし、な形容詞と名詞の現在形は 「だ」が「な」になる。	Connects to plain form. だ changes to な in the case of な-adjectives and nouns in the present tense.	読む・読まない・読んだ・読まなかった 大きい・大きくない・大きかった・大きくなかった 元気な・元気じゃない・元気だった・元気じゃなかった 学生な・学生じゃない・学生だった・学生じゃなかった
普 ＊な A ~~だ~~ → な ＊N ~~だ~~ → である	普通形に接続。ただし、 な形容詞の現在形は「だ」が「な」に、 名詞の現在形は「だ」が「である」に なる。	Connects to plain form. だ changes to な in the case of な-adjectives in the present tense, and changes to である in the case of nouns in the present tense.	読む・読まない・読んだ・読まなかった 大きい・大きくない・大きかった・大きくなかった 元気な・元気じゃない・元気だった・元気じゃなかった 学生である・学生じゃない・学生だった・学生じゃなかった
普 ＊な A ~~だ~~ → な ＊N ~~だ~~	普通形に接続。 ただし、な形容詞の現在形は「だ」が 「な」になり、名詞の現在形は「だ」が 省略される。	Connects to plain form. だ changes to な in the case of な-adjectives in the present tense, and is omitted in the case of nouns in the present tense.	読む・読まない・読んだ・読まなかった 大きい・大きくない・大きかった・大きくなかった 元気な・元気じゃない・元気だった・元気じゃなかった 学生・学生じゃない・学生だった・学生じゃなかった

第 7 課

読む　異文化での気づき

書く　経験からの学び

- 経験談を読んで、筆者がその経験から感じたことがわかる
- 経験談が書ける

話す　国際交流

聞く　異文化コミュニケーション

- 言いづらいことを打ち明けることができる
- ディスカッションで建設的に意見が述べられる

読む

異文化での気づき

読む前に・読んだ後で

読み物1 日本人学生の留学体験記

読む前に

1. 文化や習慣の違いで苦労した経験がありますか。その経験について話してください。

2. あなたの国の文化は、ボディータッチをするなど、人と人の距離は近いですか。

読んだ後で

3. 筆者の経験した文化の違いについて、下の単語を使って話しましょう。

[中国　　人と人の距離　　言葉の持つ意味合い　　約束　　予定]

4. 「〇〇へ行こう」「よし、行こう」という会話のやり取りがあった時、あなたは「約束」だと考えますか、「予定」だと考えますか。どうしてですか。

5. 文化や習慣の違いを越えて人と付き合うためには、どんなことに気をつけるべきだと思いますか。

読み物2　外国人留学生の思い

読む前に

1. あなたは友達を作るのが得意ですか。苦手ですか。パーティーなどで自分から人に話しかけますか。

2. あなたは外国人の友達がいますか。どこで知り合いましたか。

読んだ後で

3. 筆者の主張についてわかったことを、下の単語を使って話しましょう。

［友達　　交流　　連絡　　外国文化　　政策］

4. 外国人と友達になるのは、難しいと思いますか。どうしてですか。

5. 国際性を持つ、外国文化に本気で親しむ人を育てるためには、何が必要だと思いますか。

読み物1　日本人学生の留学体験記

1.Yomimono_L7-1

文化・慣習の壁の厚さ

岡田(おかだ) 守弘(もりひろ)

楽しいことと辛いことがたくさん詰(つ)まった、人生一濃い九か月間は、僕の人生の選択肢と可能性を大きく広げてくれました。

オリエンテーションの日、そこには様々な国からの留学生たちが百人近く集まっていました。他の留学生たちは説明の合間のジョークにも笑えるほど余裕の表情の半面、自分はまったくわからなかったため、他の留学生との差にとても落ち込みました。

翌週(よくしゅう)からイングリッシュランゲージプログラムという、学部授業を受けるために十分な英語力を身に付けるための授業が始まり、アジア、アフリカ、中東からの多国籍なクラスメイトができ、友達もできました。毎日、何かしらの刺激、試練、変化、新たな発見を自分に与えてくれ、帰りたいなんてことを忘れさせるほど、目まぐるしい毎日を送るようになりました。

しかし、やっと軌道(きどう)に乗りつつあった[1]留学生活も、なかなかうまくはいきませんでした。友達との交流でさえも、とてもストレスになります。例えば、コミュニケーションをとる際[2]の人と人との距離(きょり)は国によって差があり、日本の場合はかなり遠く、逆に中国ではその距離が近いということがわかりました。そして挨拶(あいさつ)をするたびに肩(かた)を組んだり叩(たた)いたりと、ボディータッチも多いです。それが仲のいい友達に対しての接し方ということは知っていましたが、なかなかその接し方に慣れずに、ある時不快(ふかい)に感じてしょうがなく[3]なりました。

仲のいい友達だから、文化が違うからこそ[4]、ほんとのことを話して理解してもらおうと、思い切って不快だと思っていることを話してみました。すると、「早く言ってくれればよかったのに。文化の違いだからしょうがないよね」という感じで、それ以来僕に対する接し方を変えてくれました。だからといって、仲が悪くなったわけでもなく、むしろ[5]互(たが)いをよく理解し合うようになりました。

他にも、友達とのやりとりから発見したことがあります。それは日本語と英語の言葉の持つ意味の違いでした。友達と遊ぶ時、私たちはよく「約束」という言葉を使います。もし遊ぶ約束をしたのにもかかわらず[6]、実現できなかった場合、「約束を破った」ということになります。しかし英語の場合、何か遊ぶ約束をするとき、それは「約束」ではなく“Plan”つまり「予定」です。そのため、なにかそれまでに他の予定が入ってしまった場合、ただ単に予定が変わったということになります。

この言葉のもつ意味合いの違いから、それを理解するまで、よくイライラすることがありました。

「今度の冬休み、○○へ行こう」「よし、行こう」。その時点で、「約束」を交わしたと思う僕の期待は膨らむばかり[7]でしたが、実際冬休みになったら、「お金ないし、他にやりたいことあるから行かない」と言われました。「行くと言ったら、それまでに準備しておくのが普通ではないのか」と正直、僕は思いましたが、その「僕の普通」は「普通」ではなく、人の放つ言葉の持つ意味合いや強弱、実現しようという責任感のようなものが根本から異なっているのだということに気づきました。

小さな島国で、独自の文化と社会を発展させてきた日本。考えや基準、行動が似ている人たちが多い中で、変化や新しいものを見つけるのは難しいです。そして知らぬ間に安心してしまっています。しかし、少し勇気を出して違う世界に飛びだせば、外との違いだけでなく、自分のうちに何か新たな発見ができるかもしれません。

監修・丹羽健夫／編・名古屋外国語大学留学体験記編集委員会
『星の王子・王女たちの留学物語 2』中日新聞社（一部改）

「今日は珍しくいい友達ができた！」と感心する外国人。家に戻ると早速その「オープンな日本人」と連絡を取る。しかし、その日本人らはイベント中に熱心さを示すのが礼儀と思うだけで、実際長期の交流には興味がない。だから、返信は来ない。二日、三日、一週間たっても来ない。友情の期待は裏切られ、怒りと失望は増す。彼らはまた日本人の親友がいないまま次のイベントに参加し、同じ「期待外れ」と「冒頭の言葉」を繰り返す。

　この状況に対して、国や各自治体でいろいろできることがある。政策によって、国際性を持つ、外国文化に本気で親しむ日本人、特に若者たちを育てる努力をしてほしい。人々のマインドを徐々に変化させ、外国人がよりなじみやすい日本を築くのは重要な課題だ。

『「日本」、あるいは「日本人」に言いたいことは？』日本僑報社

読み物2 外国人留学生の思い

1.Yomimono_L7-2

外国文化に親しむ若者を育ててほしい

アメリカ　スー・シャオチェン
（東京大学大学院・留学生・29歳）

「日本で友達を作るのって難しいね！」——日本に長くいる外国人たちがよく口にする言葉だ。

苦笑い[8]と同時に出るこの一言は彼らの国際交流への不満を反映し、在日外国人の孤独感を感じさせると同時に[8]、日本人との「文化の壁」を表している。

興味深いことに[9]、私がこの言葉をよく耳にするのは、外国人の相談にのるときではなく、社交イベントでワイワイしている真っ最中だ。これらのイベントは何十人もの日本人と外国人を集め、自由交流を通して知り合いを作るものだ。外国人らはイベントで日本人と連絡先を交換する。今後も一緒に仲間になって、いろんな趣味を共有したがるのだ。

だが、外国人らがイベントで積極的に「友達集め」に没頭しても、「友達が作れない」というつぶやきは後を絶たない。友達が作れない理由は、人との出会いが少ないことではない。

そもそも外国人たちの失敗は彼らの積極性と現実のギャップにある。

日本における[10]「外国人コミュニティー」を脱出するには日本人とどんどん接触するしかない。そう思い、彼らはたくさんの日本人らに交流の熱意を語る。

これに対し、日本人は建前的にはポジティブな反応をする。イベント中、外国人らの「攻め」に元気よく返事し、質問されるとさわやかに回答する。外国ジョークも熱心に[11]フォローし、連絡先を聞かれても素早く応える。

まさに外国人たちが心から望む「オープンな日本人」だ。

読みのストラテジー ⑪

省略された言葉 Word omission in sentences

In written Japanese, words and phrases are often omitted from sentences when understood from the context. This is especially true for topic words and sentence subjects, so you need to analyze the context to infer what has been omitted.

ストラテジー

- As you read a passage, keep in mind the tendency for topic words and sentence subjects to be omitted.
- Use the context, especially the immediately preceding sentence, to infer what has been omitted.

■ 例：初めてのハイテクトイレ

今日、デパートで日本のハイテクトイレを初めて使った。それは、驚きの連続だった。

まず、自動でフタ(a)が開いたことには驚かされた。そして、座る(b)と突然、水の流れる音が聞こえてきた。後で友人に聞いてみた(c)ら、用を足す音が聞こえないようにするためのものだと教えてくれた(d)。

でも、一番驚いたのは、便座が温かかったことだ。寒い時に座っても冷たくないように、温度が調整できるようになっているらしい。そして、便座から立ち上がると自動で水が流れ、フタが閉まった。初めて体験した(e)が、入ってから出るまで本当にすべてがマジックのようだった。

単語 用を足す to relieve oneself

- The topic of this passage is ハイテクトイレ. With this in mind, we can infer that (a) フタ is トイレのフタ, and (b) 座る means トイレ（の便座）に座る. Thus, we can tell that the word トイレ has been omitted.
- The person in this passage who experienced the high-tech toilet is the writer. Consequently, we can deduce that the writer is the omitted subject of both (b)（トイレの便座に）座る and (c) 聞いてみた. We can then see that the subject of (d) 教えてくれた is the person whom the writer asked for clarification, namely, the 友人.
- Also note that the part (c) 聞いてみた doesn't state what was asked. One possibility could be that the topic word トイレ was dropped, but since the friend's explanation was 用を足す音が聞こえないようにするためのもの, we can infer that the omitted question is actually "What is the purpose of 水が流れる音?" referring to the immediately preceding sentence. As for (e) 体験した, the remainder of the sentence, 入ってから出るまで…がマジックのようだった, reveals to us that the direct object omitted here is トイレ, rather than the フタ discussed in the sentence right before it.

✎ だれが共有したがるのか。Who is the subject of 共有したがる？（読み物２：行 13〜15）

外国人らはイベントで日本人と連絡先を交換する。今後も一緒に仲間になって、いろんな趣味を共有したがるのだ。

文型・表現ノート

2.Bunkei_L7

1. ～つつある 〈to be in the process of doing〉

［読み物 1- 行 13］

長い間不景気(ふけいき)だったが、最近は景気が少しずつよくなり**つつある**。
Although the economy has been in a recession for a long time, it has been gradually recovering recently.

1 政治に興味を持つ若者が次第(しだい)に増え**つつある**ようだ。

2 彼の日本語は徐々(じょじょ)に上達し**つつある**が、まだ言いたいことの半分も言えないようだ。

3 スマホの普及(ふきゅう)により、家庭の固定(こてい)電話で話す時代は終わり**つつある**ようだ。

4 年賀状(ねんがじょう) (New Year's card) を送る習慣が日本から消え**つつある**のは残念だ。

V~~ます~~ つつある

- ～つつある is used with verbs that denote a change, and expresses that the change is currently in the process of occurring.
- When ～つつある is used with verbs that typically represent gradual changes, it implies that the change began recently and is about to go through a bigger transition (see 1 and 2).
- However, when used with verbs that represent instantaneous changes (e.g., 終わる, 消える), this expression implies that the transition is about to be completed (see 3 and 4).
- This expression is often accompanied by adverbs expressing the degree or speed of change, such as 次第(しだい)に, 徐々(じょじょ)に, だんだん, or 少しずつ.
- ～つつある is not used with verbs for actions that are currently taking place.

例）× 今、図書館で勉強しつつある。
　　○ 今、図書館で勉強している。
　　I am studying at the library right now.

2. ～際（に） 〈when〉

［読み物 1- 行 15］

テイラー：お世話になりました。田村(たむら)さんのおかげで、楽しい京都旅行になりました。
Thank you very much for your hospitality. Thanks to you, I had a great time visiting Kyoto.

田村　　：今度また京都にいらっしゃる**際**には、ぜひご連絡ください。
Please let us know when you come to Kyoto again.

1 先日、先生にお目にかかった**際**に、卒業論文のアドバイスをいただいた。

2 〔バスのアナウンス〕お降りの**際**は、お忘れ物のないようご注意ください。

3 〔パーティーで〕まず受付(うけつけ)で名前をお伝えください。その**際**、お金もお支払(しはら)いください。

4 〔商品カタログで〕ご購入(こうにゅう)になる**際**の注意点は以下の通りです。

Vる **V**た ＞ **際（に）** **N**の	・〜際（に）is a formal equivalent of 〜時（に）. ・Rather than simply denoting a time or period, this expression refers to a special occasion. ・Unlike 〜時（に）, 〜際（に）is not used with a negative form of verb (i.e., 〜ない際に).

3. 〜てしょうがない 〈can't help but ~; very; extremely〉

［読み物 1- 行 19］

田中（たなか）：最近、よく留学生と話してるよね。

Lately, you've been talking with international students, haven't you?

山下（やました）：うん。比較（ひかく）文化論の授業を取ってから、いろいろな国のことを知りたく**てしょうがない**んだ。

Yeah, I've been very eager to learn more about various countries, ever since I took a course on comparative cultural studies.

1 父：そろそろ、咲希（さき）の大学の合格発表の時間だね。
  母：気になっ**てしょうがない**から、咲希に電話をかけてみましょう。

2 今日は暑いので、のどがかわい**てしょうがない**。

3 明日から夏休みだと思うと、うれしく**てしかたがない**。

4 頭が痛く**てしかたがない**ので、今日は授業を休んだ。

5 寝（ね）ないで勉強したのに、病気で試験が受けられなかった。残念**でしかたがない**。

Vて **いA**くて ＞ **しょうがない** **なA**で	・X てしょうがない expresses a state in which the speaker has a naturally emerging desire or emotion and cannot control that feeling. Words expressing emotion or desire, such as 〜たい or 残念 , are often used in place of X.

例）○ 読みたくてしょうがない。
　　× 読んでしょうがない。

・〜てしかたがない is a formal equivalent of 〜てしょうがない .

・Expressions such as 〜ようだ and 〜らしい are used to describe other people's emotions or desires.

例）○ 山田（やまだ）さんはアメリカに留学したくてしかたがないようだ。
　　It seems that Yamada-san really wants to study abroad in the U.S.
　　× 山田さんはアメリカに留学したくてしかたがない。

4. ～こそ

[読み物 1- 行 20]

1 Nこそ Y 〈it is N that Y〉

夫(おっと)：もう夏が終わるね。ああ、今年も海に行けなかったな。
Summer is over. Uh, we couldn't go to the sea again this year.

妻(つま)：忙しかったからね……。来年**こそ**、絶対行こうね。
Yeah, we've been pretty busy. . . Let's go next year for sure.

1 やっと見つけた！ こけしのお弁当箱(べんとうばこ)。これ**こそ**、まさに私がほしかったものだ。

2 これまで何度も日本語能力試験に落ちているが、今年**こそ**絶対に合格したい。

3 A：今日は本当にありがとうございました。
B：こちら**こそ**、どうもありがとうございました。

Nこそ

- Nこそ Y is used to highlight N and emphasize that statement Y specifically applies to N rather than other possibilities.
- N often takes demonstrative pronouns, such as これ in これこそ .
- As shown in 2, when words or phrases expressing the future (e.g., 来年) are used in place of N, Y often takes grammatical forms stating the speaker's opinion (e.g., V よう , V たい , V ほうがいい , V てください).
- こちらこそ in 3 is an idiomatic phrase that is often used when someone expresses appreciation or apology to the speaker, but the speaker feels he/she should be the one to thank or apologize to the other person.

2 X からこそ Y 〈it is precisely because X that Y〉

A：日本語の勉強は大変だよね。
Studying Japanese is hard, isn't it?

B：でも、大変だ**からこそ**、おもしろいんじゃない？
But it's the challenge that makes it interesting, don't you think?

4 子：毎日ピアノの練習をしなきゃいけないのは嫌だなあ。
母：毎日続ける**からこそ**、上手になれるんだよ。

5 先生：困難(こんなん)に直面した時は苦しくて、逃(に)げ出(だ)したくなるかもしれません。しかし、苦しい**からこそ**、成長できるんです。

6 A：今日は何もすることがなくてつまんないなあ。
B：暇(ひま)だ**からこそ**、できることもあるんじゃない？

7 家族は近くにいるとそのありがたさに気づきにくいが、身近な存在(そんざい)だ**からこそ**、日ごろから感謝(かんしゃ)の気持ちを伝えるべきだ。

普 からこそ

- X からこそ Y emphasizes the speaker's strong belief that there is a causal relationship between X and Y. This expression cannot be used to state an objective fact.

例）× ９時だからこそ、銀行は開いているはずだ。
　　○ ９時だから、銀行は開いているはずだ。
　　The bank should be open now because it's 9 a.m.

- This structure is often used when the speaker wants to add a new (typically positive) perspective to a statement previously mentioned in the conversation or a statement generally believed to be true. In [4], the child expresses his unwillingness to practice piano every day, and in response to that, the mother offers her view that there is a strong causal relationship between daily practice and improvement of the skill.
- Y usually takes a statement that includes a positive message.
- The sentence ending following X からこそ Y often takes ～のだ and ～のではないか, as shown in [4], [5] and [6].

5. むしろ 〈rather〉

[読み物 1- 行 24]

サラ：日本人は英語を書けるけど、あまり話せないらしいね。
Japanese people can write English but they don't seem to speak it well.

研(けん)：でも、最近は書くより**むしろ**話すほうが得意な人も増えてきているよ。
But lately, there are more people who are actually better at speaking rather than writing.

[1] 道が込んでいる時は、車で行くよりも**むしろ**歩くほうが早い。

[2] A：８月の休み、どこに旅行に行こうかな。沖縄(おきなわ)はすごく暑そうだから東京(とうきょう)にしようかな。
B：８月の東京は 35 度以上の日が多いし、沖縄(おきなわ)より**むしろ**暑いと思うよ。

[3] 留学生：山田(やまだ)先生、どこかいい居酒屋をご存(ぞん)じですか。
先生　：私はあまり知らないんですよ。**むしろ**留学生のほうが詳しいと思いますよ。

[4] 東京や大阪(おおさか)などの大都市(だいとし)に住みたがる人は多いが、私は**むしろ**小さい町に住みたい。

[5] ネットで茶色だと思って買ったのに、実物は茶色というより**むしろ**オレンジに近い色だった。

むしろ

- むしろ is often used in a phrase X より（も）むしろ Y, which makes a comparison between two items (i.e., objects, people, or ideas). This phrase expresses that Y is the speaker's opinion/judgment/preference/intention, even though X is generally believed to be a common idea. For example, in [2], B is expressing that he/she thinks Tokyo is actually hotter than Okinawa, contrary to the belief previously mentioned by person A. In this usage, X より is sometimes omitted when it is clear in the context.
- X というより（も）むしろ Y expresses that Y is a more appropriate statement compared to X, as shown in [5].

6. ～にもかかわらず 〈even though ~〉

［読み物1-行27］

週末にもかかわらず、上司(じょうし)から仕事のメールが来た。
Even though it's the weekend, I got an e-mail from my boss.

[1] ２時間しか勉強しなかった**にもかかわらず**、いい成績が取れた。

[2] 京都(きょうと)の夏はとても暑い**にもかかわらず**、多くの観光客が来る。

[3] 遠くて大変なの**にもかかわらず**、先生は私たちの結婚式に来てくださった。

[4] あまりお金を持っていない**にもかかわらず**、あの人は幸せそうだ。

[5] 学生：急なお願い**にもかかわらず**、推薦状(すいせんじょう)を書いてくださってありがとうございました。
先生：今度はもっと早めに知らせてくださいね。

普（の）
＊**なA** ~~だ~~ → なの／である
＊**N** ~~だ~~ （→なの／である）
} **にもかかわらず**

- XにもかかわらずY states that Y is true in spite of condition X. の is sometimes inserted after X.
  例）２時間しか勉強しなかったのにもかかわらず、いい成績が取れた。
- This structure often expresses the speaker's surprise or complaint.
- Y is a statement that is typically different from what is expected or inferred from condition X. Y cannot be a statement about the speaker's subjective opinion, such as Vたい.
- "～にもかかわらず、～てくださってありがとうございます" is an expression of appreciation used often in a formal setting, as shown in [5].

7. ～ばかり

［読み物1-行35］

1 Vる ばかり 〈just continue to do〉

A：寮を出ようと思っているの？
Are you thinking about moving out of the dormitory?

B：うん。ルームメートとはケンカが多くて、仲が悪くなる**ばかり**なんだ。
Yeah, I get in a lot of fights with my roommate and our relationship is just getting worse and worse.

[1] 毎日勉強しているのに、成績は下がる**ばかり**だ。

[2] A：最近ストレスでつい食べすぎちゃうんだ。
B：私も最近忙しくて、運動もできないし、太っていく**ばかり**だよ。

[3] 多くの人がインターネットで買い物をするようになり、小さい店の客は減る**ばかり**だ。

[4] 給料(きゅうりょう)は上がらないのに、物価は高くなる**ばかり**だ。

Vる ばかり

- Vる ばかり takes verbs that express change, and is often used in the form ～ていくばかりだ.
- Vる ばかり typically connotes that the speaker feels the change occurred is not a desirable one. However, it can also be used to express a positive change (e.g., 期待が膨らむばかりだ).
- Verbs that express instantaneous change, such as 死ぬ, 消える, 始まる, 始める or 終わる, cannot be used in this structure.

2 Vて ばかり／N ばかり 〈only V and does nothing else; only N and nothing else〉

母：ゲーム**ばかり**していないで、早く宿題しなさい。

Don't just sit around playing video games—do your homework now.

子：えー、あと１時間だけお願い！

Ugh, just one more hour, please!

5 パソコン**ばかり**使っていたら、目が悪くなるだろう。

6 人の話を聞かないで、自分**ばかり**話すのは、よくない。

7 田中(たなか)さんはパーティーに**ばかり**行って、あまり勉強しないようだ。

8 子どもの頃に絵を描(か)いて**ばかり**いたのが、今はなつかしいです。

9 A：キムさん、最近どうしたのかな。様子が変だよね。

B：彼女、好きな人のことを考えて**ばかり**で、他のことは何もできないみたいだよ。

Vて / N (prt.) } ばかり

- ～ばかり is used to describe a state in which there are too many of the same items, or the same action or event is repeated too many times. This structure has the negative connotation that there is an imbalance of the object/action/event.
- When the statement is one that normally takes the particle を, が, は or も after the noun, the particle is replaced by ばかり (see 5 and 6). When the particle is で, に or と, then ばかり is inserted after the particle (see 7).
- Vて ばかりいる and Vて ばかりだ mean that the person is always doing the action expressed by V, and does nothing else.
- Action verbs are used in Vて ばかり.

8. ～と同時に 〈at the same time; simultaneously; as well as〉

[読み物 2- 行 6·7]

A：新しい先生、厳(きび)しいって聞いたけど、本当？
I heard that the new teacher is strict. Is that true?

B：そうだね。でも、厳しい**と同時に**、やさしいところもあるよ。
Yeah, he's strict, but at the same time, he's kind.

1 家に着く**と同時に**、雨が降り始めた。

2 スマートフォンは便利である**と同時に**、勉強のじゃまになってしまうこともある。

3 彼は先生である**と同時に**、会社の社長もしている。

4 開店**と同時に**、たくさんの客が店に入っていった。

普
*なAだ → である
*Nだ → （である）
} **と同時に**

- ～と同時に changes its meaning depending on the context. In 1 and 4, it means "at the same time" or "simultaneously," whereas in 2 and 3, it means "as well as."
- When ～と同時に takes the noun form of *suru*-verbs, である is not used (4).

9. ～ことに 〈it is very ~ that〉

[読み物 2- 行 9]

残念な**ことに**、２人の結婚生活はうまくいかなかったようだ。
Unfortunately, it seems that their marriage didn't work out.

1 悲しい**ことに**、パソコンが突然壊(こわ)れてしまった。

2 うれしい**ことに**、奨学金(しょうがくきん)がもらえることになった。

3 驚いた**ことに**、佐藤(さとう)さんは６人兄弟(きょうだい)だそうです。

4 困(こま)った**ことに**、家のかぎが見つからない。どこかで落としてしまったようだ。

5 恥ずかしい**ことに**、私は自転車に乗れません。

Vた
いAい
なAだ → な
} **ことに**

- X ことに Y is used to express one's feelings (X) regarding statement Y.
- X ことに Y and Y て X are interchangeable. For example, 1 expresses the same sentiment as "パソコンが突然壊れてしまって、悲しい." Subtle differences between the two structures are: (a) X ことに Y more strongly emphasizes the speaker's feelings, and (b) ことに is less colloquial.
- X takes adjectives or verbs expressing feelings, such as うれしい, おもしろい, 悲しい, ありがたい, 残念な, 大変な, 驚いた or 困(こま)った.
- When expressing the speaker's anger, 腹(はら)が立(た)つことに is used instead of 怒ったことに (腹が立つ is an idiomatic phrase for anger). Similarly, when expressing joy, うれしいことに is used instead of 喜(よろこ)んだことに (2).

10. Nにおける 〈in; at〉

［読み物 2- 行 22］

少子高齢化は、日本**における**最大の社会問題の一つだろう。

An aging population combined with a declining birthrate is undoubtedly one of the biggest social issues in Japan.

1 A：日本の高校**における**英語教育は、昔と変わってきていますね。

　B：ええ。最近は日本語を使わないで、英語だけで授業をするところも多いそうですよ。

2 京都(きょうと)**における**観光客増加は住民(じゅうみん)の生活に影響を与えた。

3 現代社会**において**、男性が外で働き女性が家で家事をするという考え方は古いと思う。

4 大きな地震(じしん)が起きた時などインターネットが使えない状況(じょうきょう)**において**は、ラジオが重要な情報源になる。

5 江戸(えど)時代**において**歌舞伎(かぶき)は最大のエンターテインメントだった。

N_1におけるN_2

- N_1 in N_1における N_2 refer to the settings (e.g., places, times, or situations) where something occurs.
- N_1における modify a noun (N_2).
- Nにおいて is used to modify a predicate (see 3 to 5.)
- N_1における N_2 and Nにおいて are more or less synonymous with N_1での N_2 and Nで, respectively. The former expressions are slightly more formal than the latter ones.
- These structures are not typically used in everyday conversations.

例）○ じゃあ、明日の２時に映画館の入り口で会いましょう。

So, let's meet at the entrance of the movie theater at 2 p.m. tomorrow.

× じゃあ、明日の２時に映画館の入り口において会いましょう。

11. まさに 〈truly; really〉

［読み物 2- 行 29］

昨日(きのう)の旅行番組で紹介されていたのは、**まさに**私が先月行った島だった。

The island which the travel program featured yesterday was exactly the one that I visited last month.

1 試験に出た内容は、**まさに**昨夜(さくや)勉強したところだった。

2 ハワイは**まさに**天国のようなところらしい。

3 ハローキティは、**まさに**日本のポップカルチャーを代表する存在(そんざい)だ。

4 A：税金(ぜいきん)を高くするより、政府(せいふ)にはまず無駄遣(むだづか)いを減らしてほしいですよね。

　B：**まさに**その通りだと思います。

まさに

- まさに emphasizes that the speaker believes the statement to be true.
- まさに is typically used in formal settings, but the idiomatic phrase まさにその通り is often used in everyday conversations as well.

経験からの学び

1 モデル作文

大変だった経験から学んだことを書く。

文化の壁を越(こ)えて

ジョージ・テイラー

❶ 序論（じょろん）

私は交換留学生として、４か月前に日本に来ました。大学で日本語や日本文化などを勉強しています。日本という異文化での生活の中には日々新しい発見があり、刺激的で楽しいですが、大変なこともありました。

❷ 本論（1）大変だった経験

それは(a)、日本人の友達がなかなか作れなかったことです。例えば、国際交流イベントなどで知り合いができても、その(b)イベント以外で会うことはあまりありません。それに、イベントで何回か会ったことがある人をカラオケに誘っても、「うん、今度行こう！」と返事はしてくれますが(e)、実際に行くことはありません。このような(c)経験を繰り返し、私は日本人に嫌われることを無意識にしているのではないかと思うようになりました。

❸ 本論（2）そのことへの対応

このこと(c)についてしばらく悩(なや)んでいたのですが、ルームメートの日本人に思い切って相談してみました。すると、「それは日本人同士(どうし)でも同じだよ」と言われました(d)。知り合いの人に対しては遠慮(えんりょ)があるので、遊びに誘うこともあまりしないし、「どこかに行きたいですね」と言っても「社交辞令(しゃこうじれい)」であることが多いそうです。イベントやサークルに定期的に参加して、会う機会が増えれば仲良(なかよ)くなりやすいということも教えてくれました(e)。実際、その後サークルに入ると、自然に日本人と仲良くなり、友達を作ることができました。

❹ 結論（けつろん）

同じ国の人同士でも新しく友達を作ることは難しいことですが、違う国の人だとさらに大変です。文化の壁を越(こ)えて友達を作るためには、違和感(いわかん)や疑問を隠(かく)さず、違いを理解し、受け入れようとする気持ちが必要だと感じました。

単語　悩(なや)む to worry　同士(どうし) fellow　遠慮(えんりょ) reserve　社交辞令(しゃこうじれい) diplomatic remarks　定期的(ていきてき)に on a regular basis　違和感(いわかん) uncomfortable feelings　隠(かく)す to hide

■ 段落構成

・作文は、序論 (introduction)、本論 (body)、結論 (conclusion) の構成で書くとわかりやすい。
・モデル作文は４つの段落で構成されているが、第１段落が序論、第２・３段落は本論、第４段落が結論となっている。

段落の役割 (role)		内容	書くポイント
❶ 序論		・話題「大変だった経験」の導入	
❷ 本論（1）	大変だった経験	・大変だった経験の具体的な (specific) 説明	(a)
		・その経験で感じたことのまとめ	(c)
❸ 本論（2）	そのことへの対応	・本論（1）で述べた経験への対応	(c)
		・どのようなことをしたかの具体的な説明	
❹ 結論		・経験から学んだこと	

■ 書くポイント

1. 効果的に指示詞を使う。…… (a) (b) (c)

(a) 話題を導入した (introduce) 後に、具体的な説明を加える時は「そ～」を使う。

（行 5～7）　……大変なこともありました。
それは、日本人の友達がなかなか作れなかったことです。

(b) すぐ前の言葉を指す時は「そ～」を使う。

（行 7～9）　例えば、国際交流イベントなどで知り合いができても、**その**イベント以外で会うことはあまりありません。

(c) 前に述べた自分の経験や考えをまとめる時は「こ～」をよく使う。

（行 7～13）　例えば、……実際に行くことはありません。**このような**経験を繰り返し、私は日本人に嫌われることを無意識にしているのではないかと思うようになりました。

（行 14～15）　**このこと**についてしばらく悩んでいたのですが、……相談してみました。

・「あ～」の指示詞は作文を書く時にはあまり使わない。

例）スーパーで久しぶりに田中さんに会った。
× 　**あの**人は、中学時代、私の親友だった人だ。
○ 　**その**人は、中学時代、私の親友だった人だ。

2. 文章（passage）を通して自分の視点（view point）から書く……（d）（e）

（d）主語を統一する（unify）。

（行 14~16）［私は］ルームメートの日本人に思い切って相談してみました。すると、「それは日本人同士でも同じだよ」と［私はルームメートに］**言われました。**

✕ ルームメートは私に言いました。

（e）他の人から自分への親切な行為（favorable action）は「～てくれる」を使う。

（行 18~20）イベントやサークルに定期的に参加して、会う機会が増えれば仲良くなりやすいということも教え**てくれました。**

✕ 教えました。

2 タスク

■ 書く前に

（1）インターンシップ、ボランティア、アルバイト、クラブ活動、留学、受験などで「大変だった経験」がありますか。それは、いつ経験したことですか。

（2）どんなことが大変だったのですか。

（3）大変なことに対して、どのように対応しましたか。

（4）その経験から何を学びましたか。

■ 書いてみよう

「経験から学んだこと」について「です・ます体」で書きなさい。「書くポイント」を使って、モデル作文のような４段落構成で書きなさい。（550 ～ 650 字）
まず構成と内容のアウトラインを考えてから書きなさい。

話す

国際交流

会話 1 言いづらいこと

1-1 やってみよう

1）「相手の親切はうれしいが、実はやめてほしいと思っていること」について話し合いなさい。

① 友達がしてくれることで、実はあなたはやめてほしいと感じていることがありますか。それはどんなことですか。

② 友達がしてくれることについて、実はあなたはやめてほしいと感じていると伝える時、どのようにその友達に伝えますか。どんなことに気をつけたほうがいいと思いますか。

2）1）で考えたことを使って、ロールプレイをしなさい。

カジュアルな会話

A あなた	B A の友達
友達の B さんは、 人との距離（きょり）が近く、 よく腕（うで）を組んだり、 肩（かた）をたたいたりしてきます。 でも、実はあなたは ボディータッチが苦手です。 B さんに上手に伝えなさい。	A さんの話を聞いて、 対応しなさい。

1-2 聞いてみよう

🎧 3.Kaiwa_L7-1

1）モデル会話を聞いて、下の質問に答えなさい。

① メイリンは、サラのどんな行動をやめてほしいと思っていますか。

② それはどうしてですか。

2）メイリンは何と言っていましたか。

① 実は嫌だと思っているということを伝える時

親しくしてくれているのがわかるから、＿＿＿＿＿＿＿＿＿＿けど、

実は私、＿＿＿＿＿＿＿＿＿＿＿＿＿＿＿＿＿＿。

② 嫌だと思う理由を言う時

相手との＿＿＿＿＿＿＿＿＿＿＿＿もあるってことはわかるし、

絶対に＿＿＿＿＿＿＿＿＿＿＿＿っていうわけじゃないんだけど、

昔から……抵抗があって。

ここにも注目

▸ 相手がしてくれることについて、実はやめてほしいと伝えたい時

相手が何かをしてくれても、それがあまりうれしくない時があります。しかし、それを「嫌だ、迷惑（めいわく）だ」とはっきり言うのは失礼です。「嫌だ」、「好きじゃない」と言わないで、「苦手」や「慣れない」など、直接的（ちょくせつてき）ではない（not direct）別の言葉を使いましょう。また、「～て……。」と「て形」で止めて、最後まではっきりと言わない言い方をすると、相手をあまり嫌な気持ちにさせずに済みます。

例 △ハグは嫌いなんだ。

○ハグはちょっと苦手なんだ（苦手で……）。

まだハグに慣れなくて……。

ハグには抵抗があって……。

ハグはちょっと……。

1-3 モデル会話

3.Kaiwa_L7-1

カジュアルな会話

前から思っていたけど

食堂でメイリン（メ:）とサラ（サ:）が話している。

メ：❶あのさあ、サラ……。

サ：何？

メ：❷**ちょっと言いづらいんだけど、**サラって、会った時とかによく肩を組んでくる**よね？**

サ：そう言われてみれば、そうかも。

メ：❸親しくし**てくれているのがわかるから、気持ちはうれしいんだけど、実は**私、ボディータッチがちょっと苦手**で……。**

サ：え、そうだったの？

メ：うん。❹相手との距離が近い文化もあるってことはわかるし、絶対に触られたく**ないっていうわけじゃないんだけど、**昔からハグされたり、肩や腕を組まれたりするのに抵抗があっ**て……。**ボディータッチが多い文化の人と友達になっても、やっぱりまだ慣れなく**て……。**

サ：そうだったんだ……。もっと早く言ってくれればよかったのに。

メ：❺**なんか、なかなか言い出せなくて……。こんなこと言ってごめんね。**

サ：ううん。言ってくれてありがとう。

メ：❻気を悪くしたらごめんね。

単語 言いづらい hard to say　距離 distance　言い出す to bring up　気を悪くする to be offended by

フローチャート

あなた：相手にやめてほしいことを打ち明ける	友達
❶ 話しかける あのさあ、○○さん……。	
	何？
❷ 話を切り出す **ちょっと言いづらいんだけど、** ○○さんって、会った時とかによく肩（かた）を組んでくる**よね？**	
	そう言われてみれば、そうかも。
❸ 気持ちはうれしいが、実は嫌だと遠回しに伝える（insinuate） 親しくし**てくれているのがわかるから、気持ちはうれしいんだけど、実は**私、ボディータッチがちょっと苦手**で……。**	
	えっ、そうだったの？
❹ やわらげて（soften）、嫌だと思う理由を伝える 絶対に触（さわ）られたくない**っていうわけじゃないんだけど、** 昔からハグされたり、肩や腕（うで）を組まれたりするのに 抵抗があっ**て……。**	
	そうだったんだ……。 もっと早く言ってくれればよかったのに。
❺ 相手を嫌な気持ちにさせないように気遣（きづか）う（concern） **なんか、なかなか言い出せなくて……。** **こんなこと言ってごめんね。**	
	ううん。 言ってくれてありがとう。
❻ 会話を終える 気を悪くしたらごめんね。	

1-4 練習しよう

▶ のパターンを使って話してみましょう。

❶ 話しかける → ❷ 話を切り出す
→ ❸ 気持ちはうれしいが、実は嫌だと遠回しに伝える (insinuate)
→ ❹ やわらげて (soften)、嫌だと思う理由を伝える
→ ❺ 相手を嫌な気持ちにさせないように気遣う (concern) → ❻ 会話を終える

あなた：❶ あのさあ、〇〇さん……。

友達：何？

あなた：❷ **ちょっと言いづらいんだけど、**〇〇さん**って、**会った時とかによく肩を組んでくる**よね？**

友達：そう言われてみれば、そうかも。

あなた：❸ {親しくし／私のことを思ってし}**てくれているのがわかるから、気持ちはうれしいんだけど、実は**私、ボディータッチがちょっと苦手{で／て}……。

友達：えっ、そうだったの？

あなた：❹ 絶対に触られたくない**っていうわけじゃないんだけど、**昔からハグされたり、肩や腕を組まれたりするの{**が苦手で**／**に慣れなくて**／**に抵抗があって**}……。

友達：そうだったんだ……。もっと早く言ってくれればよかったのに。

あなた：❺ **なんか、なかなか言い出せなくて……。こんなこと言ってごめんね。**

友達：ううん。言ってくれてありがとう。

あなた：❻ 気を悪くしたらごめんね。

1. 日本人の友達は、あなたが日本語で話しかけても、英語で答えます。しかし、あなたは英語ではなく日本語で話してほしいと思っています。そのことを友達に上手に伝えなさい。

2. 友達はあなたと一緒に宿題をする時、いつも先に答えを言います。でも、あなたはもう少し自分で考えたいです。友達に上手に伝えなさい。

3. 友達は毎週末、あなたをいろいろなイベントに誘います。でも、あなたは週末は時々家でゆっくり休みたいと思っています。友達に上手に伝えなさい。

4. 自分で考えよう。

会話 2 ディスカッション

2-1 やってみよう

1）あなたは国際交流サークルのメンバーです。今日は以下の議題を話し合います。まず①について、自分のアイデアをできるだけたくさん書きなさい。

① 国際交流のイベントでどんなことをしたら留学生と日本人の交流が深められるか。

② サークルの新しいメンバーを増やすためにはどうしたらいいか。

③ サークルの活動資金 (activity fund) を増やすためにはどうしたらいいか。

④ 先輩の送別(そうべつ)会／新入生歓迎(かんげい)会で、どのレストランに行ったらいいか。

⑤ アイデアをたくさん出さなければいけないトピックを自分で考えよう。（2 つのうちのどちらかを決めるトピックや、賛成・反対の意見を述べるトピックは選ばない。）

2）1）で考えたことを使って、3 ～ 4 人のグループで 5 分話し合い、留学生と日本人の交流が深められそうな活動を 1 つ決めなさい。一人はディスカッションリーダーをしなさい。

2-2 聞いてみよう

3.Kaiwa_L7-2

1）モデル会話を聞いて、下の質問に答えなさい。

① 何の集まりですか。何について話し合っていますか。

② 話し合いの結果はどうなりましたか。

2）ジョージ・テイラー、ワン・メイリン、本田研(ほんだけん)は、それぞれ何と言っていましたか。

① ジョージが自分の意見を言う時

＿＿＿＿＿＿＿＿＿＿＿＿＿＿＿＿ はどうでしょうか。

② メイリンが、ジョージの意見についてコメントする時

＿＿＿＿＿＿ を作りながら、

＿＿＿＿＿＿＿＿＿＿ というのはいい考えですね。

③ メイリンが自分の意見を言う時

ただ、＿＿＿＿＿＿＿＿＿＿ は一度にたくさん作れないので、

＿＿＿＿＿＿＿＿＿＿＿＿ 場合は困(こま)るかもしれません。

それぞれの ＿＿＿＿＿＿＿＿＿＿＿＿＿＿＿ を

紹介し合うのはどうでしょうか。

④ 研(けん)が、メイリンの意見についてコメントする時

＿＿＿＿＿＿＿＿＿＿＿＿＿＿＿＿ をするのは、

｛楽しそう・大変そう｝ですね。

⑤ 研が自分の意見を言う時

＿＿＿＿＿＿ と ＿＿＿＿＿＿ を混(ま)ぜたグループを作って、

＿＿＿＿＿＿＿＿＿ にするというのはどうでしょうか。

3.Kaiwa_L7-2

フォーマルなディスカッション

国際交流イベントの企画

国際交流サークル部長の青山絵理（絵:）とメンバーのジョージ・テイラー（ジ:）、ワン・メイリン（メ:）、本田研（研:）などが国際交流イベントについて話し合っている。

絵：❶**本日は、**日本人と留学生の交流イベント**について話し合いたいと思います。では、まず、**テイラーさん**から意見をお願いします。**

ジ：❷たこやきパーティー**はどうでしょうか。**❸**なぜかというと、**たこやきなら簡単に作れるし、留学生も日本人学生も好きな人が多い**からです。それに、僕の経験から言うと、**何か一緒にしながらのほうが緊張せずに話せて、会話がはずむ**ような気がします。**❹ワンさん**はどう思いますか。**

メ：❺たこやきを一緒に作りながら交流を深める**というのは、いい考えですね。**❻**ただ、**たこやきは一度にたくさん作れないので、参加者が多い場合は困る**かもしれません。**❼**そこで、提案なのですが、**それぞれの国の簡単なゲームを紹介し合う**のはどうでしょうか。**❸お互いの国のことがわかるし、楽しい思い出にな**るのではないかと思います。**❹本田さん**はいかがですか。**

研：❺**確かに、**いろいろな国のゲームをするのは楽し**そうですね。**❽ワンさん**の意見に付け加えるなら、**日本人と留学生を混ぜたグループを作って、グループ対抗にするという**のはどうでしょうか。**❸**というのは、**競争があったほうがグループ内のきずなが強くなると思う**からです。**❹**他のみなさんはいかがですか。**

*　　*　　*

絵：**他に意見はありませんか。それでは、ここで多数決を採りたいと思います。**たこやきパーティー、ゲーム大会、カラオケ大会**という意見がありました。みなさん、挙手をお願いします。**たこやきパーティー**がいいと思う方。**……２人。ゲーム大会**の方。**……６人。では、カラオケ大会**の方。**……２人。**多数決で**ゲーム大会**に決まりました。**

単語 会話がはずむ to have a lively conversation　提案 proposal　付け加える to add　混ぜる to mix　グループ対抗 group competition　競争 competition　きずな bond　多数決を採る to take a vote　挙手 raising one's hand

フローチャート

リーダー

話し合いを始める

❶ トピックを紹介する

本日は日本人と留学生の交流イベント**について話し合いたいと思います。**

では、まず、～さん**から意見をお願いします。**

参加者 1

意見を述べる

❷ 提案(ていあん)を述べる

たこやきパーティー**はどうでしょうか。**

❸ 理由を述べる

なぜかというと、たこやきなら簡単に作れる**からです。それに私の経験から言うと、**何か一緒にしながらのほうが会話がはずむ**ような気がします。**

❹ 他の人に意見を求める

～さん**はどう思いますか。**

参加者 2

反対し、別の提案をする

❺ 相手の意見を受け入れる（accept）

たこやきを一緒に作りながら、交流を深める**というのはいい考えですね。**

❻ 反対の意見を述べる

ただ、一度にたくさん作れないので、参加者が多い場合は困(こま)る**かもしれません。**

❼ 別の提案をする

そこで提案(ていあん)なのですが、それぞれの国のゲームを紹介し合う**のはどうでしょうか。**

（❸ 理由を述べる）　❹ 他の人に意見を求める

（楽しい思い出になる**のではないかと思います。）**～さん**はいかがですか。**

参加者 3

賛成し、付け加える

❺ 相手の意見を受け入れる

確かに、いろいろな国のゲームをするのは楽し**そうですね。**

❽ 意見を付け加え、提案する

～さん**の意見に付(つ)け加(くわ)えるなら、**グループ対抗にするという**のはどうでしょうか。**

（❸ 理由を述べる）　❹ 他の人に意見を求める

（というのは、きずなが強くなると思う**からです。）他のみなさんはいかがですか。**

＊　＊　＊　話し合いを続けた後、リーダーが多数決(たすうけつ)を採(と)って意見をまとめる　＊　＊　＊

2-4 練習しよう

▶ ＿＿＿ のパターンを使って話してみましょう。

リーダー：❶ トピックを紹介する
➔ 参加者 1：❷ 提案を述べる ➔ ❸ 理由を述べる ➔ ❹ 他の人に意見を求める
➔ 参加者 2：❺ 相手の意見を受け入れる (accept) ➔ ❻ 反対の意見を述べる
➔ ❼ 別の提案をする（➔ ❸ 理由を述べる）➔ ❹ 他の人に意見を求める
➔ 参加者 3：❺ 相手の意見を受け入れる
➔ ❽ 意見を付け加え、提案する（➔ ❸ 理由を述べる）➔ ❹ 他の人に意見を求める

リーダー：❶ 本日は＿＿＿＿＿＿＿＿について話し合いたいと思います。
では、まず、＿＿＿さんから意見をお願いします。
参加者 1：❷ ＿＿＿＿＿はどうでしょうか。❸ なぜかというと、＿＿＿＿＿＿からです。
それに、私の経験から言うと、＿＿＿＿＿＿＿＿＿＿ような気がします。
❹ ＿＿さんはどう思いますか。

＊＊＊ 参加者 2（反対し、別の提案をする）か、参加者 3（賛成し、付け加える）に進む ＊＊＊

参加者 2：❺ ＿＿＿＿＿というのはいい考えですね。❻ ただ、＿＿＿＿＿かもしれません。
❼ そこで、提案なのですが、＿＿＿＿＿＿＿＿＿のはどうでしょうか。
（❸ ＿＿＿＿＿＿＿のではないかと思います。）❹ ＿＿＿さんはいかがですか。
参加者 3：❺ 確かに、＿＿＿＿＿＿＿＿＿＿＿＿＿そうですね。
❽ ＿＿＿さんの意見に付け加えるなら、＿＿＿＿＿＿＿のはどうでしょうか。
（❸ というのは、＿＿＿＿＿＿＿からです。）❹ 他のみなさんはいかがですか。

＊＊＊ 参加者 2 か参加者 3 へ戻り、話し合いを続ける ＊＊＊

1. 「2-1. やってみよう」(p. 26) で話し合ったことについて、もう一度ディスカッションをしなさい。リーダーはメモをとり、話し合いの最後に以下の表現を使って多数決を採りなさい。

リーダー：他に意見はありませんか。それでは、ここで多数決を採りたいと思います。
ここまで、＿A、B、C＿という意見がありました。みなさん、挙手をお願いします。＿A＿がいいと思う方。……＿＿人。＿B＿の方。……＿＿人。
では、＿C＿の方。……＿＿人。多数決で＿＿＿に決まりました。

2. 1 とは別のテーマを選び、もう一度ディスカッションをしなさい。

聞く

異文化コミュニケーション

聴解 1 カルチャーショック

4.Chokai_L7-1

留学生のためのオリエンテーションで、先生がカルチャーショックについて話しています。
「カルチャーショックのステージ」は、下の図の❶～❺のどれですか。

単語 乗り越える(のりこえる) to get over　ハネムーン honeymoon　満足度(まんぞくど) level of satisfaction
常識(じょうしき) common sense　適応(てきおう) adaptation　上がる(あがる) to rise　受け入れる(うけいれる) to accept
下がる(さがる) to fall　イライラする to get frustrated

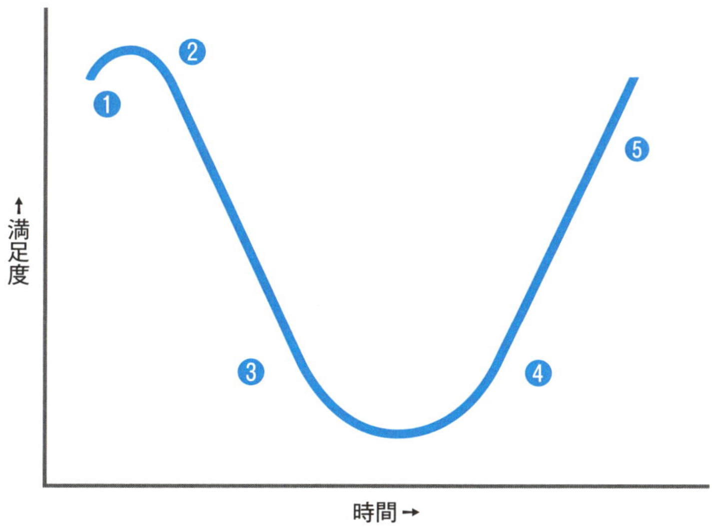

聴解 2 多文化共生社会

4.Chokai_L7-2

聞く前に

「多文化共生社会 (multicultural society)」とはどのような社会だと思いますか。

リスニング

ジョージが、今日の異文化理解のクラスの内容について絵理(えり)に話しています。
会話を聞いて、質問に答えなさい。

単語 多文化共生社会(たぶんかきょうせいしゃかい) multicultural society 認(みと)める to acknowledge 共(とも)に together 生(い)きる to live
判断(はんだん)する to judge 具体的(ぐたいてき)に specifically ビーガン vegan 寛容性(かんようせい) tolerance
言(い)い合(あ)い argument 対話(たいわ) discussion すり合(あ)わせる to exchange (views)

1. 会話の内容に合うものに○、合わないものに×をつけなさい。

① (　　) 多文化共生社会には、大切なことが3つある。

② (　　) 肉や魚を食べる人がベジタリアンやビーガンの人に「肉も食べたほうがいいよ」と言うのは、多文化共生社会ではよくないことだ。

③ (　　) ベジタリアンやビーガンの人がどうして肉や魚を食べないのか、その理由を知ろうとするべきだ。

④ (　　) 寛容性(かんようせい)を持つことは、難しいことではない。

⑤ (　　) 対話と言い合いはだいたい同じことだ。

2. 絵理(えり)によると、「多文化共生社会」とはどのような社会ですか。

ディスカッション

1. だれかと接する時に、その人の文化、考え方、習慣などが受け入れにくいと思ったことはありますか。あなたはその時、どうしましたか。

2. 多文化共生社会ではどのような問題が起こると思いますか。その問題を解決する (resolve) ためにはどうすればいいと思いますか。

第8課

読む　インタビューに見るプロ意識

書く　インタビュー記事

- ➤ プロへのインタビュー記事を読んで、そのインタビューの目的(もくてき)がわかる
- ➤ 簡単なインタビュー記事が書ける

話す　大切な物

聞く　温泉(おんせん)事情

- ➤ 忘れ物の問(と)い合(あ)わせができる
- ➤ 物の魅力(みりょく)が伝えられる

読む

インタビューに見るプロ意識

読む前に・読んだ後で

読み物1 「日本一の旅館」加賀屋(かがや)の女将(おかみ)に聞く

読む前に

1. 旅行する時、どんなところに泊まりますか。
日本の旅館に泊まったことがありますか。
どんな点がホテルと違いますか。

2. 「日本一の旅館」とはどんな旅館だと思いますか。

読んだ後で

3. 加賀屋(かがや)の女将(おかみ)によると、「おもてなし」の精神とはどのようなものですか。下の単語を使って話しましょう。

[基本通り　　お客様　　要望　　サービス　　自分の喜び]

4. あなたの国には、どのような「おもてなし」がありますか。

5. もし加賀屋があなたの国に進出するなら、どのようなことに気をつけるべきだと思いますか。どんなサービスがあるといいと思いますか。

読み物2 Bentoで日本をもっと近く

読む前に

1. あなたの国では、家から昼ご飯を持っていく習慣がありますか。いつ、どこに、どのようなものを持っていきますか。

2. 日本のもので、あなたの国でも人気があるものはありますか。それは、どうして人気があるのだと思いますか。

読んだ後で

3. ベルトランさんが海外で弁当箱を売ろうと思った理由について、記事を読んでわかったことを下の単語を使って話しましょう。

［フランス　雑誌　密閉容器　栄養　食事を楽しむ］

4. あなたの国でも日本の弁当箱は売れると思いますか。どうしてですか。

5. 日本やあなたの国のもので、世界にもっと紹介されるべきだと思うものはありますか。どうしてですか。

さることが自分の喜びにもなるという気持ちにならない限り[2]、真の意味でのお客様へのおもてなしはできません。

――「加賀屋ならでは[3]のおもてなし」とは、どういうものですか。

「いいえ」「できません」は絶対に言いません。わからなかったら、調べてお答えしなさいというのが先代からの教えです。たとえすぐお返事ができなくても、きちんとご満足のいくようなお答えをするようにしています。

――なるほど。ところで、近年、日本を訪れる外国人観光客が増えてきていますが、外国人のお客様に対するおもてなしはどのようにされていますか。

文化や習慣など、その国のことをまずいろいろ調べます。喜ばれるのは国花です。スウェーデンの王室の方がいらっしゃったときは、すずらんの小さな花束を20個ほど作り洗面所やベッドの枕の横などに置いたら、うれしいと大感激していただきました。いつも100点満点のことはできないまでも[4]、何か調べてわかったことをどのような形でお客様に提供するかが大事だと思います。

――それでは、言葉の問題はいかがでしょうか。

英語と中国語は話せるスタッフがおりますが、それ以外は身振り手振りでお伝えします。また、簡単な挨拶や「何かご用はございますか」というような必要な表現をその国の言語で書いたものを持ち歩いています。

――最後に、加賀屋さんが今後変えたいもの、また、残しておきたいと思っているものはありますか。

やはり、ものの考え方はあまり変わらないと思います。「お客様に喜んでいただけることを笑顔を絶やさずにする」そういうことは変えたくありません。日本にしかない宿屋があるということを感じていただきながら、その延長線上で変えるべきところは時代とともに[5]変えていきたいです。例えば、先代のときは、ご到着からお帰りまでに10回はお茶を出していたものですが[6]、今はプライバシーを重視される方が多く、「あまり出入りしないで」とかえって[7]お叱りを受けることもあります。お客様がしてほしいことをし、してほしくないことはしないこと、そして日々自分を磨き上げることが必要かと思います。

読み物1　「日本一の旅館」加賀屋の女将に聞く

1.Yomimono_L8-1

「プロが選ぶ日本のホテル・旅館100選」で総合一位を長年取り続けている加賀屋の女将に、旅館のおもてなしについて聞いた。

加賀屋女将　小田真弓さん

——まず、旅館とはどのようなところでしょうか。

旅館というのは、日本にしかない、日本を代表する文化だと思います。お客様が到着されたときのお迎えから始まり、館内をご説明しながらお部屋へご案内します。その間に自分の肩の線がお客様とどのくらい違うかによって浴衣のサイズを考え、後ほどお持ちできるように頭に入れておきます。それから、お部屋におしぼりとお抹茶とお菓子をお持ちして、ご挨拶をします。また、食事の際には、少なくとも7、8回は部屋に出入りし、お料理を最もおいしい状態で召し上がっていただけるよう心がけています。このような「上げ膳据え膳」「至れり尽くせり」が旅館のサービスです。旅館というのは非日常の場、つまり、都会での仕事の疲れを癒やし、くつろいでいただく場でもあります。

——加賀屋さんは「おもてなしの宿」とも呼ばれていますが、その「おもてなし」の精神について教えてください。

おもてなしとはお客様の気持ちを理解してサービスすることです。昔は「十人十色」でしたが、今は一人十色[1]どころか百色とか言われる時代です。つまり、一人一人のお客様が求めるサービスが違うのはもちろん、同じお客様でも時によって要望が変わることもあるわけです。サービスを基本通りにやっていても、60点です。常にお客様が考えていることを先回りして現実のものとして提供できるよう策を練ります。お客様が心から喜んでくだ

読み物 2　Bento で日本をもっと近く

1.Yomimono_L8-2

BERTRAND 社長　ベルトラン・トマさん

プロフィール

1981 年、フランス・リヨン生まれ。子ども時代は、空前の日本アニメブーム。「ドラゴンボールを見て、スーパーファミコンで遊んだ」。グルノーブル政治学院で政治を学ぶが、「日本が大好きな先生の日本史の授業がすごく面白くて、いつかは日本に」という夢を温める。2003 年、京都大学へ。留学後、一時帰国するが、すぐ京都に戻る。日本の文化を紹介するブログを書いているうちに[8]、「何か自分でできるのではないか」と思うようになる。母親から日本の弁当がフランスの雑誌で紹介されていると聞いたのがきっかけで、08 年にオンラインショップの Bento&co を始める。10 年に株式会社 BERTRAND を日本人の妻とともに[5]立ち上げ、12 年に京都に弁当箱専門店をオープン。

――弁当箱を海外で売ることは日本人には「灯台もと暗し」。目をつけたのは、なぜですか。

Bento は、小さな宇宙。限られた空間で凝縮された美を表現する、日本ならでは[3]の美意識が息づいています。もちろん、フランスでも家からお昼を持って行くことはありますが、仕切りのない密閉容器に、サンドイッチならサンドイッチだけ、パスタならパスタだけというのが、ほとんど。でも、日本の Bento は、食べる相手のことを考えて、栄養のバランスにも配慮し、彩りよくおかずを詰める。

食べる時間は 20 分ほどですが、おなかがすいて待ちきれないようなときは 1 時間も前から、「今日は何かな？」とフタを開ける瞬間を想像してワクワク、ドキドキします。料理を作ることや、時間をかけて食事を楽しむことに重きを置くフランスなら、絶対に売れるという確信がありました。どんな国でも自分で料理を作って仕事場や学校に持って行きたい人はいるし、日本の弁当箱は、和食のためだけでなく、世界中の料理に使える、と。

——最初は、メーカーにけげんな顔をされたと聞きます。

その頃は、まだ海外で積極的に販売するという考えがなくて、逆に「なぜ？」と質問されました。でも、いまでは日本のメーカーと共同でフタに保冷剤が内蔵されたカラフルな弁当箱を開発したり、少し前にフランスでこけし風の雑貨がブームになっていたのをヒントに、頭の部分がお椀になる、こけし型の弁当箱を発案したり。それらは、いまや世界的な人気商品になっています。

——京都のお店はフランスの街角にあってもおかしくない雰囲気。ゆで卵をウサギの顔のように変形できる型や、シリコンでできたバランなどもあって、つい時間を忘れてしまいます。

どんなものが売れているのか、自分なりに[9]調べて、本当に気に入ったもの、自分がほしいと思うものだけを並べています。モダンでスタイリッシュなものもあれば、使う人が取り出すだけで、「わぁ！　可愛い」と言われるようなものもあります。

——日本の伝統的な商品にも、こだわっています[10]ね。

たとえば、杉の香りがいい曲げわっぱ。１万円近くするものもありますが、日本の伝統工芸に興味のある人に人気で、インテリアにも使われているようです。また、石川県でつくられる漆器の弁当箱は、プラスチック素材で、シルクスクリーンといった新しい技法が取り入れられていますが、職人がひとはけ、ひとはけ塗ったような柄がユニバーサルに受け入れられています。

——伝道師ですね。

日本を世界に紹介するためのかけ橋になりたいと思っています。コンセプトは「日本をもっと近く」です。

「朝日新聞」2014年8月2日（一部改）

曲げわっぱの弁当箱

こけし型弁当箱

読みのストラテジー⑫

インタビューの質問に対する答え Responses to interview questions

When dealing with interview articles formatted as Q&A exchanges, you'll find that the content of each question can help you to sort out what is written in the response below it. So, look closely at what each question is asking and use that as a clue for determining the key point of the response.

ストラテジー

- Sometimes, interviewer questions may not be phrased as an interrogative sentence, so think about what it is that the interviewer wants to know.
- Look for the part of the response that expresses the key point of the answer to the interviewer's question/comment.

■例：留学生インタビュー　アメリカ出身　ジョージ・テイラーさん

Q. なぜ日本に来たのですか。

高校生の頃、日本の歌を聞くようになり、歌を通して日本語に興味を持ち始めました。それで、日本語が専攻できる大学に入りました。２年生の時に実際に日本で日本の文化や言葉を学びたいと思い、留学することにしました。

Q. 日本で苦労したことがあったそうですが。

留学前に日本語を学び、日常生活のコミュニケーションができるくらいの日本語力はあったので、言葉が通じなくて苦労したということはあまりなかったと思います。ただ、日本の習慣では、慣れないことや知らないことが思ったよりあって……。飲み会で乾杯する前に、飲み物を飲んじゃって怒られたこともありました（笑）。お辞儀するタイミングは今でも慣れません。実際に日本で生活しなければわからないこともありますが、日本語が話せるとマナーや習慣も知っていると思われてしまうので、もっと学んでおけばよかったと思います……。

・The first question is "Why did you come to Japan?" Keeping that in mind as you read, you'll see that 高校生の頃、……大学に入りました does not answer that question. Instead, it is background information that prefaces the reason for coming to Japan (the key point of the answer), and so you can predict that the actual answer will follow.

・The interviewer's second inquiry is 日本で苦労したことがあったそうですが, which is not worded as a question, but you can be rephrased as 日本で苦労したことについて教えてもらえませんか. When dealing with non-question interviewer comments like this, you need to figure out what topic the interviewer is trying to learn about.

✎ インタビュアーは、何について詳しく話してもらいたいと思っているか。
What does the interviewer want to know about?（読み物２：行27～32）

――最初は、メーカーにけげんな顔をされたと聞きます。

その頃は、まだ海外で積極的に販売するという考えがなくて、逆に「なぜ？」と質問されました。（中略）それらは、いまや世界的な人気商品になっています。

読みのストラテジー ⑬

何を説明している例か What does an example explain?

Writers trying to convey a certain point often explain it by presenting a real instance or other specific example. When you encounter such an example, you need to identify where it starts and ends, and determine what point it is being used to illustrate.

ストラテジー

- Look for the word 例えば .
- Watch for hypernyms (broader terms representing a category) and hyponyms (words that fall into the category).

1 「例えば」

音楽は人の脳(のう) (brain) に影響を与えることができると言われています。例えば、クラシック音楽を聞くと集中 (concentrate) できるそうです。

· The point that the writer seeks to convey is the first sentence's 音楽は人の脳に影響を与えることができる . The writer then uses 例えば to introduce the example of クラシック音楽 .

2 上位語と下位語 Hypernyms and hyponyms

また、自然の音にはリラックス効果があると言われています。眠(ねむ)れない時に波(なみ) (wave) の音や鳥の鳴き声を聞くと、気持ちが落ち着きよく眠ることができます。

· A hypernym is a word with broad meaning that represents a category encompassing other words. The words categorized by a hypernym are called hyponyms. For example, if we consider the words 文字 (character) and ひらがな (*hiragana*), we would define 文字 as the hypernym, and ひらがな as one of its hyponyms.

· A sentence that contains a hyponym is presenting a specific example. In the case of the example passage above, 自然の音 functions as a hypernym, and the more specific words 波の音 and 鳥の鳴き声 are hyponyms for it. Thus, 波の音や鳥の鳴き声を聞くとよく眠れる provides an example of how 自然の音 have a リラックス効果 .

「すずらんの小さな花束」について答えなさい。

Answer the questions about すずらんの小さな花束 . (読み物 1：行 38～45)

――ところで、近年、日本を訪れる外国人観光客が増えてきていますが、外国人のお客様に対するおもてなしはどのようにされていますか。

文化や習慣など、その国のことをまずいろいろ調べます。喜ばれるのは国花です。スウェーデンの王室の方がいらっしゃったときは、すずらんの小さな花束を20個ほど作り洗面所(せんめんじょ)やベッドの枕(まくら)の横などに置いたら、うれしいと大感激していただきました。

(1) すずらんの上位語を探しなさい。What is the hypernym for すずらん？

(2) すずらんの例では何を説明しているか。For what does すずらん serve as an example?

文型・表現ノート

2.Bunkei_L8

1. ～どころか（～も／さえ） 〈of course; not just ~; not even ~〉

［読み物 1- 行 24］

A：ちょっと 1,000 円、貸してくれない？

Can I borrow 1,000 yen?

B：ごめん。今、1,000 円**どころか**、500 円**も**ないんだ。

Sorry. I don't have 1,000 yen, not even 500 yen.

1 絵理(えり)：前山(まえやま)さんって、お金持ちなんだね。ハワイにも家があるんだって！
　サラ：ハワイに家がある**どころか**、ハワイでホテルの経営(けいえい)**も**しているそうだよ。

2 彼はコンピューターに詳しい**どころか**、自分でコンピューターを作ること**さえ**できる。

3 A：食堂のカレーは肉が少ないよね。
　B：少ない**どころか**、全然入っていなかったよ。

4 佐藤(さとう)さんはクラスで静か**どころか**、だれと**も**話さない。

5 A：レポート、もう終わった？
　B：まだ書き始めていないよ。それ**どころか**、トピック**さえ**決めてなくて。

6 日本語を習い始めたばかりの頃は、漢字**どころか**、ひらがな**さえ**書けませんでした。

> 普
> ＊なA ~~だ~~
> ＊N ~~だ~~
> } どころか

- X どころか Y means that what is mentioned in Y is also true, not to mention X. Y is something that goes beyond the expectation or belief (X) that was previously discussed in the context.
- In 3, A says that there is very little meat (in the curry at the cafeteria), and in response, B declares that there is no meat at all, not even a little meat.
- As shown in 3 to 6, in the case of a negative sentence (X どころか Y ない), X and Y both refer to unmet standards, where Y represents a standard that is even lower than what was expected (X).

2. ～ない限り 〈unless ~〉

[読み物 1- 行 30]

子：お父さん、お酒飲みすぎだよ。体に悪いからやめたら？
Dad, you really should stop drinking. It's bad for your health.

父：医者に止められ**ない限り**、やめられないなあ。
I won't be able to quit drinking, unless my doctor tells me to quit.

1 雪が降ら**ない限り**、スキーはできません。

2 国に帰ら**ない限り**、母のおいしい料理は食べられない。

3 A：昨日（きのう）またサークルの練習をサボったでしょ？ 練習し**ない限り**、上手にならないよ。
B：ごめん、つい……。

4 熱が下（さ）がら**ない限り**、学校には行けないだろう。

5 試験に合格（ごうかく）し**ない限り**、今年の卒業はあきらめなければいけない。

V ない 限り

• X ない限り Y (ない) specifies a condition X that limits the occurrence of Y. Since X is in the negative form, situation "Y (ない)" will occur or continue as long as X remains unfulfilled. This structure can be translated as "unless X occurs" or "as long as X does not occur."

• Typically, Y is a situation thought to be desirable. This structure expresses that if condition X is met, Y can be achieved as well, but if X does not occur, Y cannot be achieved. As such, this structure is often used in the form of X ない限り Y ない .

3. N ならでは 〈distinctive of N; special to N〉

[読み物 1- 行 32
読み物 2- 行 15]

A：「お疲れさま」って日本語**ならでは**のあいさつだよね。
"*Otsukaresama*" is a very uniquely Japanese greeting, don't you think?

B：うん。英語にはうまく訳せないよね。
Yes. It's difficult to translate into English.

1 旅行先では、その場所**ならでは**のおみやげを買うようにしている。

2 桜（さくら）の下でお酒を飲みながら花見をするのは、日本**ならでは**の習慣だ。

3 木の家には、木**ならでは**のよさがある。

4 A：ふとんで寝（ね）られるのは旅館**ならでは**だね。
B：うん。ホテルじゃなくて旅館にしてよかったね。

N1 ならでは（の N2）
N ならでは

• N ならでは is used to describe something that is unique to N.
• This structure is often used to make a positive statement about N.

4. ～ないまでも 〈if not ~; can't go so far as ~〉

[読み物 1- 行 46]

妻(つま)：週に１回とは言わ**ないまでも**、せめて月に１回は外食がしたいな。
I would like to go out to eat at least once a month, if not once a week.

夫(おっと)：わかったよ。じゃあ、そうしよう。
OK. Let's do that, then.

1 ここから見る景色(けしき)は世界一とは言わ**ないまでも**、日本一の美しさだと思う。

2 海外旅行とは言わ**ないまでも**、せめて国内旅行には行きたい。

3 彼の作文は完璧(かんぺき)とは言え**ないまでも**、文法的な間違いがなく、読みやすい。

4 A：ジョギングすると気持ちがいいよね。
B：うん。毎日は走れ**ないまでも**、少なくとも週に２回は走りたいね。

5 A：早くギターが上手に弾(ひ)けるようになりたいね。
B：うん。いろいろなジャンルは弾け**ないまでも**、せめて好きな曲くらいは弾けるようになりたいね。

V ない までも

・X ないまでも Y is used to make a statement about Y, which is considered to be a lower standard than X. This structure implies that X is much more desirable than Y. Although Y is considered to be less desirable than X, Y takes a condition that is still good enough.

・Idiomatic phrases are often used in place of X. 1 and 3 show such phrases: ～とは言わないまでも and ～とは言えないまでも (translated as "I can't go so far as to call ～" and "You may not be able to call ～"). These idiomatic phrases mean that X may be an overstatement but Y is not.

・When Y expresses a minimum hope held by the speaker, せめて or 少なくとも is often used with the structure (see 2, 4 and 5). Additionally, when the above idiomatic phrase is used to express the speaker's hope, とは言わないまでも is used instead of とは言えないまでも , as shown in 2.

5. ～とともに

1 N とともに 〈together with N〉

[読み物 2- 行 11]

親は子育てをしながら、子ども**とともに**成長する。
Parents grow with their children while raising them.

1 学校では、クラスメート**とともに**勉強できるので楽しい。

2 日本では、お正月には家族**とともに**過ごす人が多い。

3 サッカーは野球(やきゅう)**とともに**日本で非常に人気があるスポーツである。

N とともに

・N とともに means "together with N."

2 ～とともに 〈at the same time as ~, along with ~〉

［読み物 1- 行 59］

ファッションは時代**とともに**変化する。
Fashion trends change with the times.

4 春になり暖かくなる**とともに**、桜(さくら)の花が咲(さ)き始める。

5 日本語が上達する**とともに**、日本人の友達も増えるだろう。

6 結婚しない人が増える**とともに**、少子化(しょうしか) (declining birth rates) も進む。

7 彼の第一印象(だいいちいんしょう)はよくなかった。しかし、時間が経(た)つ**とともに**仲良(なかよ)くなり、今では一番の親友だ。

V る / N ｝ **とともに**

- X とともに Y means that when X changes, Y changes at the same time. The type of change expressed in this structure is usually a gradual one that occurs over time.
- X takes one of the following: (a) nouns or verbs that express change (e.g., 増加, 進化, なる, 増える, 減る, 進む, 変わる), or (b) nouns or verbs that are related to time (e.g., 時代, 時, 時間が経(た)つ, 年齢).
- Y takes verbs that express change (e.g., なる, 増える, 減る, 進む, ～始める).
- When verbs or nouns that express actions are used in place of X and Y, this structure means the two actions occur at the same time.

例）学生にアンケート調査を行う<u>とともに</u>、先生にも意見を聞いた。
While conducting a questionnaire survey of students, we also collected opinions from teachers.

6. ～たものだ 〈used to do〉

［読み物 1- 行 61］

昔は、よく学校帰(がえ)りにカラオケに行っ**たものだ**。
I used to go to karaoke on the way home from school.

1 小学生の頃は夏休みに毎日友達と一緒に川で魚をとっ**たものです**。

2 東京(とうきょう)に来たばかりの時は、人の多さに驚い**たものです**。

3 弟が小さかった時は、よく宿題を手伝ってあげ**たものだ**。

4 子どもの頃はよくいたずらをして、祖母(そぼ)に怒られ**たものだ**。

V た **ものだ**

- V たものだ is an expression for stating something that the speaker used to do but no longer does now; it implies that the speaker feels nostalgic about the memory.
- This expression is somewhat monologue-like, and is not typically used in conversations.

7. かえって 〈rather than; contrary to expectation〉

[読み物 1- 行 63]

A：今日は朝まで勉強だ！

Today I'll study until (tomorrow) morning!

B：試験の前日に徹夜(てつや)したら、**かえって**逆(ぎゃく)効果だよ。

It's counterproductive to pull an all-nighter on the day before an exam.

1 安い車を買ったら、何回もエンジンが壊(こわ)れてしまい、**かえって**お金がかかった。

2 頭が痛かったので薬(くすり)を飲んだが、**かえって**ひどくなった。

3 必要以上に敬語を使うと丁寧すぎて、**かえって**失礼になることもある。

4 A：実家(じっか)でのんびりできた？
B：ううん……。親戚(しんせき)が遊びに来てたから、**かえって**疲れちゃったよ。

5 妻(つま)：田中(たなか)さんの家に行くなら、このワインを持っていったら？
夫(おっと)：そんなに高いのを持っていったら、**かえって**彼らに気を遣(つか)わせることになるよ。

かえって	・かえって is used to emphasize that the actual result is the opposite of what was expected by the speaker.

☛ むしろ (L7-5) and かえって

むしろ and かえって are similar in that they both express that something was the opposite of an expectation. X むしろ Y compares X and Y, and states that the speaker holds an opinion/preference/judgment (Y) that is the opposite of what was expected (X) based on commonly held belief or previously discussed topic. X (より) かえって Y, on the other hand, is used when the result (Y) is the opposite of what one would naturally expect to happen in case of X.

例 1) 外食(がいしょく)するほうが家で料理するより ｛○ むしろ／ ○ かえって｝安いことがある。
Eating at a restaurant sometimes can be cheaper than cooking at home.

例 2) 私の場合、日本語は勉強というより ｛○ むしろ／ × かえって｝趣味だ。
In my case, (learning) Japanese language is more like a hobby than studying.

例 3) ルームメートのために部屋を掃除(そうじ)してあげたら ｛× むしろ／ ○ かえって｝怒られた。
I cleaned up my roommate's room for him/her, but he/she actually got mad at me for it.

★ 8. ～うちに 〈while (before you know it, a change happens)〉

[読み物 2- 行 9]

A：あっ、もうこんな時間！ 話している**うちに**、3時間も経(た)ってしまいましたね。

Wow, look at the time! Three hours have passed while we were talking.

B：そろそろ帰りましょうか。

Shall we go home, then?

1 本を読んでいる**うちに**、いつの間(ま)にか寝(ね)てしまった。

2 A：書道、思ったより難しくて……。
B：毎日書いている**うちに**きっと上手になるから、大丈夫ですよ。

3 A：新しいアパートはどうですか。
B：最初は慣れなかったんですが、住んでいる**うちに**気に入ってきました。

4 毎日ニュースを見続けている**うちに**、社会問題に詳しくなってきた。

Vているうちに

- X うちに Y means Y occurred while X was in progress.
- X takes continuous action (i.e., verb in ている form).
- Y refers to a change that has occurred gradually and independent of the speaker's intention.

9. Nなりに 〈in its own way/style〉

[読み物 2- 行 36]

母：将(しょう)がまた悪い成績を取ってきて……。
Sho got bad grades on the exams again . . .

父：点数がよくなくても、将**なりに**がんばっていると思うよ。
Even though his grades aren't good, I think he's doing his best.

1 子どもは子ども**なりに**考えているはずなので、怒る前に理由を聞くべきだ。

2 山本(やまもと)：中田(なかだ)さんはいつも元気で、悩(なや)みがなさそうだね。
中田：そんなことないよ。私**なりに**悩むこともあるんだよ。

3 成功(せいこう)するためには、人にアドバイスを求めるだけではなく、自分**なりに**いろいろ試(ため)してみることが大切だ。

4 スキット作りは初めは嫌だったが、やってみれば**それなりに**楽しかった。

Nなりに

- Nなりに is used to describe a range of capability that is specific to and appropriate for person N. This structure implies that N has his/her limitations and flaws, but is achieving the best quality in his/her own capacity.
- N has to be the speaker, or a person considered to be in a position subordinate to the speaker. A person of higher status cannot be used in place of N.
- それなり is an idiomatic phrase that acknowledges the flaws and limitations of an item discussed previously, while also recognizing that the item in discussion met its own standards (despite the flaws and limitations). In 4, the speaker is acknowledging that he/she was originally unmotivated to make a skit due to the task's lack of motivating factors, but in the end he/she enjoyed it to some extent.

10. N にこだわる 〈attach one's mind to N; be very particular about N〉 [読み物 2- 行 40]

この店は料理の材料**にこだわってい**て、野菜(やさい)はすべて自分たちで育てたものを使っている。

This restaurant is very particular about ingredients, and all the vegetables used in their dishes are grown in their garden.

1 私はおなかいっぱいにさえなれば、味**には**全く**こだわりません**。

2 A：ジフンって、まだ就職先が決まらないんだって……。
　B：彼、新聞社の仕事**にこだわってい**るから、難しいかもね。

3 子：明日の試合は絶対に、絶対に、負けたくないんだ。
　父：そんなに勝(か)ち負(ま)け**にこだわらないで**、試合を楽しんだら？

4 A：部長は服装**にこだわる**人だよね。
　B：うん。いつも高級ブランドのスーツを着ていておしゃれだよね。

N にこだわる	・N にこだわる means the subject is very particular about something, and sticks to his/her criteria for the item.

インタビュー記事

1 モデル作文

夢中になっているものや趣味についてクラスメートにインタビューし、記事にまとめる。

❶ 書き出し

茶道とワン・メイリンさん

日本語で同じクラスのワン・メイリンさんに、今、夢中になっている茶道について聞きました。

❷ 本文（1）質問 1

――茶道を始めたきっかけは何ですか。

茶道部に入ったことです。(a) 日本に来る前から興味はあったんですが、茶道は難しいと思っていました。でも、友達と茶道部の体験お茶会に行ってみたらおもしろかったんです。それで、すぐに入部しました。

❸ 本文（2）質問 2

――茶道部ではどんな練習をしますか。

先輩を見て基本的な作法を覚えていきます。(a) おじぎの仕方、足の出し方、歩き方など一つ一つにルールがあるので、考えなくてもできるようになるまで何度も練習します。私は2か月経っても、きちんと覚えられなくて「なんでこんなにルールがあるのだろう」と疑問に思ったり、「いつか全部覚えられるのだろうか」と不安に思ったりしました。(b)

❹ 本文（3）質問 3

――大変そうですね。茶道を始める前と後では、どんな変化がありましたか。茶道から影響を受けたことがあれば、教えてください。

心が落ち着き、集中力が高まったと思います。(a) 昔から落ち着きがなかったのですが、茶道の練習を繰り返しているうちに、行動とともに心も落ち着いてきたような気がします。

❺ 本文（4）質問 4

――茶道の一番の魅力は何だと思いますか。

作法を身につけることで、改めてその場にいる人に感謝の気持ちを持てるようになることです。(a) 例えば、お菓子を食べる前やお茶を飲む前に隣の人に「お先に」と言うことになっていますが、これは一緒に茶会に参加している人への気遣(きづか)いです。また、お茶を飲む時には、茶会を開いてくれた亭主(ていしゅ)に「お点前(てまえ)ちょうだいいたします」と感謝を示します。このように作法として決まっていることにはすべて意味があり、感謝につながっているのだと気づいた時、茶道をやっていてよかったと思いました。(b)

インタビューを終えて

難しそうなイメージがあった茶道ですが、ワンさんの話を聞いてその奥深(おくぶか)さが少しわかったような気がします。ワンさんの話し方から茶道への愛を感じました。　　　（聞き手　サラ・ゴミス）

❻ まとめ

単語 夢中(むちゅう)になる to be into　落(お)ち着(つ)く to calm down　作法(さほう) manners　改(あらた)めて again　感謝(かんしゃ) gratitude　気遣(きづか)い care; attentiveness　亭主(ていしゅ) host　お点前(てまえ) tea-serving　つながる to be connected　奥深(おくぶか)さ profoundity

■ 記事の構成

記事は、「書き出し」、「本文（質問と答え）」、「まとめ」の構成で書くとわかりやすい。

セクションの役割(やくわり) (role)		内容	書くポイント
❶ 書き出し		・だれに何についてインタビューしたか	
❷ 本文（1）	質問 1	・きっかけ	(a) (b)
❸ 本文（2）	質問 2	・どんなことをするか、特に何が好きか聞く	
❹ 本文（3）	質問 3	・どんな変化があったか、どんな影響を受けたか聞く	
❺ 本文（4）	質問 4	・魅力(みりょく)を聞く	
❻ まとめ		・インタビュー後の感想	

■ 書くポイント

1. 質問に対する答えをまず一言でまとめ、その後に説明を加える。…… (a)
   - 質問の答えを書く時は、インタビュー相手の言葉をそのまま書かず、読みやすいようにまとめる。
   - まず答えの要点だけを一言で短く書いてから、詳しい説明を続ける。

（行 4～9）──茶道(さどう)を始めたきっかけは何ですか。

〈要点〉　**茶道部に入ったことです。**

〈詳しい説明〉**日本に来る前から……入部しました。**

2. 答えにインタビュー相手の具体的な経験や考えを入れる。……(b)

・一般的な情報や事実だけでは「インタビュー記事」にならない。インタビュー相手の具体的な経験や考えを入れ、その人を通して見たトピックの魅力を伝える。

(行 13～16)　〈一般的な情報〉先輩を見て基本的な……何度も練習します。
　　　　　　〈相手の経験〉　**私は**２か月経っても……と不安に**思ったりしました。**

2 タスク

■ 書く前に

(1)「～さんを通して見る○○の魅力」というテーマでインタビューをします。インタビューする相手を決め、その人が今夢中になっているものや趣味を聞き、それについて調べておきましょう。

(2) そのトピックに合わせて質問を考えましょう。「質問 1：きっかけ」「質問 2：どんなことをするか／特に何が好きか」「質問 3：どんな変化があったか／どんな影響を受けたか)」「質問 4：魅力」の 4 つを聞きましょう。

(3) インタビューをしましょう。相手に興味を持って話を聞き、必要であれば (2) で考えておいたこと以外の質問や、具体的に詳しく聞く質問をしましょう。メモをとったり、録音したりしましょう。

(4) インタビューをしてみて、自分の心に強く残ったことを書いておきましょう。

■ 書いてみよう

メモを見たり録音を聞いたりしながらインタビュー記事を書きなさい。「書くポイント」を使って、モデル作文のように「～さんを通してみる○○の魅力」というテーマで書きなさい。(800 字程度)

大切な物

会話1 忘れ物

1-1 やってみよう

1）「忘れ物や落とし物をした経験」について話し合いなさい。

① どこかに忘れ物や落とし物をしたことがありますか。どこにどんなものを忘れたり、落とし物をしたりしましたか。

② 忘れ物や落とし物を見つけるためには、どうしますか。

③ 忘れ物や落とし物をした所に問い合わせる（inquire）時、どんなことを伝えたほうがいいと思いますか。

2）1）で考えたことに気をつけて、ロールプレイをしなさい。

フォーマルな会話

A あなた	B 旅館のスタッフ
泊まった旅館に財布を忘れたことに気がつきました。旅館に電話して、スタッフに聞きなさい。	Aさんの話を聞いて、対応しなさい。

1-2 聞いてみよう

3.Kaiwa_L8-1

1）モデル会話を聞いて、下の質問に答えなさい。

① ジョージの財布（さいふ）の中には、何が入っていますか。

② 財布にはどんな特徴がありますか。色や大きさを答えなさい。

2）ジョージは何と言っていましたか。

① 電話をかけた時

もしもし、すみません、

３時間ほど前にチェックアウトしたテイラーと申します。

＿＿＿＿＿＿＿＿＿＿＿＿＿＿＿＿ようなのですが……。

② 見つからなかったと言われた時

売店（ばいてん）で＿＿＿＿＿＿＿＿＿＿＿＿＿＿時にはあったので、

＿＿＿＿＿＿＿＿＿＿＿＿＿＿たら、売店か廊下（ろうか）の

＿＿＿＿＿＿＿＿＿＿＿＿＿＿かもしれません……。

③ 見つかった時

そうですか！＿＿＿＿＿＿＿＿＿＿＿＿が、予約した時の住所に、

＿＿＿＿＿＿＿＿＿＿＿＿＿＿ていただけませんか。

＿＿＿＿＿＿＿＿＿＿＿＿＿＿すみません。よろしくお願いします。

1-3 モデル会話

🎧3.Kaiwa_L8-1

フォーマルな会話

旅館での忘れ物

ジョージ・テイラー（ジ:）が、宿泊した旅館に電話をかける。（旅館のスタッフ：ス）

ジ: もしもし、❶**すみません、**３時間ほど前にチェックアウトしたテイラーと申します。部屋に財布**を忘れてしまったようなのですが……。**

ス: お名前をフルネームで伺ってもよろしいでしょうか。

ジ: ジョージ・テイラーと申します。

ス: ジョージ・テイラー様ですね。確認いたしますので、少々お待ちください。……お待たせいたしました。清掃時には見当たらなかったようですが。

ジ: そうですか。❷売店でお土産を買った**時にはあったので、**部屋になかったら、売店か廊下の自動販売機のところ**かもしれません……。**❸**申し訳ありませんが、もし見つかったら、**この番号に連絡を**いただけませんか。**

ス: 承知いたしました。お財布の中に何か身分証が入っていますか。

ジ: いや……。でも、❹もしかしたら図書館の利用証が入っているかもしれません。

ス: 承知しました。では、どのようなお財布か、もう少し詳しく教えていただけませんか。

ジ: えっと、❺無地の黒い革の財布**です。あと**二つ折**で、**ポケットに入る大きさ**です。**

ス: 黒い革の、二つ折のお財布ですね。それでは、見つかりましたらご連絡いたします。

ジ: よろしくお願いします。

＊　＊　＊

翌日。

ジ: はい。

ス: 花屋旅館の鈴木と申します。お財布が見つかりましたのでご連絡いたしました。

ジ: そうですか！❻**申し訳ありませんが、**予約した時の住所に着払いで送っ**ていただけませんか。**

ス: かしこまりました。

ジ: ❼**お手数をおかけしてすみません。よろしくお願いします。**

単語 清掃 cleaning　見当たらない not found　売店 (gift) shop　廊下 corridor　自動販売機 vending machine　身分証 ID　もしかしたら possibly　無地 plain　革 leather　二つ折 bi-fold　住所 address　着払い cash on delivery

フローチャート

あなた：電話で忘れ物について聞く	旅館のスタッフ：こたえる

❶ 忘れたことを伝える
（～と申します。）
すみません、部屋に財布（さいふ）**を忘れてしまったようなのですが……。**

今日は何も届（とど）いていませんが。

❷ 別の心当（こころあ）たりがある場所（have a place in mind）を伝える
売店でお土産（みやげ）を買った**時にはあったので、**部屋になかったら、
売店か自動販売機のところ**かもしれません……。**

❸ 見つかった時、連絡してほしいとお願いする
申し訳ありませんが、もし見つかったら、
この番号に連絡を**いただけませんか。**

承知（しょうち）しました。中に何か身分証（みぶんしょう）が入っていますか。

❹ 質問に答える
いや……。でも、もしかしたら、図書館の利用証（りようしょう）が
入っているかもしれません。

では、どのようなお財布か、もう少し詳しく教えていただけませんか。

❺ 特徴（色、柄（がら）、素材（そざい）、大きさ、デザイン etc.）を伝える
はい。無地（むじ）の黒い革（かわ）の財布**です。あと**二つ折（ふたおり）で、
ポケットに入る大きさ**です。**

では見つかりましたらご連絡いたします。

＊　＊　＊

お財布が見つかりましたので、ご連絡いたしました。

❻ 見つかった物を送ってほしいとお願いする
申し訳ありませんが、予約した時の住所に着払（ちゃくばら）いで
送っ**ていただけませんか。**

❼ 会話を終える
お手数（てすう）をおかけしてすみません。よろしくお願いします。

1-4 練習しよう

▶ 　　　　のパターンを使って話してみましょう。

❶ 忘れたことを伝える
➔ ❷ 別の心当(こころあ)たりがある場所 (have a place in mind) を伝える
➔ ❸ 見つかった時、連絡してほしいとお願いする
➔ ❹ 質問に答える ➔ ❺ 特徴（色、柄(がら)、素材(そざい)、大きさ、形、デザイン etc.）を伝える
➔ ❻ 見つかった物を送って／預(あず)かっていて (keep hold of) ほしいとお願いする ➔ ❼ 会話を終える

あなた：（～と申します。）❶**すみません、** 部屋 **に** 財布(さいふ) **を忘れてしまったようなのですが……。**

スタッフ：今日は何も届(とど)いていませんが。

あなた：❷ 売店でお土産(みやげ)を買った **時にはあったので、** 部屋になかったら、売店か自動販売機のところ **かもしれません……。** ❸**申し訳ありませんが、もし見つかったら** この番号に連絡を **いただけませんか。**

スタッフ：承知(しょうち)いたしました。中に何か身分証(みぶんしょう)が入っていますか。

あなた：❹もしかしたら、 図書館の利用証(りようしょう) が入っているかもしれません。

スタッフ：では、どのような お財布 かもう少し詳しく教えていただけませんか。

あなた：はい。❺ 無地(むじ)の黒い革(かわ)の財布 **です。あと、** 二つ折(ふたおり) **で、** ポケットに入る大きさ **です。**

スタッフ：では見つかりましたらご連絡いたします。

＊　　＊　　＊

スタッフ： お財布 が見つかりましたのでご連絡いたしました。

あなた：❻**申し訳ありませんが、** {予約した時の住所に着払(ちゃくばら)いで送っ／取りにうかがうので預(あず)かってい} **ていただけませんか。** ❼**お手数(てすう)をおかけしてすみません。よろしくお願いします。**

1. 大学で財布(さいふ)を落としたようです。大学に電話をかけて事務員(じむいん)に聞きなさい。

2. バスにかばんを忘れました。電話をかけてバス会社の人に聞きなさい。

3. ジムのロッカーにスマートフォンを忘れてきたようです。
電話をかけてスタッフに聞きなさい。

4. 自分で考えよう。

役に立つ表現

▶財布(さいふ)やかばんの特徴の表現

〈財布(さいふ)〉

長財布(ながざいふ)

二つ折(ふたおり)

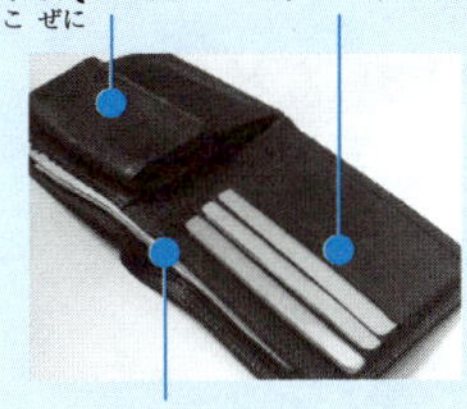

〈かばん〉

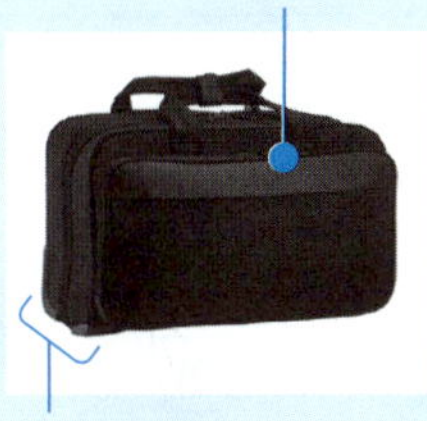

ななめがけ

布(ぬの)

〈その他〉

キーホルダー

刺繍(ししゅう) (embroidery)

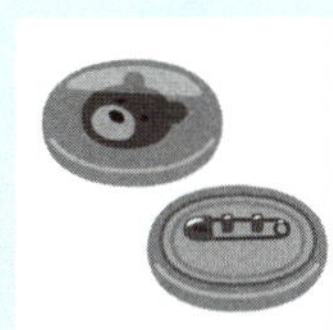

缶(かん)バッジ

〈模様(もよう)〉

無地(むじ)

水玉(みずたま)

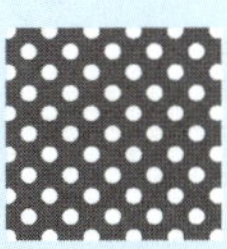

チェック

たてじま（ストライプ）

迷彩柄(めいさいがら)

花柄(はながら)

会話 2　私のおすすめ

2-1 やってみよう

1） 最近よく使っているものや、気に入っているものの中で、他の人にもおすすめしたいものがありますか。それについて下の表に書きなさい。魅力（みりょく）が 3 つぐらい言えるものを選びましょう。

おすすめしたい物の名前	
どんなものか ・見た目 ・使い方　など	
それの魅力（みりょく） ・何がいいのか	・ ・ ・

2） 1）で考えたことについて、ペアか 3 ～ 4 人のグループになって 3 分で紹介しなさい。

2-2 聞いてみよう

3.Kaiwa_L8-2

1） モデル会話を聞いて答えなさい。サラは何について話していますか。

2） サラは何と言っていましたか。

① はじめの質問

みなさん、「お弁当に ＿＿＿＿＿＿＿＿＿＿＿＿＿＿＿＿＿＿＿＿ 」と

感じたことはありませんか。

② **物の名前**

これは、「＿＿＿＿＿＿＿＿＿＿＿＿＿」なんです。

③ **どんなもの？ 特徴・使い方**

コンセントがなくても、生(なま)の＿＿＿＿＿から＿＿＿＿＿＿が炊(た)けるのが特徴です。容器に＿＿＿と＿＿＿を入れ＿＿＿＿＿＿＿でチンして使います。８分チンして 30 分保温すれば、＿＿＿＿＿です。

④ **魅力**

役に立つのは、実は＿＿＿＿＿＿＿＿＿＿＿の時だけじゃないんです。
一人暮(ひとりぐ)らしの人や、長期の出張(しゅっちょう)や旅行中にご飯が食べたい人は、
＿＿＿＿＿＿＿＿＿＿＿＿＿としても使えます。
特に私がすばらしいと思うのは、＿＿＿＿＿＿＿＿＿＿＿点です。

⑤ **まとめ**

このように、移動(いどう)しながらでも簡単に＿＿＿＿＿＿＿＿＿＿＿＿て、
＿＿＿＿＿＿＿＿＿＿が長持ちするのが魅力です。

2-3 モデル会話

3.Kaiwa_L8-2

フォーマルなスピーチ

私のおすすめ便利グッズ

サラ・ゴミス（サ:）が日本語のクラスで「おすすめグッズ」を紹介するスピーチをしている。（クラスメートのジョージ・テイラー：ジ）

サ：❶みなさん、「お弁当に温かくておいしいご飯が食べたい」**と感じたことはありませんか。**❷**今日は、そんな希望(きぼう)をかなえてくれる**弁当箱**を紹介したいと思います。**❸では、**こちらをご覧(らん)ください。**これ、ご存(ぞん)じの方、いらっしゃいますか。

ジ：はい！ ランチジャーですよね。

サ：残念！ ❸**ご覧のとおり、見た目は**ご飯を温かいまま持っていけるランチジャー**のようですが、これは**「ご飯が炊(た)ける弁当箱」**なんです。**❹コンセントがなくても、生(なま)のお米(こめ)からご飯が炊ける**のが特徴です。**容器に米と水を入れ電子レンジでチンし**て使います。**８分チンして30分保温すれば、完成です。家の電子レンジでチンしてから出かければ、通勤中、通学中にご飯が炊け、お昼においしいご飯が食べられます。

❺**また、**この弁当箱が役に立つ**のは、実は**お弁当の時**だけじゃないんです。**一人(ひとり)暮(ぐ)らしの人や、長期の出張や旅行中にご飯が食べたい人は、炊飯器(すいはんき)の代(か)わりとしても使えます。普通の炊飯器より小さく、値段もずっと安いです。

そして特に私がすばらしいと思うのは、味がよい**点です。**電子レンジで温め直したご飯や、保温機能がある弁当箱で持っていったご飯とは、全然おいしさが違います。炊いてすぐのおいしさが、食べる時まで続いています。

❻**このように、**移動しながらでも簡単にご飯が炊けて、おいしさが長持ちする**のが、**この弁当箱の**魅力(みりょく)です。**ご飯好きなら、❼**ぜひ一度試(ため)してみてください。**

単語 ランチジャー insulated lunch container　（米(こめ)を）炊(た)く to cook rice　コンセント outlet　生(なま) not cooked　米(こめ) rice　電子(でんし)レンジ microwave　チンする to microwave it　保温(ほおん) thermal　炊飯器(すいはんき) rice cooker　代(か)わり substitute　機能(きのう) function　移動(いどう)する to move

フローチャート

あなた

スピーチをする

初めに

❶ あいさつして、相手の注意を引く（get attention）ために質問する

みなさん、こんにちは。

「お弁当に温かいご飯が食べたい」と感じたことはありませんか。

注意を引く

❷ 紹介する

今日は、そんな希望をかなえてくれる弁当箱を紹介したいと思います。

❸ 物を見せる

こちらをご覧ください。

ご覧のとおり、見た目はご飯を温かいまま持っていけるランチジャーのようですが、これは「ご飯が炊ける弁当箱」なんです。

特徴や魅力を紹介する

❹ どんな物か、どうやって使うかを見せる

生のお米からご飯が炊けるのが特徴です。

容器に米と水を入れ電子レンジでチンして使います。

家でチンして出かければ、通学中にご飯が炊けます。

❺ 魅力を説明する

また、このお弁当箱が役に立つのは、実はお弁当の時だけじゃないんです。

炊飯器の代わりとしても使えます。

そして特に私がすばらしいと思うのは、味がよい点です。

電子レンジで温め直したご飯とは全然おいしさが違います。

まとめ

❻ まとめる

このように、簡単にご飯が炊けて、しかも、おいしいのが魅力です。

❼ すすめる

ご飯好きなら、ぜひ一度試してみてください。

2-4 練習しよう

▶ ＿＿＿ のパターンを使って話してみましょう。

❶ あいさつして、相手の注意を引く (get attention) ために質問する ➔ ❷ 紹介する ➔ ❸ 物を見せる ➔ ❹ どんな物か、どうやって使うかを見せる ➔ ❺ 魅力を説明する ➔ ❻ まとめる ➔ ❼ すすめる

あなた：❶ ＿＿[あいさつ]＿＿。＿＿＿＿＿＿と感じたことはありませんか。

❷ 今日は、そんな{希望をかなえてくれる／悩みを解決してくれる}＿＿＿＿＿＿を紹介したいと思います。

❸ こちらをご覧ください。ご覧のとおり、見た目は＿＿＿＿＿（のよう）ですが、これは＿＿＿＿＿＿なんです。

❹ ＿＿＿＿＿＿て使います。＿＿[もっと説明する]＿＿。

❺ また、{＿この○○が＿＿のは／＿この○○＿の魅力は}、実は＿＿＿＿＿だけじゃないんです。＿＿[もっと説明する]＿＿。

そして、特に私がすばらしいと思うのは、＿＿＿＿＿＿点です。

＿＿＿＿[もっと説明する]＿＿＿＿。

❻ このように、＿＿＿＿＿＿＿＿＿＿のが魅力です。

❼ ＿＿＿＿＿なら、ぜひ一度＿＿＿＿＿＿てみてください。

1. 3～4人のグループになり、「2-1. やってみよう」の 1) (p. 58) で考えた「最近気に入っている便利な物」について、魅力を伝えるスピーチをしなさい。
スピーチをする前にアウトラインを考えましょう。

2. 下のトピックについて、その物の魅力を伝えるスピーチをしなさい。スピーチをする前にアウトラインを考えましょう。

① 日本人に紹介したい私の国のすばらしい物／自分の国の人に紹介したい日本のすばらしい物

② 勉強に役に立つアプリや道具

温泉事情

聴解 1 温泉旅行

4.Chokai_L8-1

旅行会社の人が、温泉旅行のプランについて紹介しています。会話を聞いて質問に答えなさい。

単語 未定 undecided　宿泊する to stay the night　露天風呂 Outdoor bath　温泉巡り onsen tour　町並み streets　懐石料理 a traditional Japanese multi-course meal

1. a ～ c の説明は①～③のどのプランについての説明ですか。線で結びなさい。

a.

客室から眺める 絶景の富士

お一人様
- 1泊2日：¥13,650
- 食事：朝
- 部屋：洋室

b.

部屋風呂つき ぜいたくプラン

お一人様
- 1泊2日：¥34,200
- 食事：朝・夕
- 部屋：和室

c.

日本一の温泉地での 湯めぐりツアー

お一人様
- 1泊2日：¥15,300
- 食事：朝・夕
- 部屋：和室

① 別府温泉旅行プラン　② 箱根温泉旅行プラン　③ 有馬温泉旅行プラン

2. メイリンと絵理は①～③のどの温泉旅行プランを選びましたか。

聴解 2　温泉の「タトゥー禁止」問題

4.Chokai_L8-2

聞く前に

あなたはタトゥーにどんなイメージを持っていますか。

リスニング

サラと研が温泉とタトゥーについて話しています。
会話を聞いて、質問に答えなさい。

単語　入れ墨 tattoo　シール sticker　貼る to stick
貸切風呂 private bath　課題 issue

1. 会話の内容に合うものに○、合わないものに×をつけなさい。

① (　　) 日本人がタトゥーに怖いイメージを持っているのは、ヤクザの影響だ。

② (　　) 日本には、ファッションでタトゥーをする人はいない。

③ (　　) 研は、日本人がタトゥーを怖いものだと思っていることを変えることは難しいと思っている。

④ (　　) 日本の温泉では、シールを体に貼ってお風呂に入ってはいけない。

⑤ (　　) タトゥーがある人は貸切風呂を使うことができない。

2. サラは、今の温泉の対応について、どんな課題があると言っていますか。2つ答えなさい。

ディスカッション

1. 日本の温泉施設がタトゥーがある人の入浴を断ることについて、どう思いますか。

2. タトゥーをしている人の温泉入浴禁止のように、時代の変化とともに変えたほうがいいと思うことはありますか。また、時代とともに変わってきたと思うことはありますか。

第9課

読む　小説・エッセイを通じて考える愛

書く　小説や映画のレビュー

- 小説を読んで、ストーリーや人物の気持ちがわかる
- エッセイを読んで、筆者が伝えたいメッセージがわかる
- おすすめ作品のレビューが書ける

話す　ある日のできごと

聞く　ペットに関する社会事情

- 手助けの申し出ができる
- まとまった話ができる

読む

小説・エッセイを通じて考える愛

読む前に・読んだ後で

読み物1 夜中の汽笛（きてき）について、あるいは物語の効用について

読む前に

1. どんな小説が好きですか。（恋愛（れんあい）、ファンタジー、ミステリー、ホラー、歴史など）

2. あなたの国で有名な日本の小説がありますか。その小説を読んだことがありますか。

読んだ後で

3. どうして少女は少年の話をずっと黙って聞いていたと思いますか。

4. この小説に出てくる表現の中で一番好きな表現は何ですか。

5. あなたの好きな人／場所／音楽について、どれくらい好きかを「たとえ」を使って話しましょう。

読み物2　愛と恐怖（きょうふ）

読む前に

1. あなたはペットを飼（か）ったことがありますか。将来、飼いたいと思いますか。

2. 犬と猫（ねこ）、どちらのほうが好きですか。どうしてですか。

読んだ後で

3. 「愛と恐怖（きょうふ）」についての筆者の考えを、下の単語を使って話しましょう。

［ 子猫　楽天的　想像　あり得ないこと　悲観 ］

4. ペットを飼うことにはどんないいこと、大変なことがありますか。
できるだけたくさん考えましょう。

5. 筆者の愛と恐怖についての考えに賛成ですか。反対ですか。どうしてですか。

[4]なんかじゃない。ほんとうのことなんだよ。それが真夜中にひとりぼっちで、目を覚ますことの意味なんだ。それもわかる？」

少女はまた黙ってうなずく。少年は少し間を置く。

「でもそのときずっと遠くで汽笛の音が聞こえる。それはほんとうにほんとうに遠い汽笛なんだ。[5]いったいどこに鉄道の線路[4]なんかがあるのか、僕にもわからない。[1]それくらい遠くなんだ。[6]聞こえたか聞こえないかという[1]くらいの音だ。でもそれが汽車の汽笛であることは僕にはわかる。間違いない。僕は暗闇の中でじっと耳を澄ます。そしてもう一度、その汽笛を耳にする。それから僕の心臓は痛むことをやめる。時計の針は動き始める。鉄の箱は海面へ向けてゆっくり浮かび上がっていく。それはみんなその小さな汽笛のせいなんだね。[6]聞こえるか聞こえないか、[1]それくらい微かな汽笛のせいなんだ。そして僕はその汽笛と同じ[1]くらい君のことを愛している」

そこで少年の短い物語は終る。今度は少女が自分の物語を語り始める。

『村上朝日堂超短篇小説　夜のくもざる』新潮社

プロフィール

村上 春樹（むらかみ はるき）

日本の小説家、アメリカ文学翻訳家。79年、『風の歌を聴け』で群像新人文学賞を受賞しデビュー。87年に発表した『ノルウェイの森』は大ベストセラーとなった。他の代表作に『ねじまき鳥クロニクル』『海辺のカフカ』『１Ｑ８４』などがある。

読み物1

夜中の汽笛について、あるいは物語の効用について

村上春樹

1Yomimono_L9-1

女の子が男の子に質問する。「あなたはどれくらい[1]私のことを好き？」

少年はしばらく考えてから、静かな声で、「夜中の汽笛くらい[1]」と答える。

少女は黙って話の続きを待つ。そこにはきっと何かお話があるに違いない[2]。

「あるとき、夜中にふと目が覚める」と彼は話し始める。「正確な時刻はわからない。たぶん二時か三時か、そんなものだと思う。でも何時かというのはそれほど重要なことじゃない。とにかくそれは真夜中で、僕はまったくのひとりぼっちで、まわりには誰もいない。いいかい、想像してみてほしい。あたりは真っ暗で、なにも見えない。物音ひとつ聞こえない。時計の針が時を刻む音だって聞こえない——時計はとまってしまったのかもしれない。そして僕は突然、自分が知っている誰からも、自分が知っているどこの場所からも、信じられないくらい[1]遠く隔てられ、引き離されているんだと感じる。自分が、この広い世界の中で誰からも愛されず、誰からも声をかけられず、誰にも思い出してももらえない存在になってしまっていることがわかる。たとえ僕がそのまま消えてしまったとしても[3]誰も気づかないだろう。それはまるで厚い鉄の箱に詰められて、深い海の底に沈められたような気持なんだよ。気圧のせいで心臓が痛くて、そのままふたつにびりびりと張り裂けてしまいそうな——そういう気持ってわかるかな？」

少女はうなずく。たぶんわかると思う。

少年は続ける。「それはおそらく人間が生きている中で経験するいちばん辛いことのひとつなんだ。ほんとうにそのまま死んでしまいたいくらい[1]悲しくて辛い気持だ。いや、そうじゃない、死んでしまいたいというようなことじゃなくて、そのまま放っておけば、箱の中の空気が薄くなって実際に死んでしまうはずだ。それは、たとえ

しまって、やけどしていたらどうしよう。でも冷静に考えれば、ひとつひとつ、[8]あるはずのない事態なのだ。箱入りで棚にしまってある南部鉄の鍋を猫が出せる[8]はずもないのだし、地震でも倒れないように細工がしてある本棚を倒せる[9]わけはないのだ。でも、こわい。

そうして、思う。世のおかあさんがたというのは、子どもがちいさいとき、どのくらいの想像恐怖におののいているのだろう。その子が成長してみれば、「そんなことはある[8]はずがなかったのに」と笑えることでも、本気でおそれているのに[2]違いない。幼稚園や小学校から、その子が帰ってくることだけで、もう奇跡みたいに思えるんじゃないか。

不思議なことに、猫が洗濯物をとりこんでいてくれるかも、とか、猫がトイレをぴかぴかに掃除してくれているかも、なんて楽天的な想像は、本棚転倒やガスのスイッチとおなじくらい[10]あり得ないことなのに、思いつき[11]もしない。愛とは悲観に属する何かなのだなあ。

『よなかの散歩』オレンジページ

プロフィール

角田 光代（かくたみつよ）

日本の小説家、児童文学作家、翻訳家。90年に『幸福な遊戯』でデビュー。家族や恋愛をテーマにした作品を多く発表している。小説以外にもエッセイや絵本の翻訳でも活躍。『対岸の彼女』で直木賞受賞。他の代表作に『キッドナップ・ツアー』『空中庭園』『八日目の蝉』などがある。

読み物2

愛と恐怖

角田(かくた)光代(みつよ)

1.Yomimono_L9-2

先だって、我が家に子猫がやってきた。私はインコより大きな動物は飼ったことがない。今まで猫を飼ったことのない私にとって、それはじゅうぶんな事件であった。慣れなかったらどうしよう。私にうまく世話ができなかったらどうしよう。仲良くなれなかったらどうしよう。猫がやってくるまで毎日、不安におののいていた。

ところが、この子猫、すごいのだ。我が家に到着後、すぐに人の膝(ひざ)で寝て、その夜は私の枕に頭をのせて寝ていた。翌朝は私の顔だの腕だのを前脚(まえあし)でフミフミフミフミし、ごはん、ごはん、と催促(さいそく)していた。なんというか、おおざっぱ。物怖(ものお)じしない。

びっくりした。もちろん猫によって性格はあるだろうけれど、猫とはこんなにもさりげなく、人の生活に入りこんでしまうものなのか。

我が家は二人暮らしだが、日中は二人ともそれぞれの仕事場で仕事をしている。子猫がやってきた当初は、玄関(げんかん)を出ようとすると、にーにーと、こちらの胸を締めつけるような声で鳴くので、交代で家で仕事をするようにしていた。が、それも四日、五日たつと、「出かけるの？ ふーん。じゃーにー」といったような、あっさりした態度になる。見送りにもちろん出てこない。ええーっ、そんな！ と、こちらが何かさみしいような気持ちになるほどの成長ぶりである。この順応性の高さにもまた、驚かされた。

そうして、気づいたことがある。愛するものが増える[7]ということは、恐怖が増えるということなのだ。子猫がきて以来、私の恐怖方面の想像力が増大している。

うちにある南部鉄(なんぶてつ)の天ぷら鍋(なべ)が、何かの拍子(ひょうし)に猫の首に落ちてきたらどうしよう。トイレのレバーを猫が引いてしまい、トイレの水中でくるくるおぼれていたらどうしよう。壁一面の本棚が崩(くず)れかかってきて、猫が本に埋もれていたらどうしよう。ガスのスイッチを猫が押して

読みのストラテジー⑭

「たとえ」を使った表現 Expressions used in analogies

Writings such as stories and essays sometimes employ analogies to express emotions or describe things and scenery. You'll find that certain expressions are often used in analogies, including ～くらい and (まるで)～ようだ.

ストラテジー

- Watch out for expressions like (まるで)～ようだ, (まるで)～みたいだ, ～ほど and ～くらい, and try to figure out what the writer is expressing with them (namely, what is being likened to what).

1 (まるで)～ようだ／～みたいだ

(a) 私の友達はいつも明るく元気で、**まるで**太陽**みたいだ**。

(b)「もしもし、」と女が言った。それは**まるで**安定の悪いテーブルに薄いグラスをそっと載せた**ような**しゃべり方だった。(『風の歌を聴け』村上春樹)

- (まるで)～ようだ and (まるで)～みたいだ are used to liken a state, quality, or condition to something else.
- In (a), the friend's cheerful disposition is likened to 太陽.
- In (b), the way that the woman says もしもし is likened to the situation 安定の悪いテーブルに薄いグラスをそっと載せた. Instead of describing her voice in a matter-of-fact way, the writer expresses it with a vivid image.

2 ～ほど／～くらい

(a) 夢ではないかと思う**ほど**、うれしかった。

(b) そのソファは心地良かった。一度かけると、もう二度と立ち上がれない**くらい**に柔らかくて深くて広かった。(『キッチン』吉本ばなな)

- ～ほど and ～くらい are used to emphasize the degree of some state is considerable.
- In (a), the degree of elation is expressed as 夢ではないかと思う, emphasizing that the person was very happy.
- In (b), the degree of the sofa's softness, depth, and roominess is being emphasized as considerable.

次の「～ほど」を使ったたとえで強調されているものは何か。In the following analogy using ～ほど, what degree is emphasized as considerable? (読み物2：行21～24)

ええーっ、そんな！と、こちらが何かさみしいような気持ちになる<u>ほど</u>の成長ぶりである。この順応性の高さにもまた、驚かされた。

読みのストラテジー⑮

タイトルから読み取れるメッセージ Interpreting the writer's message from the title

The key message that a writer seeks to convey in a story, essay, or other such writing is sometimes hidden in the title, so taking a good look at the title may help you to better understand that message.

ストラテジー

- Use the words in the title to think about the writer's message.

■ 例：「わたしと小鳥とすずと」　金子みすゞ

わたしが両手をひろげても、
お空はちっともとべないが、
とべる小鳥はわたしのように、
地面（じべた）をはやくは走れない。

わたしがからだをゆすっても、
きれいな音はでないけど、
あの鳴るすずはわたしのように
たくさんなうたは知らないよ。

すずと、小鳥と、それからわたし、
みんなちがって、みんないい。

単語　ゆする to shake　すず bell

- A title may directly state the writer's message, but this is not always the case. Either way, understanding the meaning of the title helps you to decipher the message as you work your way through the passage.
- In the case of this example, the title わたしと小鳥とすずと alone does not clearly reveal the poem's message. So, you need to focus on the keywords わたし , 小鳥 , and すず and use them as a compass for identifying the message. The last part of the poem brings together all three words: すずと、小鳥と、それからわたし、みんなちがって、みんないい . This can be considered the writer's message.

読み物 1 の『夜中の汽笛（きてき）について、あるいは物語の効用について』というタイトルには、どんなメッセージが隠（かく）されているか。What message is hidden in the title "夜中の汽笛（きてき）について、あるいは物語の効用について"?（読み物 1）

(1) 主人公にとって「夜中」はどういうものか。 What meaning does 夜中 have for the protagonist?

(2) 筆者は、物語で説明することにはどんな効用があると考えているか。 What does the writer think is the effect of explaining something in the form of a story?

文型・表現ノート

🎧 2.Bunkei_L9

1. ～くらい 〈it's so Y that X; to the extent that ~; almost〉

［読み物 1- 行 1·4·16·29·40·47·48］

A：昨日(きのう)のハイキング、どうだった？
How was the hiking yesterday?

B：足が痛くなる**くらい**歩かされて、大変だったよ。
It was quite hard! We walked till our legs started hurting.

1 A：どうしたの。最近元気ないね。
B：実は、寝られない**くらい**試験の結果が心配で……。

2 国の両親から誕生日(たんじょうび)プレゼントが送られてきた時は、泣きそうになる**くらい**うれしかった。

3 子どもの時に親に食べさせられて以来、見るのも嫌な**くらい**納豆(なっとう)が嫌いだ。

4 a) 日本での留学生活は国に帰りたくない**くらい**楽しい。
b) 日本での留学生活は楽しくて国に帰りたくない**くらい**だ。

5 ジョージはいろいろな料理が作れる。ジョージ**くらい**料理が上手になりたい。

6 日本に留学できるとわかった時は、涙(なみだ)が出る**くらい**うれしかった。

Vる ／ **V**ない
い Aい
な A~~だ~~ → な
N~~だ~~
} くらい

- X くらい Y expresses the degree of Y (actions, state, etc.) in terms of X (comparison, example, etc.).
- X often takes expressions such as adjective + なる , ～そうになる , ～たい , and a verb in potential form.
- Y て、X くらいだ , shown in 4 b), is another structure used to express the same idea as X くらい Y.
- 飛び上がるくらい（うれしい / 驚いた)and 涙が出るくらい（うれしい / 悲しい)are idiomatic phrases that are used to emphasize the emotions expressed by うれしい / 驚いた / 悲しい , as shown in 6.
- くらい can be used in a similar way to ほど introduced in chapter 6; however, くらい is considered to be less formal than ほど . 死ぬほど is an idiomatic phrase, and can not be replaced by くらい . 死ぬほど would be rephrased as 死にそうなくらい .
- くらい is sometimes pronounced as ぐらい .

2. ～に違いない 〈there is no doubt that ~; it is definitely that ~〉

[読み物 1- 行 6
読み物 2- 行 42]

来週出る村上春樹(むらかみはるき)の新しい小説はきっとおもしろい**に違いない。**
Haruki Murakami's new novel coming out next week must be interesting.

1. いつも約束の時間を守る山中(やまなか)さんがまだ来ない。何かあった**に違いない。**
2. 明日から英会話学校でアルバイトを始める。緊張(きんちょう)するが、きっと楽しい**に違いない。**
3. あの授業は毎週レポートを書くらしいから、きっと大変**に違いない。**
4. パクさんの彼女はモデルらしいから、きれいな人**に違いない。**

普 *なA~~だ~~ *N~~だ~~ } に違いない	• X に違いない expresses the speaker's strong belief that is intuitive, but also based on a proof of some sort. • The speaker's confidence level expressed by X に違いない is higher than ～だろう . • This structure is often used in writing.

☛ に違いない and はずだ (L5-3)

X はずだ is an expression used when the speaker's belief is based on common sense or logical evidence.

例 1) 今日は日曜日だから、銀行は閉まっている<u>はずだ</u>。
The bank should be closed because it's Sunday today.

X に違いない is used when the speaker's belief is based on his/her intuition or impression.

例 2) ジョージはパーティー好きだから、今日のパーティーにも絶対来る<u>に違いない</u>。
George likes parties, so there's no doubt that he'll come to the party today.

3. ～たとしても 〈even if ~〉

[読み物 1- 行 21]

A：メッセージに返事しなくてごめん。最近、忙しくて……。
Sorry for not replying to your message. I have been busy lately.

B：忙しかっ**たとしても**、返事はしてよ。心配するじゃない。
I would really appreciate a response even if you are busy. I have been worried.

1. 私は歌が苦手だ。毎日 10 時間練習し**たとしても**、テイラーさんのように上手に歌えるようにはならないだろう。
2. A：明日のサークルの練習、行く？
   B：実は迷(まよ)ってて……。行っ**たとしても**午前中で帰るつもり。午後から予定があって。
3. 駅から近くて、家賃(やちん)が安かっ**たとしても**、古くて汚い部屋には住みたくない。
4. どんなに大変だっ**たとしても**、医者になるために勉強を続けるつもりだ。

5 短期のアルバイトだったとしても、給料(きゅうりょう)をもらっているなら仕事に責任(せきにん)を持つべきだ。

6 たとえ月に住めるようになったとしても、住みたくない。

Vた いAいかった なAだった Nだった	としても

・When X is in the past tense, X としても Y indicates that "even if X was/were, it would not affect Y," and expresses the speaker's intention or expectation (Y) while presenting X as a hypothetical situation.

・X ても Y and X としても Y are similar in that they both present X as a hypothetical situation; "X (past) としても Y" connotes that the probability of X becoming true is low.

例) ジョージと絵理(えり)は仲がいい。
George and Eri get along very well.

けんかしても、すぐ仲直りする。
George and Eri make up quickly (even) after a quarrel.

けんかしたとしても、すぐ仲直りするだろう。
George and Eri rarely quarrel, but even if they do, I bet they would make up quickly.

・To emphasize that X is a hypothetical situation, たとえ is often used with this structure (6).

☛ Vた としても and Vる としても

Vる としても Y means "Y even if V happens." When this structure is used, Y occurs before or at the same time as V.

例 1) 新しいカメラを買ったとしても、古いのは捨てません。
Even if I buy a new camera, I wouldn't get rid of my old one.

例 2) 新しいカメラを買うとしても、セールまで待ちます。
Even if I buy a new camera, I would wait for it to be on sale.

4. N なんか 〈things like N〉

[読み物 1-行 33・39]

A: 明日の試験、嫌だなあ。
I don't want to take the exam tomorrow.

B: うん。できれば試験**なんか**受けたくないよね。
Yeah, I don't want to take any sorts of exams if possible.

1 A: ねえ、昨日(きのう)の夜 9 時からのドラマ見た？
B: ううん。忙しくて、テレビ**なんか**見る時間はなかったよ。

2 A: 初めてカラオケに行ったんだって？ どうだった？
B: 実は、歌が下手でみんなに笑われちゃって……。もうカラオケに**なんか**行きたくないよ。

3 A: ああ、ショック。勉強したのに 60 点しか取れなくて。
B: え！ 僕**なんか** 40 点だったよ。

4 へえ。こんな田舎(いなか)の町にもデパート**なんか**あるんだ！

N (prt.) なんか

• N なんか implies that the speaker has negative feelings toward N, meaning that the speaker dislikes N, thinks N is not important, etc. Accordingly, the latter half of the sentence about N is often in the negative form.
• Particles を , が , は and も can be replaced by なんか , as shown in 1, 3 and 4. Other particles, such as で , に and と , are placed before なんか , as in 2.
• 私なんか expresses the speaker's self-deprecating attitude or modesty, as in 3.
• When used with an affirmative form, N なんか can also express the speaker's surprise, as in 4.

☛ ～なんて

N なんか can be replaced with N なんて .

例) A：ねえ、昨日(きのう)の夜９時からのドラマ見た？
B：ううん。忙しくて、テレビなんて見る時間はなかったよ。

なんて and なんか are interchangeable when preceded by a noun, but なんか cannot be used in place of なんて when it's preceded by a sentence. "X (sentence) なんて Y" mentions the sentence as a topic and expresses the speaker's strong opinion (Y) about the topic. In such use, X typically expresses the speaker's personal experience or something that the speaker saw or heard, while Y takes expressions of emotions such as 信じられない , あり得ない , うらやましい and ひどい .

例) パク　：あれ？ スミスさんじゃないですか？！
Hey! It's you, Smith-san!
スミス：あっ、パクさん！ こんなところで会うなんて、信じられない！
Park-san! What a surprise to run into you here!

5. いったい Question Word（か）〈on earth〉

［読み物 1- 行 38］

A：さっき、リーさんが泣きながら帰ってきたよ。
Lee just came back crying.
B：え、本当？ **いったい何**があったんだろうね。
Oh, really? I wonder what on earth happened.

1 卒業して以来、田中(たなか)さんに全く連絡をしていない。**いったい**今**どこ**で**何**をしているのだろう**か**。

2 **いったいいつ**になったら、世界は平和(へいわ)になるのだろう**か**。

3 父　：お金もないのに車を買うなんて、**いったい何**を考えているんだ！
息子：どうしても欲(ほ)しくて……。

4 ピラミッドは**いったいどうやって**作られたのだろう。

いったい Question Word（か）

• いったい is used to emphasize questions, and expresses that the speaker has no idea what the answer to the question would be.

6. V_1かV_1ないか 〈hardly; may V_1 or may not V_1〉

[読み物 1- 行 40·46]

A：教科書、このかばんに入るかな？

I wonder if textbooks would fit in this bag.

B：うーん、入る**か**入ら**ないか**ギリギリの大きさだね。もっと大きいのにしたら？

Hmm, they may or may not fit. Why don't you get a bigger one?

[1] 彼女が書く字は小さくて、読める**か**読め**ないか**くらいの大きさだ。

[2] A：パクさんって、いつも聞こえる**か**聞こえ**ないか**くらいの声で話すよね。
B：うん。だから、何を言っているのかよくわからないよ。

[3] 昼ご飯を食べ終わった**か**終わら**ないか**の時に、電話がかかってきた。

[4] A：一緒に沖縄(おきなわ)旅行に行ったのはいつだったっけ？
B：３年前だよ。たしか冬になった**か**なら**ないか**の頃だったよね。

V_1る か V_1ない か
V_1た か V_1ない か

- V_1かV_1ないか means "may V_1 or may not V_1." It expresses that something is in an inconclusive state where an event or a change may or may not occur.
- As shown in the examples above, this structure is often used to modify a noun, in which case it precedes the noun in the form "V_1かV_1ないかの N."
- V_1 often takes intransitive verbs ([2]-[4]) or verbs in potential form ([1]).

7. ～ということは 〈~ means〉

[読み物 2- 行 26]

A：敬語を勉強すると、日本についての理解が深まるような気がするよ。

I feel like studying honorific and humble forms deepens my understanding of Japan.

B：うん。言葉を学ぶ**ということは**、その国の文化を学ぶということなんだね。

Yeah, learning a language means learning the culture of the country.

[1] 人に説明できる**ということは**、きちんと自分が理解しているということだ。

[2] 大学に行く**ということは**、可能性が広がるということだ。

[3] 結婚する**ということは**、家族が増えるということだ。

[4] A：そろそろ両親の家を出て、一人暮らしがしたいなあ。
B：一人暮らしをする**ということは**、経済的に自立(じりつ)するということだよ。今の給料で生活していけそう？

Sentence ということは

- Used in the form "XということはYということだ," the speaker first describes an action or situation in X, and then explains his or her interpretation of it in Y in his or her own words.
- Y expresses inferences or conclusions based on X.

☛ N というものは

When stating the speaker's interpretation on N, N というものは is used.

例）勉強というものは、終わりがないものだ。

Learning is an endless process.

8. ～はずがない 〈it is hardly possible that ~〉

［読み物 2- 行 34·35·41］

A：さっき、春果（はるか）さんを図書館で見かけたよ。
I saw Haruka in the library earlier.

B：えっ、違う人なんじゃない？ 彼女、今アメリカに留学中だから、日本にいる**はずがないよ**。
Really? I think that was someone else. She's currently studying in the US, so she can't be in Japan.

1 うちのチームが負（ま）ける**はずがない**。相手はサッカーを始めたばかりのチームなんだから。

2 いつも客がいないレストランだから、おいしい**はずがない**。

3 働きながら大学に行くのは大変じゃない**はずがない**。

4 〔ホテルで〕
スタッフ：申し訳ございません。お客様のお名前でご予約はございませんが……。
客　　　：そんな**はずはない**と思うんですが、もう一度確認（かくにん）してもらえませんか。

5 彼が今も大学生の**はずがない**。去年、就職したと言っていたからだ。

普
*な A ~~だ~~ → な／である ｝ はずがない
*N ~~だ~~ → の／である ｝ はずがない

- X はずがない is used when strongly denying the probability of X being true. The speaker's belief is based on common sense.
- The subject of the sentence (X) often takes the particle が.
- ～ないはずがない is a double negative construction, and it means something must be true, emphasizing the certainty of the statement (3).

～ない × はずがない ＝ 必ず
（−）　　（−）　　（＋）

9. ～わけがない 〈cannot possibly; there is no way〉

［読み物 2- 行 37］

A：このパソコン、1 万円だって。
This computer is 10,000 yen.

B：それ、古いものなんじゃない？ 新しいパソコンが 1 万円の**わけがない**よ。
Isn't it an old model? There is no way that a new computer would cost only 10,000 yen.

1 勉強せずに試験でいい点が取れる**わけがありません**。

2 子：ママのために絵を描(か)いたんだけど、喜んでくれるかな。
父：一生懸命(けんめい)描いたんだから、喜んでくれない**わけがない**よ。

3 A：〔メニューを見て〕クリームがのったミートパスタだって。おいしいのかな。
B：甘(あま)いクリームと肉のパスタ？ おいしい**わけがない**よ！

4 A：今日の読み物の宿題は短くて簡単そうだね。
B：何言ってるの？ 新聞記事なんだから、簡単な**わけがない**でしょ？！

5 A：その服すてきだね。ブランド物？
B：ブランド物の**わけがない**じゃない。うちはセールの時しか服を買わないんだから。母が作ってくれたの。

普
*なA~~だ~~ → な
*N~~だ~~ → の／な
} **わけがない**

- X わけがない expresses the speaker's strong belief that X is impossible, or there is no reason for X to be true.
- The subject of the sentence (X) is often marked by the particle が .
- ～ないわけがない is a double negative construction, and it means something must be true, emphasizing the certainty of the statement (2).

☛ はずがない and わけがない

はずがない and わけがない mean the same thing, but have slight differences in nuance. Compared to はずがない , わけがない is considered to be a slightly more subjective and emotional negation made by the speaker.

例 1）今日は日曜日だから、銀行が開いているはずがない。
It's Sunday today, so the bank shouldn't be open.

例 2）先生：明日テストをするので、この漢字を全部覚えてきてください。
I will give a test tomorrow—make sure you memorize all these kanji.
学生：１日で新しい漢字を 50 個も覚えられるわけがないよ……。
There is no way we can memorize 50 kanji in one day. . .

10. ～得(え)る／得(え)ない 〈can/cannot possibly ~〉

［読み物 2- 行 48］

A：このお茶を飲めば、簡単にやせられるんだって。
Apparently you can easily lose weight if you drink this tea.

B：本当？ そんなこと、絶対にあり**得(え)ない**よ。
Really? That can't possibly be true.

1 A：あれ？ 誰もいない……。ここでミーティングするって言ってたよね。
B：おかしいね。誰かに電話してみる？ 場所が変わったってこともあり**得る**よ。

2 落ち込んでいる彼を元気にしようと、考え**得(う)る**ことをいろいろ試してみた。

3 交通事故(じこ)はいつでも起こり**得る**ことなので、常(つね)に注意しなければならない。

4 社会には、理解し**得ない**ルールがたくさんある。

V~~ます~~得る／得ない

- V得る or V得ない states whether there is a possibility for V to happen. V得る means it is possible for the action or event expressed by V to occur, and V得ない means it is not possible for it to occur.
- This structure is not used to discuss a possibility that is based on the person's ability or credentials. In such cases, potential forms are used.

例）× 車の運転をし得ない。→ ○ 車が運転できない。

- ～得る can be pronounced as ～うる when it is in dictionary form; when it is in other forms (～得ない , ～得ます , ～得た , etc.), える is the only acceptable pronunciation. However, when the verb used with 得る is 考える , うる is used (see [2]).
- ～得る is generally used in writing, but あり得る and あり得ない are frequently used in speech, as in [1].
- Not every verb can be used with this structure. Examples of acceptable verbs are: あり得る／あり得ない、起こり得る／起こり得ない、考え得る、予想し得る／予想し得ない、想像し得る／想像し得ない、理解し得る／理解し得ない .

11. ～もしない 〈not even ~ing〉

[読み物 2- 行 49]

A：中村先生のオフィスアワーっていつ？
When is Professor Nakamura's office hour?

B：シラバスを見**もしない**でいつも私に聞くのはやめてよ。
Stop asking me these questions without even checking the syllabus.

[1] 父は私の話を聞き**もしない**で怒り続けた。

[2] 夫は私に掃除のやり方について文句を言うが、自分ではやり**もしない**。

[3] A：買い物をしすぎて、お金がなくなっちゃった。
B：使い**もしない**ものをたくさん買うからでしょ。

[4] A：ジョージが自転車で日本一周したらしいよ。
B：自転車で日本一周か……。すごい！ 思いつき**もしなかった**なあ。

[5] 自動運転など、50年前には想像**もしていなかった**ことが現実になっている。

V~~ます~~もしない

- Vもしない expresses that someone does not do V, and implies that the speaker is discontent with it.
- In the case of verbs that are used with する (e.g., 勉強する , 掃除する), verbal nouns are often used instead of the verbs ([5]).

例）△ 勉強しもしない → ○ 勉強もしない

- 思いつきもしなかった ([4]), 想像もしなかった ([5]) and 考えもしなかった are frequently used expressions that mean the subject has never even imagined/thought about something.

書く

小説や映画のレビュー

1 モデル作文

小説のレビューを書く。

『夜中の汽笛について、あるいは物語の効用について』（村上春樹）を読んで

❶ 序論

「あなたはどれくらい私のことを好き？」(a)

少女の質問に少年はこう答える。「夜中の汽笛くらい」(a)

少年は自分にとって夜中の汽笛がどういうものであるかを物語にして語り、少女は静かに少年の物語を聞く。本作は、孤独から救い出してくれた少女に対する愛を表現する超短編恋愛小説だ。(c)

❷ 本論（1）　魅力 1

この小説の魅力は、何と言っても愛を美しく表現していることだろう。恋人に「どれくらい私のことを好き？」と聞かれたら、どう答えるだろうか。「地球 1 周分くらい」とか、「海の深さと同じくらい」とか、いろいろ答え方はある。でも、少年の答えはそんなに単純ではない。「夜中の汽笛」という比喩表現を使って、少年の少女に対する思いを伝える。これは、まさに「物語の効用」と言えるだろう。

❸ 本論（2）　魅力 2

もう一つの魅力は、少年の優しい口調だ。「わかるかな？」「それもわかる？」(b) と、少年は少女に優しく語りかけながら、物語を進めていく。そして、少女はその少年を見守るように、その物語をじっと黙って聞く。このやりとりは、少年の「孤独の物語」と、少年が少女とともにいる「現実」をつなぐものだ。辛い物語の中に温かさが感じられるのは、少年の優しい口調から少女の存在が感じ取れるからだと思う。

❹ 結論

短いが、読んだ人に温かい気持ちを残してくれる物語だ。(c) 孤独を感じる時、自分のことを支えてくれる人のことを思う時、または、誰かを支えてあげたいと思う時。そんな時にこの作品を手に取ってみてほしい。

単語　孤独（こどく） lonliness　救い出す（すくいだす） to save; to extricate　超短編（ちょうたんぺん） short short story　恋愛（れんあい） love　単純（たんじゅん） simple　比喩（ひゆ） a figure of speech　口調（くちょう） tone of voice　つなぐ to connect　支える（ささえる） to support

■ 段落構成

モデル作文は、序論に内容紹介、本論に魅力や感想、結論にどんな時に読むのがおすすめか、どんな人におすすめかが書かれている。

段落の役割 (role)		内容	書くポイント
❶ 序論		・内容紹介（ストーリーやどんな小説かなど）	(a) (c)
❷ 本論（1）	魅力 1	・その小説の魅力を、具体例を入れて説明する	(b)
❸ 本論（2）	魅力 2	・その小説の魅力を、具体例を入れて説明する	(b)
❹ 結論		・魅力のまとめ、どんな時／人におすすめか	(c)

■ 書くポイント

1. 初めに「パンチライン」(その作品を象徴するせりふやフレーズ) を紹介し、作品の世界に引き込む (draw in)。…… (a)

   (行 3～4)「あなたはどれくらい私のことを好き？」
   少女の質問に少年はこう答える。「夜中の汽笛くらい」

2. 魅力を説明する時の具体例として小説の中の表現を引用する (quote)。…… (b)

   (行 14～16)「わかるかな？」「それもわかる？」と、少年は少女に優しく語りかけながら、物語を進めていく。

3. 名詞修飾を効果的に使って、作品を紹介する。…… (c)

   (行 6～7) 孤独から救い出してくれた少女に対する愛を表現する**超短編恋愛小説**だ。
   (行 21) 短いが、読んだ人に温かい気持ちを残してくれる**物語**だ。

2 タスク

■ 書く前に

（1）あなたがクラスメートにすすめたい小説や映画は何ですか。それはどんな作品ですか。

（2）その小説や映画の魅力は何ですか。

（3）どんな時に読む／見るのがおすすめですか。または、どんな人におすすめですか。

■ 書いてみよう

おすすめの小説か映画のレビューを「だ体」で書きなさい。「書くポイント」を使って、モデル作文のような 4 段落構成で書きなさい。(600 字程度)

話す

ある日のできごと

会話1　申し出

1-1　やってみよう

1）困っている友達に、あなたは何と声をかけますか。

2）相手があなたからの申し出 (offer) を遠慮 (hold back) した時、どう言えば受け入れてもらえると思いますか。あなたは誰かに何か助けてもらう時、どんな言葉をかけてもらえたらうれしいですか／遠慮せずにお願いできますか。

3）ロールプレイをしなさい。

カジュアルな会話

A　あなた

アルバイト先の友達が
何か困っているようです。
友達に話しかけて、
手助けを申し出なさい。

B　Aのアルバイト先の友達

Aさんに話しかけられます。
状況を説明しなさい。

[状況]

・週末、別の町から友達が来ますが、あなたは日にちを間違えてアルバイトを入れてしまいました。
・Aさんが手助けを申し出ます。でも、Aさんも忙しそうなので、一度は断り (refuse) なさい。

1-2 聞いてみよう

3.Kaiwa_L9-1

1）モデル会話を聞いて、下の質問に答えなさい。

① ジョージはどうして困(こま)っていますか。

② サラは何をしましたか。

2）サラは手助けを申し出る時、何と言っていましたか。

① 初めの申し出

__________ たら、バイトのシフト、________________ か。

② 2つ目の申し出

昼のシフトも __________ けど、________________ の？

夕方だけ ____________ で。________________ よ。

ここにも注目

▸「どうせ」

何をやってももう結果が決まっている、わかっていると話し手が感じている時に使います。話し手のあきらめの気持ち (feel resigned) を表すことが多く、とてもネガティブな言葉で聞いている人を嫌な気分にさせる可能性があるので、使う時は気をつけましょう。

例1 A：JLPT のための勉強、がんばってる？

B：全然。どうせ僕なんか、がんばっても受からないから……。

しかし「手助けを申し出る (offer)」時に使うと、その申し出がそれほど大変なことではないという気持ちを表すことができます。目上の人に使うと失礼になるので、気をつけましょう。

例2 A：駅まで行ってくるね。

ルームメート：じゃあ、車で送ろうか？

どうせ私も駅前のスーパーに行かなきゃいけないし。

例3 ×学生：先生、荷物(にもつ)をオフィスまでお持ちしましょうか。どうせ暇(ひま)ですし。

▸ 相手が遠慮(えんりょ) (hold back) した時

手助けを申し出ても、相手が遠慮(えんりょ)する時があります。そんな時は理由や自分にとっては迷惑(めいわく)ではないと一言(ひとこと)言うと、相手が申し出を受け入れやすくなります。

例4 A：勉強を手伝ってもらうのは悪いから、いいよ。

B：そんな大(たい)したことじゃないから気にしないで。それに私も復習(ふくしゅう)できるし。

1-3 モデル会話

3.Kaiwa_L9-1

カジュアルな会話

バイトのシフト

バイト先(さき)でサラ（サ:）がジョージ（ジ:）に話しかける。

サ：❶ジョージ、**どうしたの？** ため息なんかついて。

ジ：実は、今週の土曜日、絵理(えり)の誕生日(たんじょうび)なんだけど、来週と間違えて一日中バイトを入れちゃってたんだ。あーあ、一緒にお祝(いわ)いするって約束してたのに……。

サ：あー、誕生日デートって、はりきってたよね。❷**よかったら、**バイトのシフト、私が代わろ**うか。**

ジ：えっ、でもサラ、週末はバイト入れないようにしてるんじゃなかったっけ？ それに、急に代わってもらうなんて悪いし、いいよ。

サ：❸**そんな遠慮(えんりょ)しないで。困(こま)った時はお互(たが)いさまだよ。**せっかくの誕生日なんだし、お祝いしてあげて。

ジ：じゃあ、夕方のシフトだけ、代わってくれる？

サ：❹昼のシフトも代われるけど、夕方だけ**でいいの？** 夕方だけなんて言わないで。両方代わっ**てあげるよ。**

ジ：本当にいいの？ なんかごめんね。

サ：ううん。❺**どうせ暇(ひま)だし、大(たい)したことじゃないから、気にしないで。**

ジ：ありがとう。本当に助かるよ。じゃあ、店長には伝えておくね。

単語 バイトのシフト a shift at one's part time job　ため息(いき)をつく to sigh　お祝(いわ)いする to celebrate
はりきる to do enthusiastically　代(か)わる to replace somebody　遠慮(えんりょ)する to hold back
困(こま)った時(とき)はお互(たが)いさま we should help each other in times of need　どうせ in any case
大(たい)したことじゃない It's not a big deal

フローチャート

あなた：手助けを申し出る	友達：困(こま)っている

❶ 話しかける
～さん、**どうしたの？** ため息なんかついて。

実は、今週の土曜日、絵理(えり)の誕生日(たんじょうび)なんだけど、一日中バイトを入れちゃってたんだ。

❷ 手助けを申し出る
そっか……。**よかったら、**バイトのシフト、私が代わろう**うか。**

えっ、でも悪いし、いいよ。

❸ もう一度申し出る
そんな遠慮(えんりょ)しないで。困(こま)った時はお互(たが)いさまだよ。
せっかくの誕生日なんだし、お祝(いわ)いしてあげて。

じゃあ、夕方のシフトだけ、代わってくれる？

（❹ もっと申し出る）
昼のシフトも代われるけど、夕方だけ**でいいの？**
夕方だけなんて言わないで。両方代わっ**てあげるよ。**

本当にいいの？ なんかごめんね。

❺ 相手が申し出を受け入れやすくなるような言葉を言う
ううん。**どうせ暇(ひま)だし、大(たい)したことじゃないから、**
気にしないで。

ありがとう。
本当に助かるよ。

1-4 練習しよう

▶ ＿＿＿ のパターンを使って話してみましょう。

❶話しかける ➔ ❷手助けを申し出る ➔ ❸もう一度申し出る（➔ ❹もっと申し出る）
➔ ❺相手が申し出を受け入れやすくなるような言葉を言う

あなた：❶～さん、どうしたの？ {ため息なんかついて／疲れているみたいだね}。

友達：実は、今週の土曜日、親友の誕生日なんだけど、一日中バイトを入れちゃってたんだ。

あなた：❷ **{よかったら／私でよければ}、** バイトのシフト、代わろ **うか。**

友達：えっ、でも悪いし、いいよ。

あなた：❸ **そんな遠慮しないで。困った時はお互いさまだよ。** せっかくの誕生日なんだし、お祝いしてあげて。

（友達：じゃあ、夕方のシフトだけ、代わってくれる？

あなた：❹ （昼のシフトも代われるけど、）夕方だけ **でいいの？** 夕方だけなんて言わないで。両方代わっ **てあげるよ。**）

友達：本当にいいの？ なんかごめんね。

あなた：ううん。❺ **どうせ暇だし、大したことじゃないから、気にしないで。**

友達：ありがとう。本当に助かるよ。

1. 友達は買い物に行くための車を持っていなくて困っているようです。手助けを申し出なさい。

2. 友達は来週末新しいアパートに引っ越すそうです。手助けを申し出なさい。

3. 自分で考えよう。

フォーマルな会話にチャレンジ！

1 ロールプレイをやってみよう

A あなた

アルバイト先の店長が
引っ越すそうですが、
引っ越しは大変なようです。
話しかけ、
手助けを申し出なさい。

B Aのアルバイト先の店長

- 今週末引っ越します。一人で引っ越しをするので大変です。
- Aさんが手助けを申し出ますが、仕事とは関係がないので、一度は断り (refuse) なさい。

2 練習しよう

あなた：店長、❶ 引っ越しされるそうですね。

店長：実はそうなんだ。今週末引っ越すんだけど、もうバタバタで……。

あなた：❷ (もし) よろしければ、お手伝いしましょうか。

店長：えっ、でもせっかくの休みだし、悪いから、いいよ。

あなた：❸ そんな遠慮なさらないでください。力仕事は得意なので、私でよろしければ、お手伝いさせてください。

店長：じゃあ、午後から少し手伝ってくれる？

あなた：❹ 午後だけでよろしいんですか。よろしければ、朝からお手伝いできますが。

店長：本当にいいの？ なんか申し訳ないなあ。

あなた：いいえ、❺ 大したことではないので、お気になさらないでください。

店長：ありがとう。本当に助かるよ。

単語 バタバタ（する） to be hectic

1. 国際交流課の事務員 (office worker) の加藤さんが、教室で机やいすを一人で並べています。何かのイベントの準備をしているようです。手助けを申し出なさい。
2. 授業後、先生がオフィスに帰ろうとしていますが、荷物が多くて大変そうです。手助けを申し出なさい。
3. 自分で考えよう。

会話2　最悪なできごと

2-1 やってみよう

1）最近あった、恥ずかしかったこと／がっかりしたこと（落ち込んだこと）／大変だったこと／怖かったこと／すごくびっくりしたことについてメモをしなさい。

いつ？ どんな時に？	
どんなことがあった？	｛恥(は)ずかしい・がっかりした・落ち込んだ・大変な・怖い・すごくびっくりした｝ことがあったんだ。
その時の状況は？ どこで？　etc.	
何が起こった？	
結末(けつまつ)（ending）	
その経験を通して考えたこと	

2）1）で考えたことについて、3～4人のグループになって、一人1～2分で話しなさい。

2-2 聞いてみよう

🎧 3.Kaiwa_L9-2

▸ モデル会話を聞いて答えなさい。ジョージは何と言っていましたか。

① 話を始める時

サラ、＿＿＿＿＿＿＿＿＿＿＿＿＿＿よ。

＿＿＿＿＿＿＿＿＿＿＿＿で、＿＿＿＿＿＿＿＿＿＿＿＿＿んだ。

② その時の状況

絵理(えり)の＿＿＿＿＿をお祝(いわ)いしようと思って準備しておいたんだけど……。

③ 何が起こったか

カフェに着いたら＿＿＿＿＿＿＿＿＿で……。しかも、最悪なことに

急に＿＿＿＿＿＿＿て。２人とも＿＿＿＿＿＿＿になっちゃって。

④ その経験を通して考えたこと

大切なデートの時は、＿＿＿＿＿＿＿＿＿＿と＿＿＿＿＿を忘れては

いけないってことを学んだよ。

役に立つ表現

▸ **接続詞「X。それで、Y。」**

接続詞「それで」は、理由や原因を話す時（例 1）に使う以外に、相手の話を促(うなが)す (encourage to tell) 時（例 2）にも使えます。

例1 A：週末はどうだった？

B：実は、風邪(かぜ)をひいてしまって……。**それで**、一日中寝ていたんだ。

例2 A：きのう、服を買いにいったんだけど、気に入ったものがなくて……。

B：**それで**、どうしたの？

A：何も買わずに帰ってきちゃった。

2-3 モデル会話

🎧3.Kaiwa_L9-2

カジュアルな会話

最悪なデート

ジョージ（ジ：）がアルバイト先でサラ（サ：）に話しかける。

ジ：　サラ、❶**ちょっと、聞いてよ。**この前のデートで、最悪な**ことがあったんだ。**

サ：　この前のデートって、絵理の誕生日の？　いったいどうしたの？

ジ：　それが❷誕生日をお祝いしようと思って、景色がいいカフェを探しておいたり、絵理が喜びそうなプレゼントを買ったりして、ちゃんと準備しておいた**ん****だけど……。**

サ：　へえ、短い時間でがんばったね。それで？

ジ：❸**でも、**カフェに着いたらすごい行列**で……。**人気店だから１時間ぐらい待つことは予想していたんだけど、３時間待ちって言われちゃっ**て……。**

サ：　えー、３時間！　それはないね。それで？

ジ：　**それで**しかたがないから、別のカフェを探して、うろうろ歩き回った**んだけど、**どこもいっぱい**で……。**

サ：　休日のお昼は、大体どこも込んでるからなあ。

ジ：❹**しかも、**最悪な**ことに、**急に雨が降り始め**て。**かさを持っていなかったから、２人ともびしょびしょになっちゃっ**て……。**

サ：　うわぁ、本当に最悪！

ジ：　で、❺**結局、**お昼はファーストフード店で済ませて、その後、おわびとしてもう一つ別のプレゼントを買うはめになっ**ちゃったんだ。**

サ：　それは大変だったね。

ジ：　うん。❻すてきなカフェには行けなかった**し、**雨に降られてびしょびしょになった**し、**予想以上にお金を使っちゃった**し、本当に最悪だったよ。**❼大切なデートの**時は、**お店の予約とかさを忘れてはいけない**ってことを学んだよ。**

サ：　でも、ある意味、絵理にとって一生忘れられない誕生日の思い出になったんじゃない？

ジ：　うん……。

単語　うろうろする to stroll　びしょびしょになる to get soaking wet　結局 after all
おわびとして for compensation　～はめになる to end up ~　一生 lifetime

フローチャート

あなた：できごとを話す

話し始める

❶ 相手の注意を引き、どんなできごとについて話すかを一言(ひとこと)で言う

ちょっと、聞いてよ。この前のデートで、最悪な**ことがあったんだ。**

できごとを話す

❷ 話したいできごとが起こる前の状況を 説明する

その日は絵理(えり)の誕生日(たんじょうび)で、お祝(いわ)いしようと思って、準備しておいた**んだ。**

それで、景色(けしき)がいいカフェを探しておいた**んだけど……。**

❸ 状況の変化を述べ、そのできごとを導入(どうにゅう)する

でも、カフェに着いたらすごい行列**で……。**

それで、別の店に行くことにした**んだけど、**どこもいっぱい**で。**

❹ 結末に向けて話を進める

しかも、最悪な**ことに、**急に雨が降り始め**て。**

２人ともびしょびしょになっちゃっ**て……。**

❺ 結末を話す

結局、お昼はファーストフード店で済ませて、その後、おわびとして

もう一つ別のプレゼントを買うはめになっ**ちゃったんだ。**

話をまとめる

❻ 話した内容をまとめる

すてきなカフェには行けなかった**し、**雨に降られてびしょびしょに

なった**し、**予想以上にお金を使っちゃた**し、本当に最悪だったよ。**

❼ その経験を通して考えたことを述べる

大切なデートの**時は、**お店の予約とかさを忘れては

いけない**ってことを学んだよ。**

2-4 練習しよう

▶ ＿＿＿＿ のパターンを使って準備してから話してみましょう。

❶ 相手の注意を引き、どんなできごとについて話すかを一言（ひとこと）で言う
→ ❷ 話したいできごとが起こる前の状況を説明する
→ ❸ 状況の変化を述べ、そのできごとを導入（どうにゅう）する
→ ❹ 結末に向けて話を進める → ❺ 結末を話す
→ ❻ 話した内容をまとめる → ❼ その経験を通して考えたことを述べる

あなた：❶ ちょっと、聞いてよ。＿＿＿＿（で／時に）＿＿＿＿ことがあったんだ。

友達：いったいどうしたの？

あなた：❷ その日は＿＿＿＿｛んだけど／て｝、＿＿＿＿＿＿んだ。

｛それで／だから｝＿＿＿＿＿＿＿＿んだけど。

友達：へえ、それで？

あなた：❸ でも＿＿＿＿＿＿＿＿て……。

｛それで／だから｝＿＿＿＿＿んだけど、＿＿＿＿＿て……。

友達：＿＿＿＿［ コメントする ］＿＿＿＿。それで？

あなた：❹ しかも、＿＿＿＿＿ことに、＿＿＿＿＿＿＿て。

友達：＿＿＿＿［ コメントする ］＿＿＿＿。

あなた：❺ 結局、＿＿＿＿＿＿＿＿（ちゃった）んだ。

友達：＿＿＿＿［ コメントする ］＿＿＿＿。

あなた：❻ ＿＿＿＿し＿＿＿＿し、本当に＿＿＿＿＿＿たよ。

❼ ＿＿＿＿＿時は、＿＿＿＿＿｛ってことを学んだよ／と思ったよ｝。

1. 新しく３～４人のグループを作って、「2-1. やってみよう」の 2)（p. 90）で話した経験を、もう一度一人１～２分ぐらいで話しなさい。できればオノマトペも使って、臨場感（りんじょうかん）(tele-existence) を出して話してみましょう。

   例）別のカフェを探して、**うろうろ**歩き回ったんだけど……。
   急に雨が降り始めて、２人とも**びしょびしょ**になっちゃっ**て**……。

2. 最近あった、恥ずかしかったこと／がっかりしたこと（落ち込んだこと）／大変だったこと／怖かったこと／すごくびっくりしたことの中から、１とは違うものを一つ選んで１～２分ぐらいで話しなさい。

ペットに関する社会事情

聴解1 ペットの殺処分(さつしょぶん)

4.Chokai_L9-1

社会学の授業でグエン・ヴァン・タンがペットの殺処分(さつしょぶん)の問題について発表しています。発表の内容に合う概要(がいよう) (outline) は a ～ d のどれですか。

単語 殺処分(さつしょぶん) killing 保健所(ほけんじょ) public health center 引(ひ)き取(と)る to adopt 殺(ころ)す to kill 減少(げんしょう)する to decrease 減(へ)る to decrease 断(ことわ)る to turn down 動物愛護団体(どうぶつあいごだんたい) animal welfare organization 飼(か)い主(ぬし) pet owner

a. (　　　)

発表の概要
1. ペットとしての犬と猫の数
2. それぞれの殺処分数
3. 猫の殺処分数増加の理由
4. 今後の対応策

b. (　　　)

発表の概要
1. 殺処分とは
2. 殺処分数の減少
3. 保健所と動物愛護団体の意見
4. 今後の対応策

c. (　　　)

発表の概要
1. ペットの殺処分について
2. 殺処分数の減少
3. 殺処分数減少の理由
4. 殺処分をなくしていくために

d. (　　　)

発表の概要
1. 保健所とは
2. 犬と猫の殺処分
3. 動物愛護団体の活動
4. 殺処分をなくしていくために

聴解 2　ペットビジネス

4.Chokai_L9-2

聞く前に

あなたの国には、ペットのためのどんなサービスや商品がありますか。

リスニング

ジョージと絵理(えり)がペットについて話しています。
会話を聞いて質問に答えなさい。

単語　ワンちゃん doggie　飼(か)い主(ぬし) owner　おそろい matching　ペアルック matching　～専用(せんよう) especially for ~　オーガニック organic　トリミング代(だい) trimming fee　えさ代(だい) feed fee　保険料(ほけんりょう) insurance fee

1. 会話の内容に合うものに○、合わないものに×をつけなさい。

① (　　　) 日本では犬の飼い主が犬と同じデザインの服を着ることはあり得ないことだ。

② (　　　) 絵理(えり)はペットと一緒に入れる温泉に行った。

③ (　　　) オーガニックの食品が使われているペットフードがある。

④ (　　　) 絵理は毎月飼い犬に着せる服を買うために２万円以上使っている。

⑤ (　　　) ジョージはペットを飼っていない。

2. 絵理はどうして飼い犬に毎月多くのお金をかけてもいいと思っているのですか。

3. ジョージはペットにお金をかける飼い主についてどう思っていますか。どうしてですか。

ディスカッション

1. どうしてペットへのサービスが増えてきていると思いますか。

2. ペットに服を着せたり、ペットのためにたくさんお金を使ったりすることについて、どう思いますか。

第10課

読む　データから考える社会

書く　データ分析

- 調査報告を読んで、その結果と分析内容がわかる
- データの説明と分析が書ける

話す　学生生活

聞く　格差社会

- 面接で丁寧に答えられる
- データを基にして提案ができる

読む

データから考える社会

読む前に・読んだ後で

読み物 1　結婚・子育て、夢描(えが)きにくく ～朝日新聞社世論調査～

読む前に

1. あなたは「いつかは結婚したい」と思いますか。「子どもがほしい」と思いますか。

2. あなたの国では、子どもの数は増えていますか、減っていますか。

読んだ後で

3. 世論調査（行 5-35）の結果について、下の単語を使って説明しましょう。

［結婚　夫婦　役割分担　育児　雇用　収入］

4. どうすれば子どもを生み育てやすい社会になると思いますか。

5. 日本で「男性が結婚するメリットが大きい」と思う人のほうが「女性が結婚するメリットが大きい」と思う人より多いのは、どうしてだと思いますか。
あなたの国で同じ質問をしたら、どんな結果になると思いますか。

読み物2 日本人が政府に期待するもの ～ISSP国際比較調査「政府の役割」から～

読む前に

1. あなたの国は失業率が高いですか。政府は失業者のために何か対策をしていますか。

2. あなたの国では、どんなところに防犯カメラが設置されていますか。

読んだ後で

3. 「何が政府の責任と考えられているか」についての調査結果を、下の単語を使って説明しましょう。

［政府　　責任　　失業者　　低所得家庭　　大学生　　支援］

4. 格差の広がりをなくすことは政府の責任だと思いますか。どうしてですか。

5. あなたは自分の国の政府にどんなことを期待していますか。

読み物 1　結婚・子育て、夢描(えが)きにくく
～朝日新聞社世論調査～

1.Yomimono_L10-1

結婚したら子どもを持つ方がいい。でも子育てにはお金がかかるし、仕事と家庭の両立も大変――。朝日新聞社が実施した郵送(ゆうそう)による世論調査と、未婚者を対象にしたインターネット調査から、結婚や子育てに明るい未来を描けない世相が浮かび上がった。

◆「子ども生み育てにくい」72%　「当然」ではない結婚

結婚は当たり前ではなくなった。郵送の世論調査で、結婚は「できるだけするべきだ」と思う人は48%で、2012年調査の59%から大きく減った。

「必ずしもしなくてもよい」は50%で、男女別では女性、年代別では若年層が高め。女性は18～29歳の78%、50代と60代の半数が「必ずしも」と答えた（図1）。

図1　結婚はするべき？

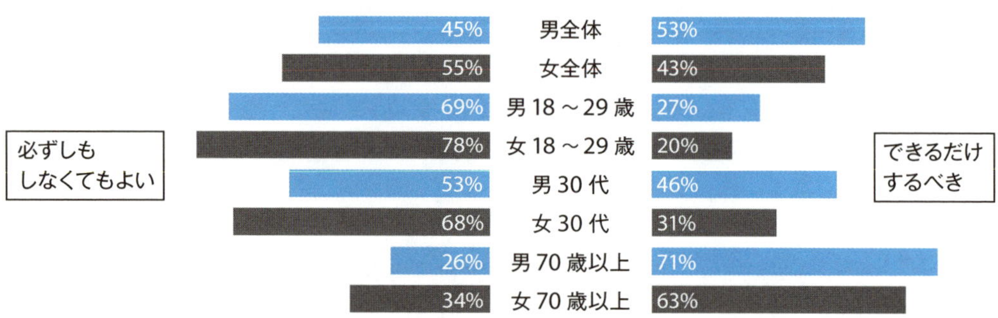

夫婦の役割分担にも意識の変化が見られ、「夫が主に働いて生活費を稼(かせ)ぎ、妻が主に家事や子育てをする方がよい」と思う人は32%にとどまった[1]。「働く女性が増えた方がよい」と思う人も69%。

一方で[2]、結婚イコール子ども、という意識は根強い。「結婚したら子どもを持つ方がよい」と思う人は77%。男性は82%、女性も74%に達した[3]。年代別では40代が67%とやや低いが、30代以下の若年層は7割を超えた[4]。

育児についても、「子どもが幼いうちは、母親が家で面倒をみる方がよい」と

いう回答が63%を占めた[5]。30代以下は低めだったが、それでも半数以上は「育児は母親が家で」に肯定(こうてい)的だった（図2）。

図2 家族とは

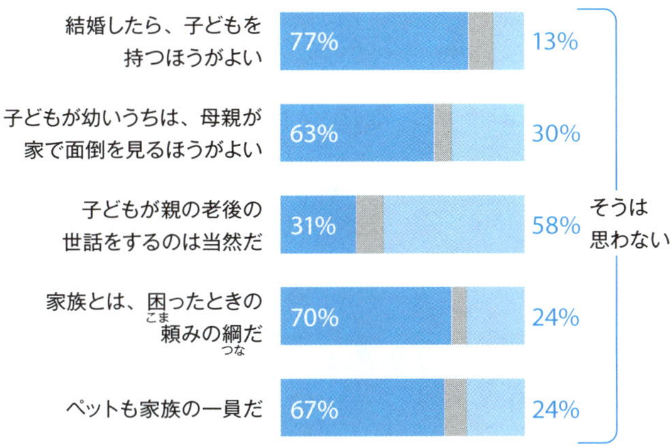

図3 結婚するメリット

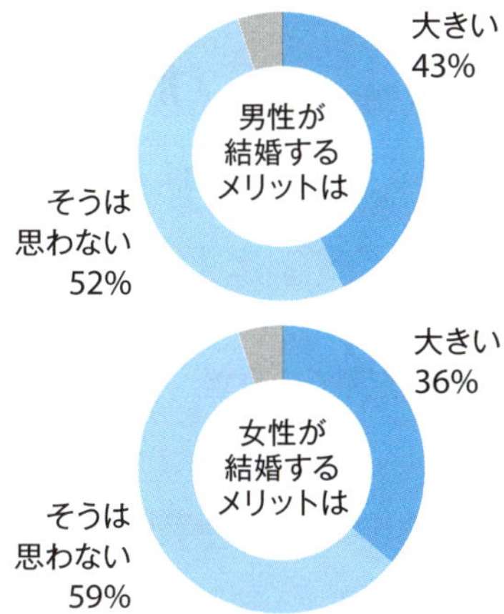

働きながら育児する女性の負担感を反映してか、「男性が結婚するメリットが大きい」と思う人の43%と比べ、「女性が結婚するメリットが大きい」は36%と少なかった。「女性が結婚するメリットが大きい」と答えた女性は31%にとどまった[1]（図3）。

非正規雇用に代表される不安定な雇用や収入も、結婚への不安につながっているようだ。晩婚化や非婚化の社会的要因を4択の中から選んでもらうと、「結婚に対する価値観が変わった」が最も多く36%。「若い人の雇用や収入が安定しない」の30%が続いた。ただ、30代以下に限ると、「雇用や収入」が最も多く、4割近くを占めた[5]（図4）。

図4 晩婚化の社会的要因

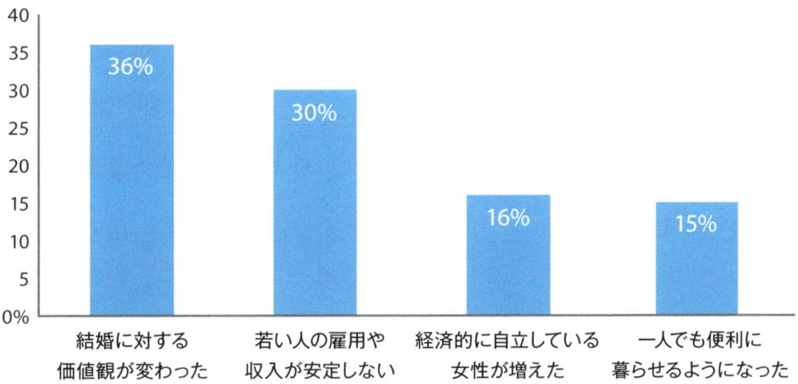

子育ての環境について尋ねると、72%が「今の日本は子どもを生み育てにくい社会」と答えた。何が一番問題かを聞くと、子育ての経済的負担に続いて、仕事と子育ての両立の難しさを挙げる人が多い。

「仕事よりも家庭を優先できるのが当たり前の社会になる方がよい」と思う人は60%。男性の育児休業について聞くと、「取るのが当たり前の社会になる方がよい」は69%に達した[3]。厚生労働省（こうせいろうどうしょう）によると、男性の育休取得率は17年度に5%をやっと超えたばかり。現実とのギャップが浮き彫りになった（図5）。

図5 子育ての環境

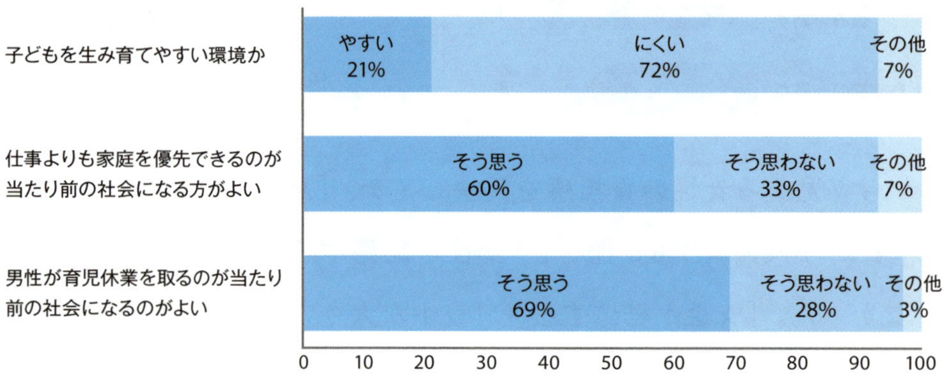

◆ 理想の相手、現実とギャップも　女性7割「収入、譲れぬ条件」未婚の25〜34歳ネット調査

若者の「結婚観」を探るため、インターネット調査は、25〜34歳の未婚者を対象にした。8割が結婚願望を持ちながら[6]、将来「自分は結婚する」と思っている人は6割にとどまる[1]。結婚相手に求める年収として、女性の6割は400万円以上の金額を挙げ、現実とのギャップがうかがえる。

結婚願望を持つ人は「なるべく早く」が27%、「いずれは」の50%を合わせて77%（男性75%、女性80%）。一方で[2]自分が「いずれは結婚すると思う」人は、男性が59%、女性は64%と願望より低めだった。年収の低い層ほど[7]「結婚しないと思う」率が高く、「交際相手がいない」率も高かった（図6）。

図6 結婚観

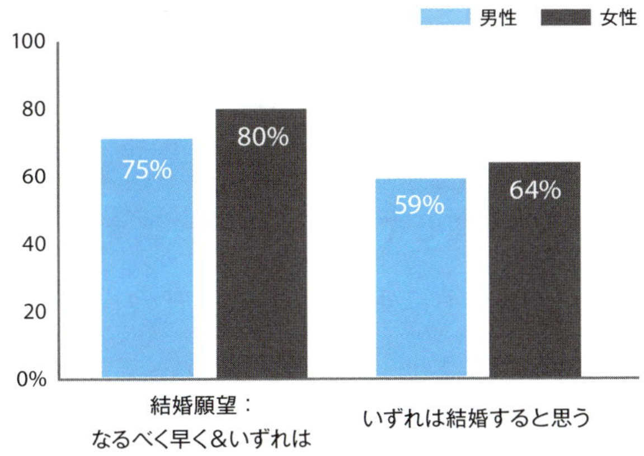

一方[2]、女性の72%が「収入」は結婚相手を選ぶ時の「譲れない条件」と答えた。相手に求める年収を聞くと、「400万円」が41%と最も多く、「600万円」「800万円」「1千万円」を合わせると計63%。また、相手選びに正規・非正規などの雇用形態を「意識する」と答えた女性は85%にのぼった[8]（図7）。

国税庁の17年の調査では、男性の平均給与は正規が548万円、非正規が229万円。非正規の男性には厳しい“条件”だ。

結婚したい人の理由（複数回答）を聞くと、「愛する人と暮らせる」の85%に続いて、「安らぎの場が得られる」「老後に一人でいたくない」がともに77%と多かった。

調査は昨年12月、ネット調査会社マクロミルを通じて実施。登録モニターの1032人から回答を得た。

「朝日新聞」2019年1月13日

図7 結婚相手に求める年収

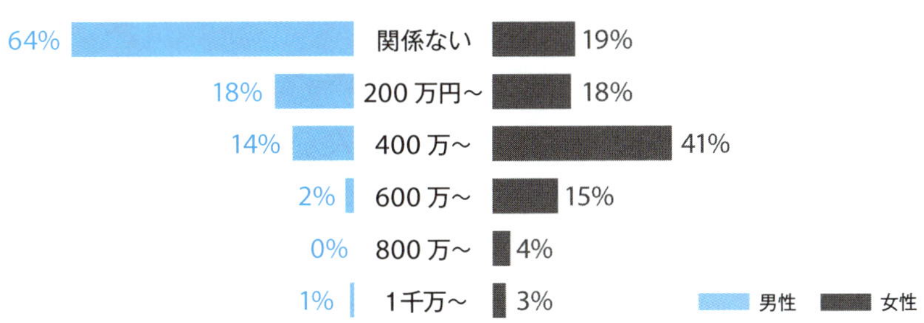

読み物 2　日本人が政府に期待するもの
～ ISSP 国際比較調査「政府の役割」から～

1.Yomimono_L10-2

◆ はじめに

NHK放送文化研究所が加盟(かめい)している国際比較調査グループISSP (International Social Survey Programme) が2016年に実施した「政府の役割」の結果から、35の国・地域(ちいき)を比較しつつ[9]、政府の望ましいあり方について、日本人がどうとらえているのかを報告する。

人々はプライバシーと安全についてどのように考えているのか。また、格差の広がりを背景に、政府に対してどのような役割を求めているのか。本稿(ほんこう)では、特に日本人の政府に対する意識が、世界各国との比較においてどのように位置づけられるのかを中心に報告する。

◆ 何が政府の責任と考えられているか
失業者対策・格差縮小(しゅくしょう)は『政府の責任』、各国より少ない日本

「失業者がそれなりの生活水準を維持(いじ)できるようにすること」が『政府の責任』(「どちらかといえば」を含む、以下同) だと考える人は、日本で53%となっていて、各国の中では低い水準である (図1)。『政府の責任』と回答した人は、スペインやクロアチア、南アフリカなど失業率の高い国で多く、日本やチェコ、アメリカといった失業率の低い国で少ない傾向がある。

◆ 低所得家庭の大学生への援助は『政府の責任』、各国の中で最少

「収入の少ない家庭の大学生に経済的な援助を与えること」が『政府の責任』だと考える人は、ほとんどの国で８割を超え[4]、９割以上を占める[5]国も多い (図2)。他方、日本では67%で、各国の中で最も少なくなっている。韓国(かんこく)でも、日本ほどではないが、『政府の責任』と考える人が各国と比べて少ない。

図1 政府の責任だと思うか「失業者対策」

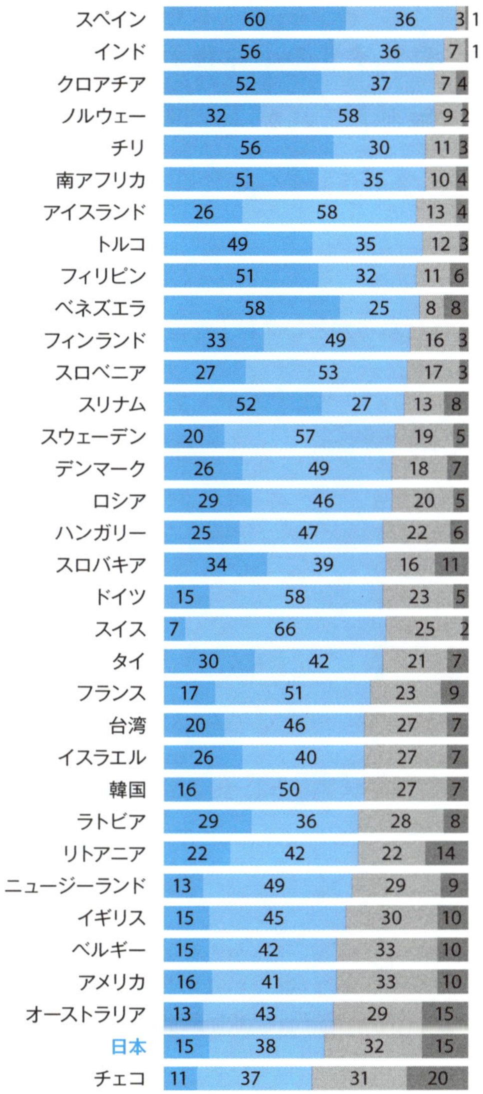

図2 政府の責任だと思うか「低所得家庭の大学生への援助」

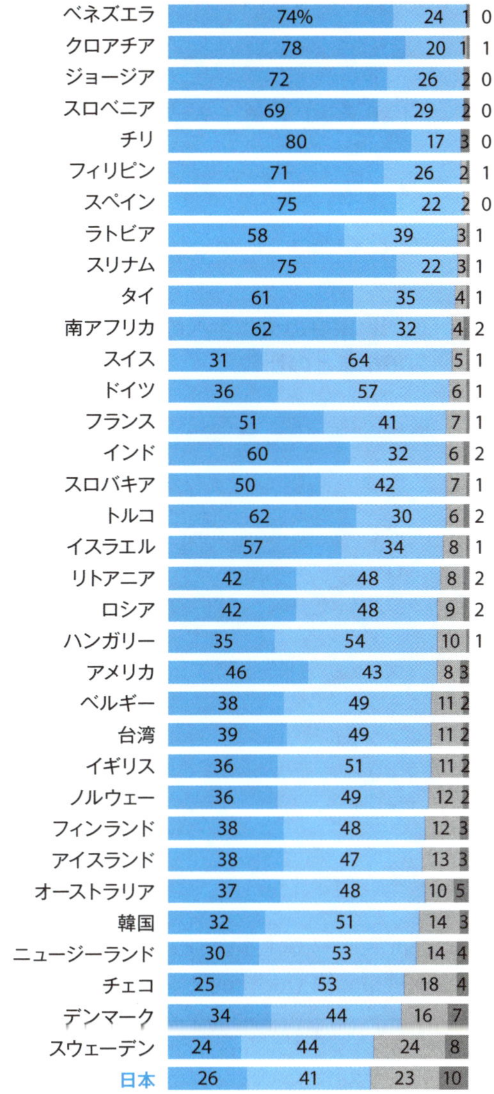

■政府の責任である ■どちらかといえば政府の責任である ■どちらかといえば政府の責任ではない ■政府の責任ではない

2006年調査では、低所得家庭の大学生への援助が『政府の責任』と回答した日本人は58%で、このときも各国と比べてかなり少ない。韓国も日本ほどではないが、各国の中では少なくなっている。時系列の変化をみると、日本では『政府の責任』が58%から67%へ増え、最も増加が大きい。しかし、各国の中では相変わらず最も少なくなっている（表1）。

日本や韓国で『政府の責任』の回答割合が低いのは高等教育費の公的支出が低く、「教育費を負担するのは家庭の役割だ」という教育観が広く社会に根づいていることが背景にあるのかもしれない。教育学者の小林雅之は、日本で教育費の「親負担主義」が浸透していることに触れ、これが「無理する家計」を生み出し、日本で教育費の公的負担が少ないことを問題として顕在化させてこなかったと指摘している。

表1 「低所得家庭の大学生への援助」は『政府の責任（「どちらかといえば」を含む）』（2006年との比較）

%	2006年	2016年	増減
チリ	99	97	-2
ベネズエラ	99	99	0
スペイン	98	97	-1
スロベニア	98	98	0
クロアチア	97	98	1
ロシア	96	90	-6
イスラエル	95	91	-4
フランス	94	92	-2
南アフリカ	94	94	0
フィリピン	93	97	4
アメリカ	93	89	-4
ハンガリー	92	89	-3
ドイツ	92	93	1
ラトビア	91	96	5
スイス	90	94	4
台湾	90	87	-3
チェコ	89	78	-11
オーストラリア	89	84	-5
イギリス	89	87	-2
フィンランド	85	85	0
デンマーク	84	77	-7
ノルウェー	82	86	4
韓国	80	83	3
ニュージーランド	78	82	4
スウェーデン	74	68	-6
日本	58	67	9

※2006年が多い順
※回答結果に足し上げる場合には、実数で足して%を計算しているため、単純に%を足し上げた数字と一致しないことがある

◆ 政府の監視はどこまで許容できるか
政府による監視—許容度が高いのは、「電子メール」よりも「防犯カメラ」

政府が、「インターネットでやりとりされる電子メールや情報を監視すること（電子メール）」が許されるかどうかを尋ねたところ、[10]『許される』（当然＋ま

あ、以下同）と回答した人は半数に達して[3]いない国が多い（図3）。日本も30%にとどまり[1]、各国の中では少ないほうである。

図3 政府による監視は『許される（当然＋まあ）』

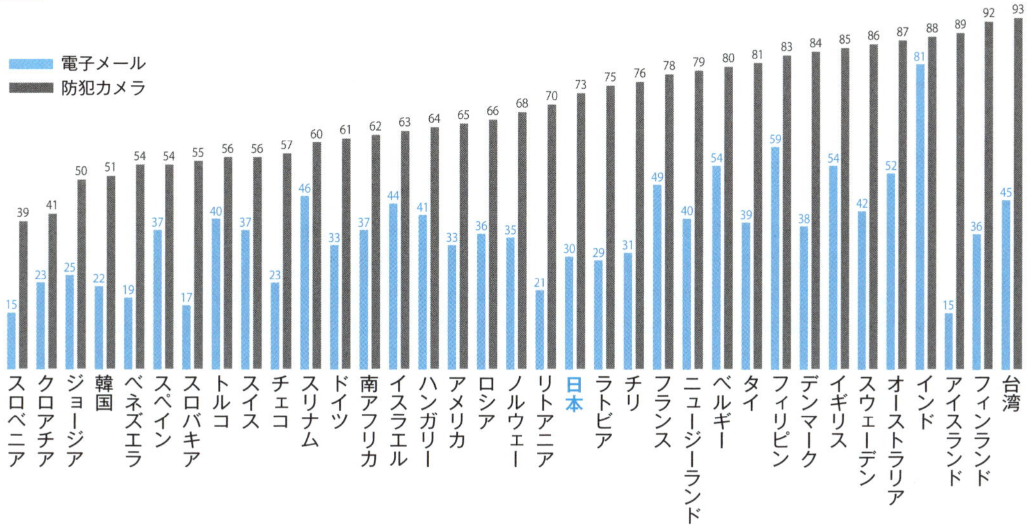

一方[2]、政府が「公共の場所で、防犯カメラを使って人々を監視すること（防犯カメラ）」については、どの国でも許容度が「電子メール」よりも高く、『許される』は、ほとんどの国で半数を超えている。日本は73%で、各国の中では中間くらいに位置している。日本では最近、自治体が防犯カメラの設置費用を助成するなどの取り組みによって、防犯カメラの台数が大きく増え、今や犯罪捜査に欠かせないものとなっている。防犯カメラによる監視の許容度が比較的高いのは、防犯カメラが身近な安全を保障してくれるという安心感の表れではないだろうか。

◆ おわりに

ここまで、人々が各国政府に対してどのような役割を求めているのかを概観してきた。各国を取り巻く状況によって結果にばらつきはあるものの[11]、多くの国で政府が果たす役割への期待が大きいことがわかった。

『放送研究と調査 2019年7月号』NHK放送文化研究所

読みのストラテジー ⑯

データの説明 Explanations of data

Passages that explain certain data often include (A) 調査結果 (the results of a survey or study), (B) 結果からわかること (conclusions that can be drawn from the results), and (C) 筆者や専門家の考察（意見・考え）(a discussion of the opinion/interpretation of the writer or an expert). However, these elements do not always follow the order of (A), (B) and (C). Consequently, as you read such a passage, it's a good idea to keep track of which part is which—(A), (B) or (C).

ストラテジー

- (A) 調査結果 presents specific numbers and comparisons of numbers. Expressions often used include words like 達する, 占める, とどまる, 多い／少ない, 高め／低め, 最も and ～より.
- (B) 結果からわかること presents what can be said based on the evidence of the results. Expressions like ～がわかる, ～がうかがえる, ～ようだ, and 傾向がある are typically used here. Usually, this part follows the results section, but note that there are also cases where the order is reversed.
- (C) 筆者や専門家の考察 does not discuss the survey itself. Instead, it presents the opinion of the writer or an expert regarding the results, such as making inferences about the causes behind the results, based on the findings of other studies, social factors, and so on.

■ 例：家事分担に関する男女の意識の違い

図1は、配偶者と生活している人に、1週間にどのくらいの時間、家事（育児を除く）をしているか尋ねた結果である。

A 男性は、1週間に5時間未満の人が約5割**を占め**、0時間の人も15%だった。女性は20～30時間未満が一番多く、約3割**に達した**。また、30時間以上は、男性では1%**にとどまった**一方で、女性では34%**にのぼった**。

B このことから、女性は家事をしている時間が男性よりかなり長くなっている**ことがわかる**。

図1 1週間の家事時間（育児を除く）〈配偶者と生活している男女別〉

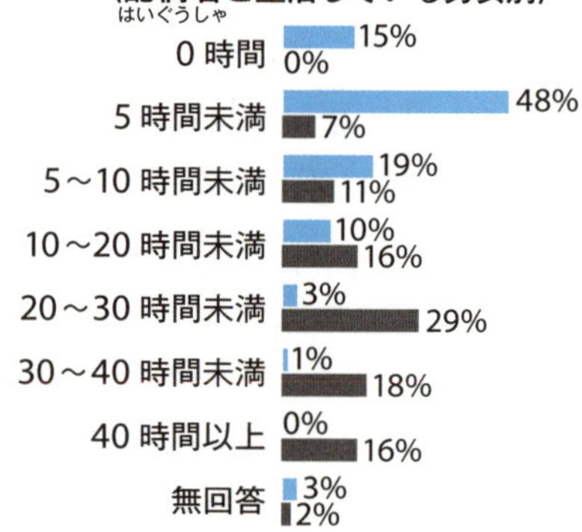

配偶者と生活している男性（356人）
配偶者と生活している女性（418人）
『放送研究と調査 2013年4月号』NHK放送文化研究所

C 女性の仕事の有無別の調査によると、1週間の平均家事時間は、働いている女性が約23時間、働いていない女性が約25時間である。女性の社会進出など家の外での男女平等は進んできているが、一方で、家事分担は昔のままで、働いていても、働いていない女性と変わらない家事を負担している現状が、このような傾向がみられる要因の一つになっているのではないだろうか。

✎ 次の2文はそれぞれ (A) 調査結果、(B) 結果からわかること、(C) 筆者や専門家の考察のうちどれに当たるか。Which element does each of the following two sentences represent: (A)調査結果, (B) 結果からわかること or (C) 筆者や専門家の考察？（読み物1：行6～7）

結婚は当たり前ではなくなった。郵送の世論調査で、結婚は「できるだけするべきだ」と思う人は48%で、2012年調査の59%から大きく減った。

読みのストラテジー⑰

調査結果のグラフ Graphs of survey results

Graphs in articles presenting survey results and analysis provide good clues for better understanding the text.

ストラテジー

- Use the title of a graph or figure as a guide for thinking about what question was asked in the survey.
- Make sure you have a correct understanding of the expressions commonly used in survey responses.

■例：グラフ

あなたの幸せ度は？

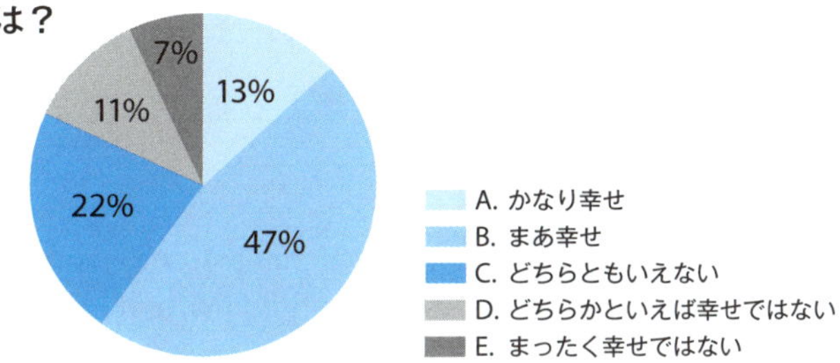

※質問の答えの選択肢で使われる表現

「かなり」「非常に」「大(おお)いに」	＝とても
「まあ」「ある程度(ていど) (to a certain degree)」	＝「とても」ではないが、そうである
「どちらともいえない」	＝「はい」でも「いいえ」でもない
「どちらかといえば〜」	＝２つを比べてどちらか１つ選ぶなら、〜
「まったく〜ない」	＝全然〜ない

・The graph's title reveals that the survey question was あなたは（どれくらい）幸せですか．

・The results indicate that 13% of the people surveyed selected かなり幸せ as their response, and 47% responded with まあ幸せ. When these two levels of happiness, かなり and まあ, are combined, we see that 60% of the respondents feel happy. As this example shows, analyses of survey results sometimes take multiple groups with different degrees of the same condition and treat them as a single group.

調査の質問は何か。また、「どちらかといえば」も含めると、「政府の責任だ」と答えた人は全体の何％か。What is this survey question asking? What percentage of all respondents feel that 政府の責任だ, including those who selected どちらかといえば？（読み物２：行 10〜16）

図１ 政府の責任だと思うか「失業者対策」

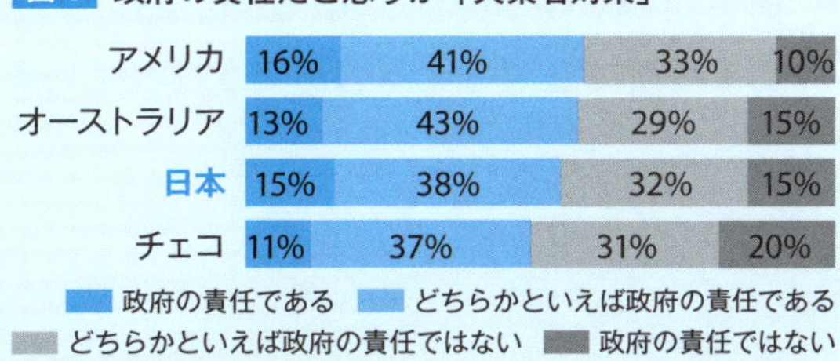

『放送研究と調査 2019 年 7 月号』NHK 放送文化研究所

文型・表現ノート

2.Bunkei_L10

1. Nにとどまる 〈not exceed N (a certain number, percentage or line)〉

[読み物1-行12·23·40
読み物2-行38]

A：最近、日本では車を買う人が減ってきているらしいね。
It seems that the number of people buying cars in Japan has been decreasing lately.

B：うん。ある調査によると、買いたいと思っている人は３割**にとどまる**そうだよ。
Yes. According to a certain study, only 30% of the people surveyed want to buy cars.

1 調査の結果、子どもが３人以上いる家庭の割合は約20%**にとどまった**ことがわかった。

2 去年の日本のGDP成長率（せいちょうりつ）(GDP growth)は1.6%**にとどまった**。

3 週に１回以上図書館を利用する学生の割合は、３分の１**にとどまっている**。

4 この会社で定年まで働き続けたいと考える新入社員は20人中５人**にとどまっており**、昔とは変わってきている。

Nにとどまる	・Nにとどまる indicates that a number or ratio being discussed does not go beyond a certain threshold (N), and implies that the number is considered to be low.

2. 一方（いっぽう）（で） 〈on the other hand; meanwhile; at the same time〉

[読み物1-行14·43·46
読み物2-行39]

日本では子どもの数が減っている。**一方（いっぽう）で**、インドでは増えている。
The number of children is decreasing in Japan. On the other hand, it's increasing in India.

1 世界には食糧（しょくりょう）が足りなくて困（こま）っている国が存在する。**一方**、日本では毎日大量に食べ物が捨てられている。

2 テレワークは、好きな場所で働ける**一方で**、他の社員とコミュニケーションが取りにくいという問題もある。

3 この大学はベトナム人留学生が多い**一方**、ベトナムに留学する日本人学生は少ない。

4 彼は昼間は高校で歴史を教えている**一方で**、夜はミュージシャンとしても活躍している。

5 東京（とうきょう）は大都市である**一方**、街の中に公園があり、緑が多い。

6 図書館のような静かな場所で勉強したい人もいるが、**一方で**、カフェのような少し音がある場所で勉強をするのが好きな人もいる。

一方（で）（いっぽう）～。

普
*なAだ → な／である
*Nだ → である
} 一方（で）

- When two sentences are separated by 一方で (as in "X。一方で Y。") then 一方で is used to present two opposing ideas (X and Y) regarding the same topic (see [1]). In this usage, 一方で can be used immediately after conjunctions of contrast, such as でも and が (see [6]).
- 一方で can be replaced by 他方で（たほう） when it is used at the beginning of the sentence or after a conjunction of contrast.

例）日本では子どもの数が減っている。他方で、インドでは増えている。

- When 一方で is used in a single sentence, the sentence introduces two contrasting aspects (X and Y) of the subject matter, as shown in [2], [3] and [5].
- When X 一方で Y is used to discuss someone's activities, it indicates that the person partakes in two different activities at the same time ([4]).

3. Nに達する 〈to reach N; to arrive at N〉

[読み物1-行15·34
読み物2-行37]

調査によると、朝食にご飯ではなくパンを食べる人は年々増え続け、とうとう7割**に達したそうだ**。

According to a study, the number of people who eat bread for breakfast instead of rice has been increasing steadily every year, and has finally reached 70% of all the people surveyed.

[1] このケーキは発売から3日で100万個販売され、販売数は今月1,900万個**に達したそうだ**。

[2] 合格点**に達する**には、まだまだ勉強しなくてはいけない。

[3] 今日の東京の気温は37度**に達し**、外での運動が危険（きけん）な状態だった。

[4] 2010年に日本の人口は1億2千8百万人**に達した**が、その後、減少し続けている。

[5] A：20歳で世界大会で優勝するなんて、田中さんってすごいよね。
B：うん。彼は子どもの頃から有名で、高校生の時にはプロのレベル**に達して**いたからね。

Nに達する

- Nに達する is used to state that something reaches a certain threshold (number, ratio, amount, etc.).
- When a number is used in place of N, this expression implies that the speaker considers the number to be large for the subject matter.

4. Nを超える 〈to exceed N; more than N〉

[読み物1-行16
読み物2-行19]

日本に来る外国人の数は、2016年に2,000万人、2018年に3,000万人**を超えた**。
The number of foreigners coming to Japan exceeded 20 million in 2016, and 30 million in 2018.

1 日本の65歳以上の高齢者の割合は、2040年に35%**を超える**と言われている。

2 8時間**を超えて**仕事をする時は、少なくとも1時間の休憩(きゅうけい)が必要だ。

3 母の料理は、レストランの味**を超える**くらいおいしい。

4 A：最近暑くなってきたね。明日は30度**を超える**らしいよ。
B：もう夏だね。

Nを超える	・Nを超える means that something goes beyond the threshold indicated by N, such as a number, limit, standard, etc.

5. Nを占める 〈to account for N; to make up a percentage of the entirety〉

[読み物1-行18・28
読み物2-行19]

A：うちの大学って、中国人(ちゅうごくじん)の留学生が多いよね。
There are many Chinese students studying abroad at our university.

B：うん。留学生全体の約60%**を占めている**らしいよ。
Yes. I heard that they account for 60% of all international students.

1 調査によると、大学2年生のうち、アルバイトをしている人は6割以上**を占めた**。

2 寝ている時間は人生(じんせい)の約3分(ぶん)の1**を占めている**。

3 私の生活費の半分**を**家賃(やちん)が**占めている**。

4 静岡(しずおか)県のお茶の生産(せいさん)量は、日本全体の生産量の約40%**を占める**。

Nを占める	・Nを占める means something takes up a certain proportion (N) of an entire value. This expression is used to imply that the speaker thinks N is a large proportion.

6. ～ながら 〈although ~〉

[読み物1-行39]

体によくないとわかってい**ながら**、夜遅くに甘いものを食べてしまう。
Although I know it's not good for my health, I end up eating sweets late at night.

1 彼は免許(めんきょ)を持ってい**ながら**、全然運転できないそうだ。

2 日本人であり**ながら**、日本のことをよく知らないのは恥ずかしいことだ。

3 あのスピーカーは小さい**ながら**、とても大きい音が出る。

4 子どもながら、いろいろなことを考えているようだ。

5 残念ながら、彼はパーティーに来られないそうです。

V~~ます~~ いVい なA N(であり)	ながら

- X ながら Y means "Y although X." X refers to a particular state or situation, and thus expressions describing situations or states are often used for X (e.g., ある / いる , Vている , N である). X ながら Y often implies that the speaker holds a critical view towards the statement (1 and 2).
- X and Y take the same subject.
- X takes only certain い-adjectives, な-adjectives and nouns (e.g., 小さい , 若い , 小ぶりな , 子ども , 小学生). When used with those adjectives and nouns, it often conveys a positive impression of the person or thing described regardless of the small size or powerlessness (3 and 4).
- 残念ながら , 勝手(かって)ながら and 当然ながら are idioms used as set phrases to introduce a statement. They are synonymous to ～ですが , and do not mean "although. (see 5)"

☛ V1 ながら V2 〈do V1 and V2 at the same time〉
V1 ながら V2 means that the subject does two actions (V1 and V2) simultaneously. Both V1 and V2 are action verbs in this usage.

例）音楽を聞きながら勉強します。

7. N ほど 〈the more ~, the more ~〉

[読み物 1- 行 44]

A：この本、ひらがなが多いから、すぐ読めたよ。
This book is written mostly in hiragana, so it was easy to read.

B：やっぱり漢字が少ない本ほど、読みやすいよね。
After all, the fewer kanji, the easier it is to read.

1 よく食べ、よく運動する人ほど長生き(ながい)きするそうだ。

2 A：鈴木(すずき)さん、アルバイトもサークル活動もやっているのに、成績もいいんだ。いつ勉強しているんだろう。
B：空いている時間に少しずつ勉強してるらしいよ。忙しい人ほど時間の使い方がうまいって本当だね。

3 学生が多い町ほど、安い居酒屋がたくさんある。

4 急いでいる時ほど、忘れ物がないかちゃんとチェックしたほうがいい。

N ほど	・N ほど Y states that the degree of Y increases as N increases. Typically, this relationship between N and Y is a general tendency and not a rule.

・Phrases expressing an amount or degree are used before ほど. As such, N includes adjectives or nominal modifiers that describe amount or degree (e.g., 高い, 大きい, 近い, よく～).

例）〇 駅に近いアパートほど、人気がある。
　　Apartments closer to a train station are more popular (than the ones far from stations).
　　× アパートほど、人気がある。
　　〇 よく本を読む人ほど、いろいろな言葉を知っている。
　　Those who read more books have a larger vocabulary.
　　× 人ほど、いろいろな言葉を知っている。

8. N にのぼる 〈to reach N; to become a number, percentage or ratio〉 ［読み物 1- 行 49］

東京(とうきょう)の新宿(しんじゅく)駅の利用者数は 1 日 350 万人**にのぼる**そうだ。
The number of passengers entering and exiting Shinjuku Station in Tokyo is reported to be 3.5 million per day.

1 ある調査によると、1 日に 1 冊も本を読まない大学生は約 5 割**にのぼる**らしい。

2 2 万人分**にのぼる**個人情報が盗(ぬす)まれたそうだ。

3 大雨での死者が、250 人**にのぼった**。

4 大学生になって一人暮らしを始めてよかったと思っている学生は 70%**にのぼる**ことが、インターネット調査でわかった。

N にのぼる	・N にのぼる is used when something reaches N (number, percentage, etc.). N in N にのぼる is considered to be a high number.

★ 9. ～つつ 〈while ~; as ~〉 ［読み物 2- 行 4］

1 年の留学生活を思い出し**つつ**、お別れ会のスピーチ原稿(げんこう)を書いた。
I reminisced about my year of studying abroad as I wrote my speech for the farewell party.

1 カロリーのことを考え**つつ**、食べるものを選ぶようにしている。

2 大学院進学を視野(しや)に入れ**つつ**、卒業論文のテーマを決めた。

3 値段と機能を比較し**つつ**、どのスマホを買うか考えたい。

4 クラスメートの数を頭に入れ**つつ**、旅行のお土産(みやげ)のお菓子(かし)を選んだ。

5 病気の友達の手術の成功(せいこう)を願い**つつ**、千羽鶴(せんばづる) (a thousand origami cranes) を折(お)った。

V~~ます~~つつ
• X つつ Y means that the subject does two actions (X and Y) simultaneously. Both X and Y are actions that require some amount of time (i.e., actions that cannot be completed instantaneously).
• X often takes verbs for mental activities, such as 考える, 思う, 話し合う, 視野に入れる, 考えに入れる, 願う, 気をつける.
• つつ is a formal expression and is not typically used when describing daily routines.

例）× 宿題をしつつ、晩ご飯を食べた。

☛ ~つつ and ~ながら

Both X つつ Y and X ながら Y mean that the subject is doing two actions (X and Y) simultaneously. つつ cannot be used, however, when X is an action verb (e.g., 歩く, 走る).

例 1）○ 歩きながら、電話をかけた。
I called someone while walking.
× 歩きつつ、電話をかけた。

X in X つつ Y, on the other hand, usually takes thinking verbs or verbs expressing actions that require mental processing of ideas (e.g., 考える, 思う, 話し合う, 視野に入れる, 考えに入れる, 願う, 気をつける).

例）日本には、12 月 31 日に健康（けんこう）を願いつつ、そばを食べる習慣がある。
In Japan, there is a traditional custom to eat *soba* noodles on New Year's Eve while wishing for good health.

10. ~たところ ⟨as a result of ~ing⟩

[読み物 2- 行 36]

30 代の女性にどこに旅行に行きたいか聞い**たところ**、沖縄（おきなわ）が 1 位（い）だった。
When I asked women in their 30s where they would like to go for a vacation, Okinawa was the top response.

1 日本の大学生に「SNS をどのくらい使っていますか」と聞い**たところ**、90%以上の人が「毎日」と答えた。

2 外国人観光客に日本で驚いたことについて質問し**たところ**、「自動販売機の多さ」や「電車の時刻の正確さ」などという答えが挙げられた。

3 新しく出たパソコンを使ってみ**たところ**、古いものよりずっと早くて使いやすかった。

4 昔よく行った店に久しぶりに行ってみ**たところ**、閉まっていて残念だった。

5 新しい漢字学習アプリを試（ため）してみ**たところ**、漢字の勉強が好きになった。

Vた ところ

- X たところ Y is used to state the findings (Y) that were revealed after completing action X.
- Y takes the past tense, as it is something that has already happened.
- X たところ Y is often used in writing to report the results of a survey, etc., as in 1 and 2.
- Y does not take expressions of the speaker's volition or of actions that can be controlled by the speaker.

例）○ 先生に相談したところ、毎日 10 字ずつ漢字を覚えたほうがいいと言われた。
When I consulted my teacher, I was told to memorize 10 kanji every day.

× 先生に相談したところ、毎日 10 字ずつ漢字を覚えることにした。

☛ X たところ Y and X たら Y (past)

X たところ Y can be basically used as a formal equivalent of X たら Y (past).
However, it cannot replace X たら Y (past) when Y is something beyond the speaker's surprise at that situation.

例 1）窓（まど）を ｛○ 開けたら ／ ? 開けたところ｝大きなゴキブリが入ってきた。

例 2）窓を ｛○ 開けたら ／ ○ 開けたところ｝部屋が涼しくなった。

11. ～ものの 〈although; despite the fact that〉

［読み物 2- 行 49］

新しいスマホを買った**ものの**、使い方がよくわからず困（こま）っている。
I bought a new smartphone, but I'm not sure how to use it.

1 映画のストーリーは知っている**ものの**、それを言葉で説明するのは難しい。

2 あのケーキはおいしい**ものの**、甘いので、たくさんは食べられない。

3 「サザエさん」というアニメは日本では有名な**ものの**、海外ではあまり知られていない。

4 このコースは、大学生が対象である**ものの**、プログラミングのスキルがある高校生も登録できる。

5 彼は有名な大学に入った**ものの**、なぜか半年でやめてしまった。

6 1 日 5 時間も練習している**ものの**、なかなかダンスが上手にならない。

普
*なA~~だ~~ → な／である
*N~~だ~~ → である
} **ものの**

- ものの works similarly to adversative conjunctions (e.g., ～のに , ～けれど). X ものの Y states Y as something contrary to what might be expected from X, while presenting the fact (X). This structure often expresses the speaker's regret or disappointment.

データ分析

1 モデル作文

調査結果を分析し（analyze）、考察（discussion）を加える。

結婚相手に求める年収の男女比較

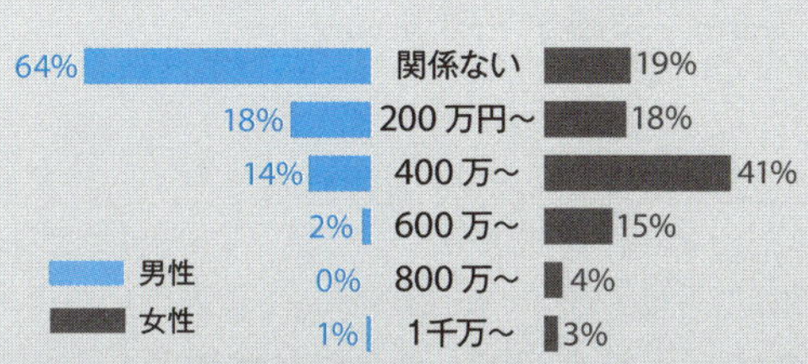

資料：朝日新聞社インターネット調査
（2018年12月／25～34歳未婚1,032人）

❶ 序論

朝日新聞社は2018年12月、未婚者1,032人を対象にインターネット調査を実施し、「結婚相手に求める年収」について尋ねた。以下にその結果を述べ、傾向を分析する。

❷ 本論（1） データ分析

まず、男性の結果を見てみると(a)、「関係ない」が最も多く6割を超え(f)、次に「200万円～」の18%、「400万～」の14%が続き、600万以上は合計で3%にとどまっている(g)。一方(b)、女性は、「400万～」が最多で41%を占めている(f)。「関係ない」は19%にとどまっており(g)、結婚相手に200万円以上の年収を求める女性は合計で80%にのぼっている(f)。このことから、男性より女性のほうが、結婚相手の年収を気にする傾向があることがわかる(c)。

❸ 本論（2） 考察

このような傾向が見られるのは、家庭の収入は夫が支えるという考えを男女ともに持ち続けていることが背景にあるのではないだろうか(d)。半数以上の男性が結婚相手の収入を気にしないのに対し、約8割の女性が結婚相手にある程度の年収を求めている。また、国税庁の調査によると、日本の会社員の平均年収は約400万円だが、400万円以上を結婚相手に求める女性は6割以上もいるが、男性は2割以下だ。共働きは当たり前になっているが、主に夫が家計を支えるべきだという考えはまだまだ根強いのではないだろうか。

以上のことから、日本人は、夫は家族を養うために収入を得るべき (e) だという考えを持ち続けていることがうかがえた。収入が少ないために結婚をあきらめる男性が増えれば、非婚化、少子化が進むだろう。そのような結末を避けるためにも、今後このイメージを変えていく必要があると思う。

❹ 結論

単語 合計で in total　支える to support　ある程度 certain degree　共働き dual income
養う to provide for　結末 result　避ける to avoid

■ 段落構成

調査結果の分析は、モデル作文のように「序論」「データ分析」「考察」「結論」の４段落で書くとわかりやすい。

段落の役割		内容	書くポイント
❶ 序論		・いつ、誰が、誰を対象に調査を行ったか	
❷ 本論（1）	データ分析 (data analysis)	・調査結果の説明	(a) (b)
		・結果からわかること（傾向）	(c)
❸ 本論（2）	考察 (discussion)	・なぜ❷で述べた傾向が見られるか ・考察の根拠 (grounds) （他の調査や一般的に言われていることを使う）	(d)
		・根拠 (ground)	
❹ 結論		・分析／考察内容のまとめ	(e)
		・それについての意見や社会への提言 (suggestion)	

■ 書くポイント

1. ❷本論（1）で、大きな差や特徴がある結果に注目してデータを分析する。

・差がある結果を比較しながら説明する。…… (a) (b)

（行 8）　**まず**、男性**の結果を見てみると**、……とどまっている。

（行 10）　**一方**、女性は、……を占めている。

・結果からわかる傾向を１文でまとめて述べる。…… (c)

（行 13～14）　**このことから**、男性より……傾向がある**ことがわかる**。

2. ❸本論（2）で、なぜその傾向が見られるのか、その背景に何があるのかを考察する。……（d）

（行15〜17）**このような傾向が見られるのは、**家庭の収入は……持ち続けている**ことが背景にあるのではないだろうか。**

3. ❹結論で「以上のことから」を使って分析内容をまとめる。……（e）

（行23〜24）**以上のことから、**日本人は……持ち続けている**ことがうかがえた。**

4. データの表現を使って説明する。

・「多い」ということを表すために「超える」「占める」「のぼる」「達する」を使う。……（f）

（行8〜9）「関係ない」が最も多く６割**を超え、**……。

（行10〜11）「400万〜」が最多で41％**を占めている。**

（行12〜13）結婚相手に……合計で80％**にのぼって**いる。

・「少ない」ということを表すために、「とどまる」を使う。……（g）

（行10）600万以上は合計で３％**にとどまって**いる。

2 タスク

■ 書く前に

（1）下のグラフは家事分担の国際比較調査です。どのような傾向があることがわかりますか。

（2）気がついたことの中で、どの結果（データ）に注目したいですか。

（3）（2）で注目した傾向が見られる要因は何だと思いますか。

（4）（3）の考えの根拠は何ですか。他の調査や一般的に言われていることを使って説明してください。

■ 書いてみよう

右のグラフで注目したい結果とその傾向が見られる要因を説明しなさい。「書くポイント」を使って、モデル作文のように４段落構成で書きなさい。（だ体・600字程度）

フルタイム勤務の人の１週間の家事時間
（日本・韓国・アメリカ・フィンランド）

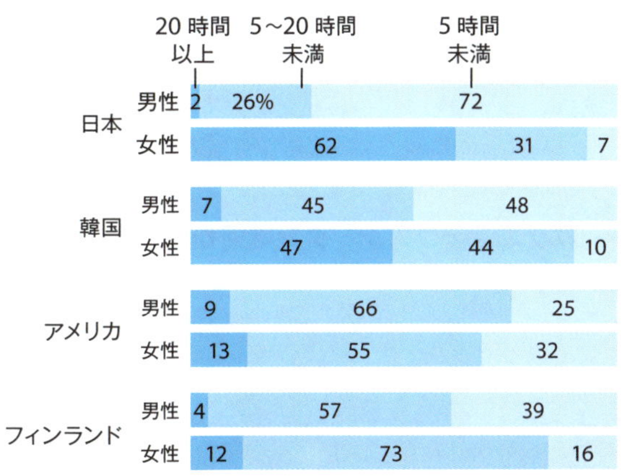

ISSP2012年調査「37カ国 配偶者と一緒に生活している男女」

学生生活

会話1 面接(めんせつ)

1-1 やってみよう

1）インターンシップや奨学金(しょうがくきん)の面接(めんせつ)について話しなさい。

①インターンシップや奨学金の面接ではどんな質問をされると思いますか。

②面接を受ける時、どんなことに気をつけたほうがいいでしょうか。

2）1）で考えたことを使って、ロールプレイをしなさい。

フォーマルな会話

A あなた（学生）

奨学金の面接(めんせつ)に来ました。
簡単に自己(じこ)紹介をし、
面接官(かん) (interviewer) の
質問に答えなさい。

B 奨学金の面接官(めんせつかん) (interviewer)

奨学金の面接(めんせつ)に来た学生に、
以下の2点を聞きなさい。
① 応募(おうぼ) (apply) の理由
② 長所(ちょうしょ) (strong point)

1-2 聞いてみよう

3.Kaiwa_L10-1

1）モデル会話を聞いて①②の質問に答え、右ページの表を完成させなさい。

①グエン・ヴァン・タンが応募(おうぼ)した理由は何ですか。

②グエン・ヴァン・タンは何が苦手ですか。そのせいで、どんな経験をしましたか。

長所	何事も＿＿＿＿＿＿＿まで＿＿＿＿＿＿＿＿＿、改善策を考えて＿＿＿＿＿＿＿＿＿＿＿ところ。
経験から学んだこと	この経験から、＿＿＿＿＿＿ことでも＿＿＿＿＿＿＿＿＿＿ず改善策を考え＿＿＿＿＿＿＿＿＿＿ことで、克服できるということを学んだ。
まとめ	この長所は、これから＿＿＿＿＿＿＿＿＿＿＿＿＿＿＿際に役立つものだと考える。

2）グエン・ヴァン・タンは面接が終わる時、何と言っていましたか。

本日は＿＿＿＿＿＿＿＿＿＿＿をいただき、

＿＿＿＿＿＿＿＿＿＿＿＿＿＿＿＿＿＿＿＿。

ここにも注目

▸ 長所・短所の質問

仕事や奨学金などの面接では、よく「長所（あなたの強み／誰にも負けないもの (be second to none)）や「短所（弱み）」について聞かれます。ただ長所／短所を言うのではなく、それを説明する「具体的なエピソード」と「そこから何を学んだか」も一緒に話しましょう。

その際、話が長すぎてわかりにくくならないように注意しましょう。まず短い一文で述べ、具体的なエピソードで説明し、最後にもう一度長所を短い言葉で繰り返すと効果的です。また「短所」の場合は、それを克服 (overcome) するためにどんな努力をしているかを最後に話すといいです。「学生時代にがんばったこと」や「特技 (specialty) や趣味」の質問もよくされるので、同じような流れで答えられるように準備しておきましょう。

▸ 面接室でのマナー

面接室に入る時はノックを３回すること、入る時と出る時に「失礼します」と言って一礼する (make a bow) ことを忘れないでください。入室後はいすまで歩いていき、自己紹介をします。また、座るように言われるまで、席には座らないように気をつけましょう。

1-3 モデル会話

3.Kaiwa_L10-1

フォーマルな会話

奨学金の面接

グエン・ヴァン・タン（グ:）が、奨学金の面接に行く。（面接官：面）

グ: ❶**失礼します。**北東大学経済学研究科修士課程２年のグエン・ヴァン・タン**と申します。本日はどうぞよろしくお願いします。**

面: どうぞそちらにおかけください。

グ: 失礼します。

面: では、早速ですが、この奨学金に応募した理由について教えてください。

グ: はい。❷私は現在経済学研究科で日本とベトナムの関係について研究しておりますが、来年博士課程に進学することになりました。進学にあたり、アルバイトをやめ、研究に集中したい**と思い、応募させていただきました。**

面: では、あなたの長所を教えてください。

グ: はい。❸①**私の長所は、**何事も成功するまであきらめず、改善策を考えて努力し続ける**ところです。**②私は漢字が苦手で日本語能力試験のN2に３回も落ちたという経験があります。不合格の知らせがくるたびにあきらめそうになりましたが、そのたびに、今回はなぜ失敗したのかを考え、勉強計画を見直しました。自己分析した結果、新しい問題集ばかりして復習が十分にできていなかったことや、すき間時間を上手に使えていなかったことがわかりました。そこで、復習用のノートを作り、すき間時間に勉強するようにしたところ、日本語能力試験のＮ２だけではなく、Ｎ１にも合格することができました。③**この経験から、**苦手なことでもあきらめず改善策を考え努力を続けることで、克服できるという**ことを学びました。**④**この長所は、**これから研究を進める**際に役立つものだと考えております。**

面: では、……

＊　＊　＊

数分後。

面: では面接は以上です。結果は後ほどご連絡します。

グ: はい。❹**本日は貴重なお時間をいただき、ありがとうございました。**

単語 修士課程 master's course　早速ですが Excuse my haste　博士課程 doctoral course
～にあたり on the occasion of　集中する to concentrate　何事も＝なんでも
改善策 improvement plan　日本語能力試験 JLPT (Japanese-Language Proficiency Test)
自己分析 self-analysis　すき間時間 between whiles　合格する to pass　克服する to overcome
貴重な precious

フローチャート

あなた：面接を受ける	面接官：面接をする

❶ 部屋に入り、自己紹介する

失礼します。〇〇大学△△学部〇年の〜**と申します。**

本日はどうぞよろしくお願いします。

> そちらにおかけください。
> 応募した理由について教えてください。

❷ 質問に答える：応募理由を言う

はい。来年大学院に進学するにあたり、アルバイトをやめ、研究に集中したい**と思い、応募させていただきました。**

> では、長所を教えてください。

❸ 質問に答える：長所を言う

① 長所について短く一言で言う

私の長所は、何事も成功するまであきらめず、改善策を考えて努力し続ける**ところです。**

② 長所を具体的なエピソードで説明する

私は漢字が苦手で日本語能力試験に３回も落ちたという経験があります。しかし、自己分析した結果、復習が十分にできていなかったことがわかりました。そこで、復習用のノートを作り、すき間時間に勉強するようにしたところ、合格することができました。

（③経験から学んだことを話す）

この経験から、苦手なことでもあきらめず改善策を考え努力を続けることで、克服できるという**ことを学びました。**

④ その長所が勉強や仕事で役に立つと伝える

この長所は、これから研究を進める**際に役立つものだと考えております。**

> 面接は以上です。後ほど連絡します。

❹ お礼を言って、部屋を出る

本日は貴重なお時間をいただき、
ありがとうございました。

1-4 練習しよう

▶ のパターンを使って準備してから話してみましょう。

❶部屋に入り、自己紹介する ➔ ❷質問に答える：応募理由を言う
➔ ❸質問に答える：長所を言う
➔ ①長所について短く一言で言う ➔ ②長所を具体的なエピソードで説明する
（➔ ③経験から学んだことを話す）➔ ④その長所が勉強や仕事で役に立つと伝える
➔ ❹お礼を言って、部屋を出る

あなた：❶**失礼します。**〇〇大学△△学部〇年の〜と**申します。本日はどうぞよろしくお願いします。**

面接官：そちらにおかけください。応募した理由について教えてください。

あなた：はい。❷ 来年進学するにあたり、アルバイトをやめ、研究に集中したい **と思い、応募させていただきました。**

面接官：では、長所を教えてください。

あなた：❸①**私の長所は、** 何事も成功するまであきらめず、改善策を考えて努力し続ける **ところです。**

② 私は漢字が苦手で日本語能力試験に３回も落ちたという経験があります。しかし、自己分析した結果、復習が十分できていなかったことがわかりました。そこで、復習用のノートを作り、すき間時間に勉強するようにしたところ、合格することができました。

（③**この経験から、** 苦手なことでもあきらめず改善策を考え努力を続けることで、克服できる という**ことを学びました。**）

④**この長所は、** これから研究を進める **際に役立つものだと考えております。**

面接官：では、……

* * *

面接官：では面接は以上です。結果は後ほどご連絡します。

あなた：はい。❹**本日は貴重なお時間をいただき、ありがとうございました。**

1. 留学／大学院の面接に来ました。面接官の質問に答えなさい。

2. インターンシップの面接に来ました。面接官の質問に答えなさい。

3. 自分で考えよう。

会話 2　学食についての提案（ていあん）

2-1 やってみよう

▶ 図 1 は北東（ほくとう）大学の学生に「学食（学生食堂）にどのぐらい行くか」聞いた結果です。
グラフを見て、わかることを話しなさい。

2-2 聞いてみよう

3.Kaiwa_L10-2

▶ 図 1 と図 2 を見ながらモデル会話を聞いて、質問に答えなさい。

① この調査に答えた人は全部で何人ですか。

②「学食にほとんど行かない」と答えた人は全体の何割ぐらいいますか。

③ 図 2 の a と b には、下の 1 と 2 のどちらが入りますか。

【　1. ヘルシーな食べ物が少ない　　2. 量が多い　】

図 1「学食にどのぐらい行くか」

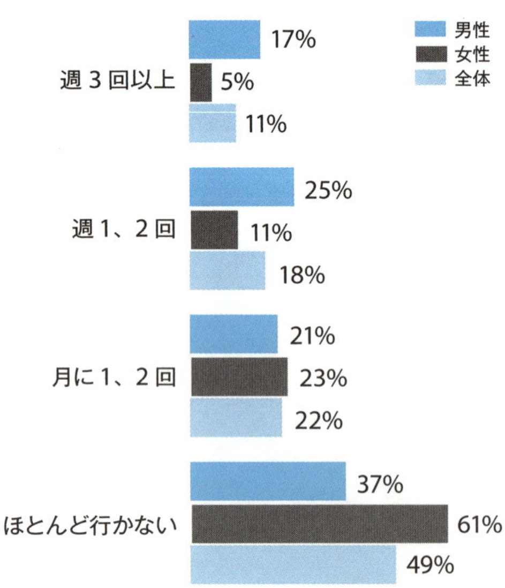

図 2「学食への不満」

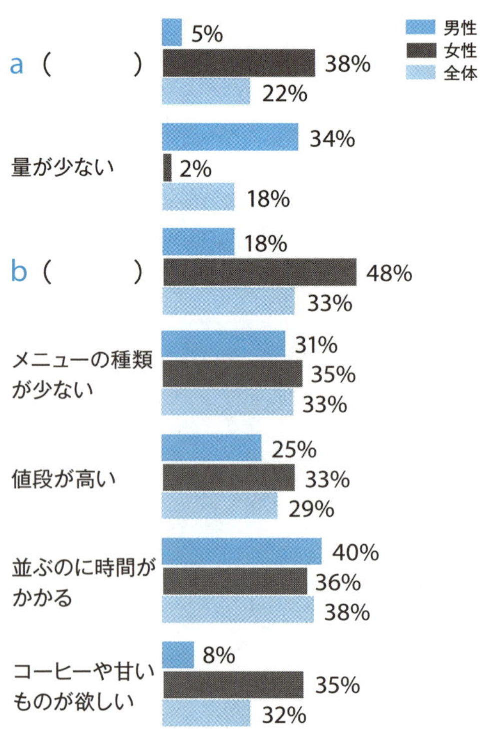

④ メイリンは学食についてどのような提案(ていあん)をしましたか。1～3 から適当なものを選びなさい。

【 1. からあげセットをなくす　2. 単品(たんぴん)メニューを増やす　3. おにぎりを売る 】

〈参考：学食メニュー例〉

定食	
からあげセット	¥450
とんかつセット	¥450
てりやきチキンセット	¥450
コロッケセット	¥450
えびフライセット	¥450

めん	
しょうゆラーメン	¥300
うどん	¥280
そば	¥280
本日のパスタ	¥330

ご飯もの	
カレー	¥350
カツカレー	¥400
カツ丼	¥350
親子丼	¥320

単品	
ライス	¥100
みそ汁	¥80
とうふ	¥80
肉じゃが	¥130

2-3 モデル会話

🎧3.Kaiwa_L10-2

フォーマルなスピーチ

学食利用者を増やそう

学生会のミーティングで、ワン・メイリン（メ:）が学食について発表している。

メ：❶みなさんはよく学食を利用しますか。今日のトピックは「学食」です。❷**お手元の資料は**、北東大学の学生男女200人を対象に行った**調査の結果です**。**この調査結果を基に**、学食**についての提案**をしたいと思います。

❸**まず、図1をご覧ください**。「学食にほとんど行かない」と答えた人は全体で約5割**を占め**、女性では61%**にのぼっています**。女性の結果を詳しく見ると、週1回以上行く人は16%**にとどまっています**。❹**つまり**、日常的に食堂を利用する女性はかなり少ない**というわけです**。

❺**では**、女性はどのような点を不満に感じている**のでしょうか**。**図2は**、学食への不満を複数回答で聞いた**結果を表したものです**。女性の場合「ヘルシーな食べ物が少ない」**という回答が最も多く**48%、**次に**「量が多い」**が**38%**と続きました**。❻**このことから**、メニューに「からあげセット」や「カツ丼」などのカロリーの高い揚げ物や、量の多い丼ぶりものが多いことを不満に思っている**ことがわかります**。

❼**そこで**、女性が利用しやすい学食を目指し、野菜を中心としたメニューや単品メニューを増やす**ことを提案したいと思います**。野菜はヘルシーなイメージがありますし、単品メニューはコンビニのおにぎりなどと一緒に食べることもできるので便利です。**また**、量が選べるように、普通、少なめ、大盛りなど、いくつかサイズを作って**みてはどうでしょうか**。

❽**以上で、発表を終わります。ご質問やご意見をどうぞよろしくお願いします**。

単語 利用する to use　お手元の in front of you　資料 papers　～を基に based on ~　提案 suggestion　不満 dissatisfaction　複数回答 multiple answers allowed　丼ぶりもの bowl of rice with topping　目指す to aim　単品 single item

フローチャート

あなた

データを使って提案(ていあん)をする

トピックを紹介する

❶ 相手の注意を引き、トピックを紹介する

みなさんはよく学食を利用しますか。今日のトピックは「学食」です。

❷ これから話す内容を説明する

お手元(てもと)の資料(しりょう)は、北東(ほくとう)大学の学生男女 200 人を対象に行った調査の結果です。この調査結果を基(もと)に、学食についての提案(ていあん)をしたいと思います。

データを説明する

❸ 図の中で注目したい結果を説明する

まず、図1をご覧(らん)ください。「学食にほとんど行かない」と答えた人は全体で約５割を占め、女性では61%にのぼっています。女性の結果を詳しく見ると、週１回以上は16%にとどまっています。

❹ ❸の結果からわかることを短くまとめて述べる

つまり、日常的に食堂を利用する女性はかなり少ないというわけです。

❺ ❹の理由を分析(ぶんせき)する（analyze）ために別のデータを紹介し、注目したい結果を説明する

では、女性はどのような点を不満に感じているのでしょうか。図２は、学食への不満を複数回答で聞いた結果を表したものです。女性の場合「ヘルシーな食べ物が少ない」という回答が最も多く48%、次に「量が多い」が38%と続きました。

❻ ❺の結果からわかることを短くまとめて述べる

このことから、メニューにカロリーの高い揚(あ)げ物(もの)や、量の多い丼(どん)ぶりものが多いことを不満に思っていることがわかります。

まとめ

❼ 提案する

そこで、女性が利用しやすい学食を目指(めざ)し、野菜を中心としたメニューや単品(たんぴん)メニューを増やすことを提案したいと思います。また、量が選べるようにいくつかサイズを作ってみてはどうでしょうか。

❽ 発表を終える

以上で、発表を終わります。ご質問やご意見をお願いいたします。

2-4 練習しよう

▶ ＿＿＿＿ のパターンを使って準備してから話してみましょう。

❶ 相手の注意を引き、トピックを紹介する → ❷ これから話す内容を説明する
→ ❸ 図の中で注目したい結果を説明する → ❹ ❸の結果からわかることを短くまとめて述べる
→ ❺ ❹の理由を分析(ぶんせき)する (analyze) ために別のデータを紹介し、注目したい結果を説明する
→ ❻ ❺の結果からわかることを短くまとめて述べる → ❼ 提案(ていあん)する → ❽ 発表を終える

あなた：❶みなさんは ＿＿＿＿＿＿ か。今日のトピックは、「＿○○○○＿」です。

❷お手元(てもと)の資料(しりょう)は、＿＿＿＿＿＿＿＿＿＿ 調査の結果です。

この調査結果を基(もと)に、＿○○○○＿ についての提案をしたいと思います。

❸まず、図1をご覧(らん)ください。図1は ＿［ 結果 ］＿ を表したものです。

(例1) ＿(　　　は) ～%／割＿ {を占めています／にのぼっています／を超(こ)えています／にとどまっています}。

(例2) ＿(　　　の場合)「　　　　」＿ という回答が最も多く、次に ＿「　　　　」＿ が ＿～%／割＿ と続きました。

❹つまり、＿＿＿＿＿＿＿＿＿＿ (という)わけです。

❺では、＿＿＿＿＿＿ のでしょうか。{図2をご覧(らん)ください／図2は ＿［ 結果 ］＿ を表したものです}。

(例1) ＿(　　　は) ～%／割＿ {を占めています／にのぼっています／を超(こ)えています／にとどまっています}。

(例2) ＿(　　　の場合)「　　　　」＿ という回答が最も多く、次に ＿「　　　　」＿ が ＿～%／割＿ と続きました。

❻このことから、＿＿＿＿＿＿＿＿＿＿ (こと)がわかります。

❼そこで、＿＿＿＿＿＿＿＿＿＿ (こと)を提案したいと思います。

また、＿＿＿＿＿＿＿＿＿＿ てはどうでしょうか。

❽以上で、発表を終わります。ご質問やご意見をどうぞよろしくお願いします。

1. 126ページの図1・図2の男性または全体の結果に注目し、問題点を見つけ、利用者を増やす方法を考えなさい。

2. 1で考えた問題点と改善(かいぜん) (improve) 方法について、データを使って提案しなさい。

3. 自分でデータを探し、問題点と改善方法についてデータを使って提案しなさい。

格差社会

聴解 1　所得格差

4.Chokai_L10-1

日本の所得格差について社会学の授業で先生が話しています。「貧困層(ひんこん)」と「富裕層(ふゆう)」を表す組み合わせで正しいものは、a ～ d のどれですか。

単語　貧困層(ひんこんそう) underprivileged people　富裕層(ふゆうそう) wealthy people　資産(しさん) assets　階層(かいそう) hierarchy
中流(ちゅうりゅう) middle class　平等(びょうどう)な equal　資本主義(しほんしゅぎ) capitalism　世帯(せたい) household　改善(かいぜん)する to improve

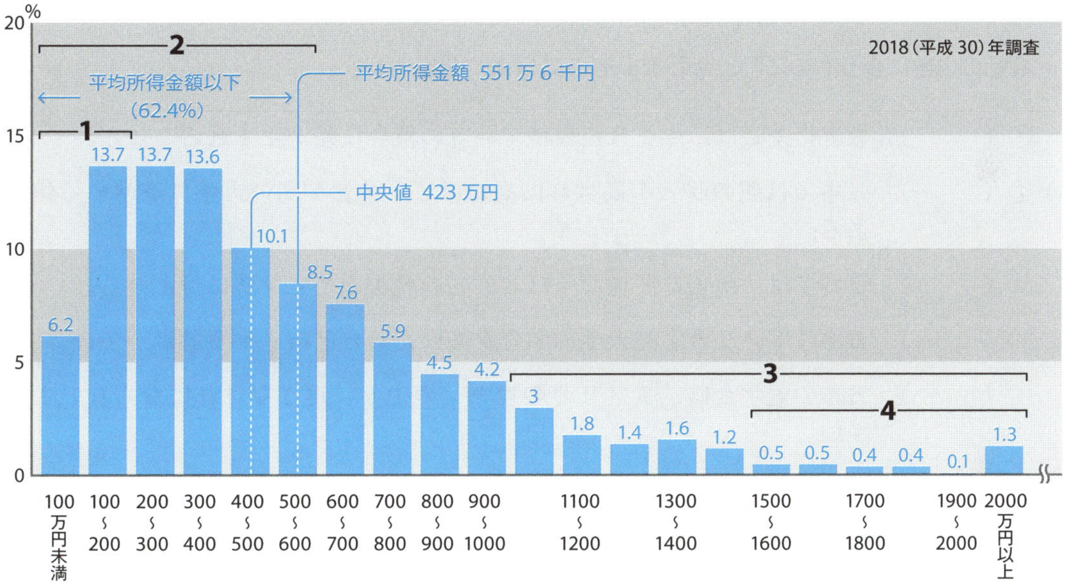

『平成 30 年 国民生活基礎調査 各種世帯の所得等の状況』（厚生労働省）より

a.　貧困層－ 1　富裕層－ 3　　b.　貧困層－ 2　富裕層－ 3

c.　貧困層－ 1　富裕層－ 4　　d.　貧困層－ 2　富裕層－ 4

聴解 2　教育格差

4.Chokai_L10-2

聞く前に

あなたの国の小学校、中学校、高校、大学は、学費や授業料がどのくらいかかりますか。

リスニング

アメリカ人のジョージと日本人の絵理(えり)が、教育格差について話しています。
会話を聞いて質問に答えなさい。

単語　私立(しりつ) private　ローンを組(く)む to get a loan　自己破産(じこはさん)する to become bankrupt

1. 会話の内容に合うものに○、合わないものに×をつけなさい。

① (　　) 教育格差とは、生まれた環境で教育の機会に差が生まれることだ。

② (　　) 日本では親の収入が高ければ高いほど、学費が高い大学に進学する傾向がある。

③ (　　) 日本では、所得に関係なくほとんどの親が子どもを塾(じゅく)に行かせる。

④ (　　) 日本はアメリカより大学の学費が高いため自己破産(じこはさん)する若者が多い。

⑤ (　　) 日本の奨学金(しょうがくきん)は、アメリカのローンのように返さなければならないものが多い。

2. 所得が高い家庭と低い家庭を比べると、子どもの時からの教育の機会にどのような違いがありますか。

3. 日本では、学費を払うために借りたお金を返せず自己破産する若者が増えています。それはどうしてですか。

ディスカッション

1. 教育格差が大きくなると、どのような問題が出てくると思いますか。

2. すべての人に教育の機会を平等(びょうどう)に与えるために、大学の学費を無料にするという方法があります。そのメリットとデメリットは何だと思いますか。

第11課

読む　言葉の裏(うら)にあるもの

書く　日本語と母語の違い

- 論説文を読んで、筆者の考えがわかる
- 言葉についての気づきと考察(こうさつ)が書ける

話す　コミュニケーションスタイル

聞く　若者のコミュニケーション

- 難しいお願いができる
- 類義語(るいぎご)の意味や使い方の違いが説明できる

言葉の裏にあるもの

読む前に・読んだ後で

読み物1 よろしく――日本語 表と裏

読む前に

1. 日本語のあいさつ表現の中で、あなたの国の言葉に訳しにくいものはありますか。

2. 人に何かを頼む時、どんな表現を使って頼みますか。

読んだ後で

3. 「よろしく」という言葉についての筆者の意見を、下の単語を使って話しましょう。

[依頼　　相手の意志や判断　　尊重　　責任　　無礼]

4. 友達から「私の知人がそちら（あなたの町）に行くから、よろしく」と連絡が来たら、あなたはどうしますか。どうしてですか。

5. どうして日本人は「よろしく」という言葉をよく使うと思いますか。
あなたの国にも「よろしく」のようによく使われる言葉はありますか。

読み物2　二重人格者の会話——日本語の復権(ふっけん)

読む前に

1. 母語で話す時と日本語で話す時を比べると、何か違いはありますか。

2. あなたは使う言語によって性格が変わりますか。

読んだ後で

3. フランス語と比較しながら、「日本語と日本人」についての筆者の意見を、下の単語を使って話しましょう。

［ 論理的　　情的　　性格　　ストレート　　あいまい ］

4. あなたの国で使われている言語は、どんな性格の人をつくると思いますか。どうしてですか。

5. 外国語を話す時、その外国語の性質に合わせて性格を変えたほうがコミュニケーションがうまくいくと思いますか。

[4]までこちらにさせるというのは――冗談ではない、あまりにも甘えすぎであり、虫がよすぎる、と思ったからだ。

「よろしく」という言葉は一見、相手の意志や判断を尊重する言い方のように思える。しかし、よく考えてみると、それは責任を相手に転嫁することによって、自分の責任をのがれようとする呪文ではないか。どのようなこと[5]であれ、判断をくだすということは、それなりに努力を必要とする。あれこれ考えることは、たいへん面倒なことなのである。その面倒な思案を放棄して相手に押しつけることは、時には無礼にもなりかね[6]ない。「よろしく」とは、別言すれば、「よきにはからえ」ということである。「よきにはからえ」などというのは殿様が家来に対して命じる言葉であり、横柄な要求以外の何ものでもないのである。

『日本語の表と裏』新潮文庫

プロフィール

森本 哲郎（もりもと てつろう）

評論家。元朝日新聞記者。世界各国を旅して回り、文明批評（ひひょう）や旅行記などを執筆（しっぴつ）。東京女子大学教授、情報番組のキャスターなど幅広く活躍した。

読み物1

よろしく――日本語 表と裏

森本（もりもと）哲郎（てつろう）

1:Yomimono_L11-1

日本人はいたるところで「よろしく」を連発する。年賀状にはきまって、「本年もどうぞよろしく」と書き、知人に何か依頼する時にも、「よろしく」といって頼む。慣用語、あるいは挨拶（あいさつ）語だといって聞き流せばそれまでだが、そういわれて誠実に相手の依頼にこたえようとすると、「よろしく」の意味がわからなくなる。

「よろしく」というのは、「よろしく心を配って欲しい」ということであろう。頼みごとをするほうは、具体的な要求を明示して頼むと相手が迷惑するだろうから、迷惑がかからないように、相手のでき得る範囲内で力を貸して欲しいと、その範囲を相手に任せているわけである。したがって、「よろしく」という言葉の意味は、「お志だけで結構です」ということにちがいない。しかし、そういわれると、頼まれた相手は具体的な要求を出されるよりも、もっと迷惑するのである。たとえば、寄付を乞われた場合、一口いくらとあれば、[1]一口なり二口なり、あるいはその金額によっては断るなりできるが、「お志」といわれると、どのていど協力すべきか思い悩まねばならない。相手に判断を強い、思い悩ませるのは、考えてみれば、ずいぶん失礼な話ではないか。（中略）

パリに半年ほど滞在していた時のことだ。「ぼくの知人の某氏がパリへ行く。よろしく」という手紙を友人から受けとったのである。私の友人は気軽にそう書いてよこしたのだが、いったい「よろしく」とは何を要求しているのか、こちらにはさっぱり見当がつかない。空港まで出迎えて欲しい、というのか、ホテルをとっておいてもらいたい、というのか、パリを案内してやってくれ、というのか、[2]一度ぐらい食事を共にしてもらえまいか、というのか。私はさんざん思い悩んだ[3]すえ、具体的な依頼がないかぎり、何もしないことにした。そのような判断

読み物 2　二重人格者の会話――日本語の復権

加賀野井（かがのい） 秀一（しゅういち）

1.Yomimono_L11-2

私の友人に、みごとな日本語をあやつるフランス人がいる。彼女と話すとき、私たちの会話は、フランス語と日本語とのあいだをくるくるとかけめぐるのだが、この二ヵ国語の交錯のなかで、いつも私は不思議な感覚におそわれる。なんだか私たちは、二人ながらに二重人格者となり、都合、四人の会話がなされているような気がしてくるのである。

たとえば、拒絶の姿勢を示すとき、彼女はほとんどフランス語を使い、「だめ、だめ（ノン・ノン）」「それは不可能よ（セ・タンポシーブル）」とやる。あるいはまた、頼みごとの場合には日本語で、「じつは、ちょっとお願いがあるんだけど」と持ちかけてくる。私の方は私の方で、はっきりした返答を求めるときには、「きみはどう考えているんだい（ケスク・チュ・パンス）」とフランス語でたずね、適当に言葉をにごしたいときには、「そうだね、まあ、考えとこう」と日本語でこたえることになる。

細かい詮索はさておくとして[7]、おおよそのところ、論理的でストレートな表現はフランス語、情的であいまいな表現は日本語でおこなうところが共通していると言えようか。いずれにしても[8]、双方が、それぞれの国語によって表現しやすい二つの人格を、いつのまにか、うまく使い分けているのは確かであるらしい。心なしか私には、彼女が日本語を使うときは「おとなしく」、フランス語を使うときは「手ごわく」見えてくるのである。

こうした事実は、おそらく、使用する言語のちがいによって、私たちの性格もまた大きく異なってくることを示している。一般によく言われるように、身ぶり手ぶりよろしく母音をふんだんに響かせるイタリア語は、陽気なイタリア人をつくり、抑制のきいたキングズ・イングリッシュは、落ち着いたイギリス人をつくるといったことも、あながち、俗論（ぞくろん）とばかりは[9]言いきれまい[2]。その点からすれば日本語は、比較的、おとなしく平板な国民を生み出しているように思われる。

さらに、ストレートな表現、あいまいな表現などが、そのままストレートな性格、あいまいな性格に通ずるものだとする[10]ならば、やはり日本語は、かなりあいまいな日本人を製造しているのではあるまいか[2]。それを検証しようとするならば、たとえば、わが同胞が女性をデートに誘うときのセリフでも考えてみるにしくはない。

あのう、よろしかったら、ちょっとそのへんで、お茶でも[11]飲んでいきませんか。

まず彼は、きっぱりと呼びかけることをせず、「あのう」という形でぼんやりと相手の注意を喚起する。続いて「よろしかったら」と言いながら、自己主張をあいまいにする。さらに、「ちょっと」とつけ加えて軽い物言いとし、「そこ」と言わず「そのへん」、「お茶」と言わず「お茶でも」とぼかすのである。当然ながら女性の方も、「ええ、では」とか、「そうね、じゃあ、まあ」とか、あいまいな返事でそれにこたえるしかなく、わがイタリアの友人などからすれば、さぞかし歯がゆい話であるにちがいない。

『日本語の復権』講談社現代新書

プロフィール

加賀野井 秀一（かがのい しゅういち）

中央大学理工学部教授。フランス語や言語学などを担当。専攻はフランス文学、現代思想、言語学。

読みのストラテジー⑱

キーワード Keywords

Words repeatedly used throughout a text are often keywords associated with the text's theme or the writer's message. By identifying the keywords in a passage, you'll have an easier time making sense of its theme or the writer's thoughts.

ストラテジー

- Look for keywords used repeatedly.
- Also pay close attention to words related to the keywords, and ones that are contrasted with keywords.

■ キーワードの例 Examples of keywords

私たち日本人は、何かにつけて遠慮する。普段いちいち意識して遠慮するわけではなく、ごく自然に遠慮している。

この日本人の「遠慮する心」に対応して発達するのが「察する心」である。私たちの能力は、所属する文化において必要とされるものは発達し、必要のないものは発達しない。アメリカ文化においては、だれもが遠慮せずにハッキリと自己主張し、相手の思いを察する能力は必要とされないため発達しない。だが、日本文化においては、だれもが遠慮してハッキリと自己主張しないため、相手の思いを察する能力が発達する。

（榎本博明『ディベートが苦手、だから日本人はすごい』朝日新聞出版）

単語 遠慮する to be diffident/reserved　察する to guess (someone's feeling)

- The words 遠慮 and 発達 appear in this passage six and five times, respectively. Their frequent use tells us that they are keywords tied to the writer's message.
- If we pay attention to the keywords 遠慮 and 発達, we find that the word 察する is related to them because it is used three times with them. At the same time, we can see that the word 自己主張, which is opposite in meaning, is used in a contrast with 遠慮 and appears twice. Accordingly, we can consider 察する and 自己主張 to also be keywords.
- We can then put together the aforementioned keywords to summarize the writer's message as 日本ではみんなが自己主張せず遠慮するので、察する心が発達する.

「よろしく――日本語 表と裏」を読んで、次の質問に答えなさい。Read よろしく―日本語 表と裏 and answer the following questions.（読み物 1）

(1) 3 回以上出てくる言葉は何か。What words appear four or more times?

(2) (1) の言葉と似ている言葉、または対比して使われている言葉はあるか。Are there any words similar to, or contrastive with, the words in (1)?

文型・表現ノート

2.Bunkei_L11

1. ～なり～なり 〈either ~ or ~〉

[読み物 1-行 16]

後輩：将来商社で働きたいんですが、大学生のうちに何をしておいたらいいでしょうか。

I'm hoping to work for a trading company in the future—what could I be doing to better prepare myself while I'm still in school?

先輩：英語の他に、スペイン語**なり**フランス語**なり**、いろいろな国で話されている言葉を学んでおいたほうがいいと思うよ。

You should learn foreign languages that are used in many countries—not just English but also, say, French or Spanish.

1 親：今日は仕事で帰るのが遅くなりそうなんだ。晩ご飯は、スーパーで何か買う**なり**、簡単なものを作る**なり**して食べてね。
子：はーい。

2 A：昨日(きのう)から頭が痛いんだよね……。
B：えっ？ それなら、薬(くすり)を飲む**なり**、病院に行く**なり**したほうがいいよ。

3 悩みがある時は一人で考え込まずに、友達**なり**、家族**なり**、身近な人に相談しましょう。

4 サラ：前に話してた夏休みの旅行だけど、行き先はどこにする？
絵理(えり)：東京(とうきょう)**なり**、京都(きょうと)**なり**、サラが行きたいところでいいよ。

V1る なり V2る なり
N1 なり N2 なり N3

- なり is used to cite examples of options or possibilities that belong in the same category. It is implied that the speaker is giving just a few examples among various other possibilities, without expressing preference for any in particular.
- Because なり implies that the speaker does not have strong opinions or preferences, it can be interpreted as meaning that the speaker is indifferent, and thus may strike the listener as impolite in some situations. Accordingly, なり is not typically used when speaking to someone of higher status.
- なり cannot be used to describe established facts, such as things that occurred in the past. It can be used, however, to enumerate examples for a hypothetical situation different from the actual past event.

例）○ 薬を飲むなり、病院に行くなりすればよかった。

I should have done something—like taking a medicine or visiting a doctor's office.

× 薬を飲むなり、病院に行くなりした。

- As shown in 3 and 4, N3 in "N1 なり N2 なり N3" takes a noun that refers to the category that N1 and N2 belong in.

2. ～まい 〈should not ~; will not ~〉

［読み物 1- 行 28
読み物 2- 行 23･27］

みんなで何度も見直したのだから、この書類に間違いはある**まい**。
We all proofread this document multiple times, so there should be no mistakes.

1 私が小学生の時歌手として活動していたということは、クラスメートの誰も知る**まい**。

2 いくら父親との関係が悪かったとしても、彼は親にそんなひどいことは言う**まい**。

3 スペインからお客様が来た時に通訳をしてくれ**まい**かと上司(じょうし)に頼まれた。

4 政府は国民の生活のことを一番に考えるべきではある**まい**か。

5 彼には何度もうそをつかれた。この前、もう決して彼のことを信じ**まい**と決めたのに、またまただまされてしまった。

6 この店は料理がまずいだけでなくサービスも悪い。もう二度とこんな店に来る**まい**。

Vる まい

• ～まい can be used in two ways: (a) to express the speaker's speculation that something is not the case (1 through 4), and (b) to state the speaker's determination not to do something (5 and 6).
• Generally, まい is attached to the dictionary form of verbs, but in case of *ru*-verbs, it can also be used with the stem form (V~~ます~~), as shown in 3 and 5.
• ～てくれまいか and ～てもらえまいか are formal, written forms of ～てくれないだろうか and ～てもらえないだろうか that are often used to quote a request 3.
• ～(の)ではあるまいか in 4 is a formal/written equivalent of ～(の)ではないだろうか.
• When this structure is used to state the speaker's determination not to do something, phrases such as 決して and 二度と are often added (examples 5 and 6).

3. ～すえ(に) 〈after ~; finally〉

［読み物 1- 行 29］

散々(さんざん)悩んだ**すえ**、来月、帰国することにした。
After debating it for a very long time, I finally decided to move back to my home country.

1 どれを買おうかいろいろ迷った**すえ**、少し高いが機能がいいものにした。

2 両親と何度も話し合った**すえ**、大学には進学しないことにした。

3 ５時間もの会議の**すえに**結局何も決まらなかったのは、非常に残念だ。

4 今回の選挙(せんきょ)は、接戦の**すえ**、わずかな差で鈴木(すずき)さんが田中(たなか)さんに勝った。

5 先輩：卒論のテーマについて悩んでいたみたいだったけど、あれからどうした？
後輩：何度も研究テーマを変えた**すえに**、やっとやりたい研究が見つかりました。

Vた / Nの ｝すえ(に)

• X すえに Y indicates that the speaker finally came to do Y after going through a complicated process (X).
• To emphasize that the process (X) was long and complicated, adverbs such as いろいろ, 何度も, 散々(さんざん) and 長い間 are often used.
• Y often includes adverbs such as 結局, ついに, やっと and 最後には.

4. Nまで 〈even〉

［読み物1-行31］

A：山下(やました)さんって、ブランドものが好きですよね。
Mr. Yamashita really likes high end fashion brands.

B：ええ。ペットの犬に**まで**ブランドの服を着せていたから、びっくりしました。
Yeah, I was surprised because even his dog was dressed in brand clothing.

[1] 彼は小さい頃からテニスがうまかったが、いつの間(ま)にかオリンピックに**まで**出ていたので驚いた。

[2] A：以前と比べて、SNSをしている人が増えましたよね。
B：ええ。最近は若者だけでなくお年寄り**まで**やっているそうですよ。

[3] A：いつでもどこでもスマートフォンを使っている人が多いですよね。
B：ええ。おふろの中に**まで**持っていく人もいるようですよ。

[4] 私のピアノの先生はとても厳(きび)しい。最近、好きだったピアノそのもの**まで**嫌いになってきた。

N (prt.) まで

- Nまで connotes that the speaker is surprised that what is being discussed is in a range (N) that is beyond normal expectations.
- The particles は, が, を and も are replaced by まで as in [2] and [4].

例）お年寄りが　　SNSを使っている。
　　お年寄り~~が~~までSNSを使っている。

- Other particles (e.g., で, に, と, など) precede まで, and take the word order "N + particle + まで," as shown in [1] and [3].

例）スマートフォンをおふろの中に　　持っていく。
　　スマートフォンをおふろの中にまで持っていく。
　　I take my smartphone everywhere　even to the bathroom.

5. Nであれ 〈regardless of N〉

［読み物1-行37］

どんなに優秀(ゆうしゅう)な人**であれ**、失敗することもある。
People make mistakes—regardless of how talented or skilled they are.

[1] コーチ：相手がどんなに強いチーム**であれ**、試合をする前にあきらめてはいけない。あきらめたら、そこで負けだ。
選手　：はい！

[2] A：リーさん、サモスン社に就職が決まったけど、仕事内容が気に入らないんだって。
B：どんな仕事**であれ**、あんな大企業で働けるのはいいことだと思うけどなあ。

[3] 晴れ**であれ**、雨**であれ**、マラソン大会は予定通り行われる。

4 たとえどんなに小さな国**であれ**、その国独自の法律(ほうりつ)が存在する。

5 理由が何**であれ**、人を傷つけることを言うべきではない。

N であれ

- N であれ X is a written equivalent of N でも X.
- N often takes noun phrases that include interrogatives (e.g., 誰 , 何 , どう , いつ , どんな).
- N_1 であれ N_2 であれ means "regardless of whether it is N_1 or N_2." N_1 and N_2 are nouns that belong in the same category (see 3).
- As in 4, using たとえ at the beginning of the sentence emphasizes the whole sentence (i.e., that X stands regardless of N).
- N であろうと is synonymous with N であれ .

例）理由が何であろうと、人を傷(きず)つけることを言うべきではない。（=5）

6. ～かねない 〈could ~; might ~〉

[読み物 1- 行 40]

A：最近、働きすぎですよ。少し休まなければ、病気になり**かねません**よ。

You have been working a lot lately. You might end up getting sick if you don't get some rest.

B：そうですね。今日は早く帰ります。ありがとうございます。

Yeah. I'll leave early today. Thank you.

1 車を運転しながらスマホを使っていると、事故(じこ)を起こし**かねない**。

2 小さな問題を放っておくと、いつか大きな問題になり**かねない**。

3 借りたお金をすぐ返さないと、相手の信用を失い**かねない**。

4 エマ：トムはホストファミリーにご飯がまずいって言ったそうだよ。
　サラ：えっ、本当？! でも、トムなら言い**かねない**ね。彼はうそがつけない性格だから。

V ~~ます~~ かねない

- V かねない states that there is a possibility that something bad (V) might occur.
- As shown in 4, when discussing actions of a person or a group of people, the subject is introduced with なら (i.e., 人 / グループなら V かねない). This structure expresses the speaker's concern that the person or the group of people might end up doing something bad (V) based on their actions in the past or their character.

☛ ～かねる 〈can't deal with ~; can't bring oneself to ~〉

～かねる means that the subject cannot bring himself/herself to do something—even if he/she wanted to do it—because of a psychological barrier.

例 1）今晩のパーティーに行こうかどうしようか、決めかねている。

I'm debating (and cannot decide) whether or not I should go to the party tonight.

This structure cannot be used to express someone's inability to do something because of physical constraint or lack of ability.

例 2）× 勉強したことがないので、フランス語を話しかねる。

○ 勉強したことがないので、フランス語が話せない。

I can't speak French because I have never studied it.

In business settings such as customer services, ～かねる is often used as a formal and indirect way to state that the subject cannot do V even though he/she would like to do it.

例 3）客　：このパソコンのこと、教えていただけませんか。

Can you tell me about this computer?

店員：申し訳ございません。私ではわかりかねますので、他の者を呼んできます。

I'm very sorry but I'm unable to answer questions. I'll get someone else to assist you.

7. Nはさておくとして／さておき 〈aside from N; leaving aside N〉 ［読み物 2- 行 12］

過去のことは**さておくとして**、これからのことについて話し合いましょう。

Let's put things in the past behind us, and start talking about the future.

1 冗談（じょうだん）**はさておくとして**、そろそろ仕事を始めましょう。

2 父の料理は、見た目**はさておくとして**、味は保証（ほしょう）できる。

3 プライベート**はさておくとして**、ビジネスシーンでは丁寧な言葉遣（ことばづか）いをしなければいけない。

4 試合の結果**はさておき**、全力（ぜんりょく）を出し切れたので後悔（こうかい）はない。

5 何**はさておき**、学生は勉強が大切だ。

N は ｛さておくとして／さておき｝

- N はさておくとして / さておき means "aside from N," and it is used to change the topic or move on with the discussion. さておき is more commonly used than さておくとして.
- 何はさておき, as in 5, is an idiomatic expression that means "first of all," or "before everything."

8. いずれにしても／せよ／しろ 〈anyway; either way; in any case〉 ［読み物 2- 行 14］

A：今回のプロジェクト、興味が持てなくて、やる気が起きないんですよ……。

I'm just not interested in the current project, and I can't motivate myself.

B：**いずれにしても**進めなければいけないんだから、すぐ始めたほうがいいですよ。

You'll have to finish it anyway, so you should start working on it soon.

1 研(けん)は家から来るかバイト先から来るかわからないが、**いずれにしても**サークルの練習に遅れるらしい。

2 A：明日の映画、２時の回にする？４時の回にする？
B：どっちでもいいよ。でも、**いずれにしても**、早く予約しないと席がなくなっちゃう。

3 いつかはまだ決めていないが、**いずれにせよ**、今月中に市役所(しやくしょ) (city hall) に行かなければならない。

4 A：この服、もう少し安くなるのを待っているんだけど、なかなか安くならなくて……。
B：**いずれにしろ**買うのであれば、早く買ったほうがいいよ。売れてしまうこともあり得るからね。

いずれに｛しても／せよ／しろ｝

- いずれにしても X implies that there are multiple paths or possibilities, but X is bound to happen regardless of the situation.
- いずれにせよ and いずれにしろ are synonymous with いずれにしても, but are slightly more formal.

9. ～とばかりは言えない 〈cannot necessarily say that ~〉

［読み物 2- 行 22］

A：最新モデルのパソコンが欲しいんだけど、高いんだよね。
I want the latest model of a computer but it's expensive.

B：新しい製品がいい**とばかりは言えない**よ。古いのも見てみたら？
The latest models aren't necessarily the best ones available. Why don't you check out the older models, too?

1 大学の勉強で大切なことは知識を得ることである**とばかりは言えない**だろう。得た知識をどのように使うかも大切だ。

2 本をよく読む人ほど幅広い知識を持っていると言われる。しかし、一概にそう**とばかりは言えない**。

3 母：れん、お兄ちゃんなんだから、弟を泣かせてはだめでしょ？
父：まあ、どちらか一方が悪い**とばかりは言い切れない**よ。双方からけんかした理由を聞いてみようよ。

4 風邪(かぜ)をひいた時は、首にネギを巻いたらいいという話があるが、ネギには疲労(ひろう)を回復(かいふく)する成分(せいぶん)が含まれているらしいから、あながち間違い**とばかりは言い切れまい**。

普
*なＡ だ／である
*Ｎ（だ）／である
｝**とばかりは言えない**

- X とばかりは言えない means that what is expressed in clause X is not conclusive, or not necessarily, true. X とばかりは言い切れない is also used to point out that the statement cannot be asserted.

10. N とする 〈consider; think; decide〉

[読み物 2- 行 26]

A：新しい先生が、「遅刻３回で欠席１回分**とします**」って言ってたよ。

The new teacher said that being late to class three times will be counted as one absence.

B：えーっ。厳(きび)しいな。

Really? That's strict!

1 この試験は 70 点以上を合格**とする**。

2 卒業パーティーに参加する場合は、返信をお願いします。返信がない場合は、参加しないもの**とします**。

3 昔は子どもの世話は、女性の仕事**とされて**いた。

4 結婚式にアニマル柄(がら)の服を着て行くのはよくないことだ**とされて**いる。

N とする

- N とする means something is considered as N, or something is decided to be N.
- As in 3 and 4, this structure is used often in the passive form (i.e., N とされる).

11. N でも 〈for example; (how about you do) such-and-such〉

[読み物 2- 行 30]

A：ああ、疲れた……。

Ah, I'm tired . . .

B：甘いもの**でも**食べたら？ 元気が出るよ。

Why don't you eat something sweet? It'll help you feel better.

1 A：そろそろ出かけようよ。
B：もう少し準備に時間がかかるから、テレビ**でも**見て 10 分待ってて。

2 A：ねえ、この漢字の読み方教えて。
B：また？ 人に聞かないで、スマホで**でも**調べてみたら？

3 A：今度の三連休(さんれんきゅう)、久しぶりにどこかに行きたいなあ。
B：じゃあ、温泉旅行に**でも**行かない？

4 母　　：家でごろごろしてばかりいないで、外で友達と**でも**遊んできたら？
子ども：うーん、どうしようかな。

N (prt.) でも

- N でも mentions one example of ideas, and implies that there are other options as well.
- The example mentioned by でも does not significantly change the speaker's main point with or without it, but N でも can be used to give mild suggestions or directions without a forcible tone.
- The particles を, が, は and も can be replaced by でも, as shown in 1. Other particles such as で, に and と, precede でも and take the form "N + particle + でも" (see 2, 3 and 4).

書く

日本語と母語の違い

1 モデル作文

日本語と母語で意味や使い方が違う言葉を比較する。

「難しい」は難しい

ジョージ・テイラー

❶ 序論（じょろん）

日本語を勉強していると、母語である英語との違いに気がつく。似ていても意味や使い方が少し違う言葉、日本語にはあるが英語にはない言葉など、違いを考えるとおもしろい。例えば、「難しい」も使い方や意味合いが違う言葉の一つだ。

❷ 本論 (1) 違いに気がついたきっかけ

その違いに気がついたのは、(a) 国際交流サークルのイベントとして1週間の旅行を提案した時のことだ。先輩に「その企画は難しいと思う」と言われたが、私は「難しいからこそ、やってみたい」と考え、企画書を直してもう一度先輩に相談しに行った。ところが、「その企画は難しいって言ったよね。他のを考えて」と言われ、他のイベントを企画することになってしまった。そこで、ようやく日本語の「難しい」には英語とは違う意味があることに気がついた。

❸ 本論 (2) 比較

まず、(b) 日本語の場合、何かを提案した時に「難しい」と言われたら、「無理」という意味であることが多いようだ。それに対して、英語の場合、このような時に「difficult（難しい）」と言われても「無理だ」という意味だとは考えない。むしろ、「難しいということは、“challenging（努力すれば実現できるレベル）”で、やってみる価値があるということだ」と考えることが多い。

❹ 結論

「難しい」という言葉は初級で習った簡単な日本語だが、異文化間のコミュニケーションの難しさを実感させられた。

単語　提案する（ていあん） to propose　企画（きかく） planning　ようやく finally

■ 段落構成

段落の役割		内容	書くポイント
❶ 序論		・違いがある言葉を導入する	
❷ 本論（1）	違いに気がついたきっかけ	・違いに気がつくきっかけとなった経験を紹介する	(a)
❸ 本論（2）	比較	・意味や使い方の違いを説明し、比較する	(b)
❹ 結論		・違いや経験についてまとめる	

■ 書くポイント

1. ❷本論（1）で、「～のは～時のことだ」を使って、経験談を導入する。…… (a)

（行 7）　その違いに気がついた**のは**国際交流サークルのイベントとして１週間の旅行を提案した**時のことだ**。

2. ❸本論（2）で、対比の表現を使って比較する。…… (b)

（行 14～17）　**まず、日本語の場合、**……ようだ。
それに対して、英語の場合、……とは考えない。

2 タスク

■ 書く前に

（1）日本語と母語で、言葉の意味合いや使い方が違って驚いた経験がありますか。それはどんな言葉ですか。

（2）その違いに気がついたきっかけは何ですか。

（3）その日本語の言葉は、母語の言葉と意味や使い方がどのように違いますか。

（4）その違いについて感じたことは何ですか。

■ 書いてみよう

日本語の言葉と、それに似ている母語の言葉を比べて、その違いを説明しなさい。「書くポイント」を使って、モデル作文のような４段落構成で「だ体」で書きなさい。（500～600 字）

話す

コミュニケーションスタイル

会話 1 難しいお願い

1-1 やってみよう

1）「難しいお願い」について話し合いなさい。

① 相手が「できません」と言うような難しいお願いをしたことがありますか。

② 難しいお願いをする時、どうやって交渉(こうしょう)します (negotiate) か。どんなことに気をつけたら、相手にそのお願いをきいてもらえると思いますか。

2）1）で考えたことを使って、ロールプレイをしなさい。

フォーマルな会話

A あなた（学生）	B A の先生
来週授業で発表しなければいけませんが、理由があって別の日に発表がしたいです。先生に上手にお願いしなさい。	A さんが話しかけます。対応しなさい。

1-2 聞いてみよう

3.Kaiwa_L11-1

1）モデル会話を聞いて、下の質問に答えなさい。

① メイリンは誰に何についてお願いしましたか。

② それはどうしてですか。

2）メイリンは何と言っていましたか。

① もっとお願いする時

こちらの ______________________________ が、

今回だけでも ____________________ いただけないでしょうか。

② 条件を出して交渉（こうしょう）する (negotiate) **時**

では、____________ を ________________ を見つけてきますので、

なんとか ____________ いただけないでしょうか。

③ 会話を終える時

____________ を言って、____________________ 。

1-3 モデル会話

3.Kaiwa_L11-1

フォーマルな会話

発表の担当

授業後、ワン・メイリン（メ:）が中村先生（中:）に話しかける。

メ: ❶ 先生、すみません。今、ちょっとよろしいでしょうか。
折(お)り入(い)ってご相談したいことがあるんですが……。

中: 何ですか。

メ: ❷ あの、来週の発表**のことなんですが。**

中: ええ。

メ: ❸ **実は、**その日に興味がある会社の企業説明会がありまして……。直前(ちょくぜん)のことで**申し訳ありませんが、**授業を欠席(けっせき)させていただきたい**ので、**発表の日を別の日に変え**ていただけないでしょうか。**

中: 発表、来週ですよね？ 困(こま)りましたね……。

メ: ❹ 留学生対象の説明会はこの日しかないので、どうしても参加したいんです。
こちらの都合で申し訳ございませんが、今回**だけでもご配慮いただけないでしょうか。**

中: うーん、でも、授業のスケジュールは変えられないので……。

メ: ❺ **では、**発表の日を代わってくれる人を見つけてきます**ので、なんとかご検討(けんとう)いただけないでしょうか。**

中: わかりました。今回だけですよ。

メ: ありがとうございます。代わりの人が見つかりましたらお知らせします。

中: はい、お願いします。

メ: ❻ **勝手を言って、申し訳ありません。**

単語 折(お)り入(い)ってご相談(そうだん)したいことがあるのですが May I ask a very special favor of you?
企業説明会(きぎょうせつめいかい) job fair　直前(ちょくぜん)のこと last minutes notice　欠席(けっせき)する to be absent
配慮(はいりょ)する to consider　なんとか(〜する) to manage (to do)　検討(けんとう)する to think over
勝手(かって)(を言(い)う) to be selfish

フローチャート

あなた：難しいお願いをする	先生：お願いされる
❶ 話しかける 今、ちょっとよろしいでしょうか。 **折り入って**ご相談したいことがあるんですが……。	
	何ですか。
(❷ 話を切り出す) あの、来週の発表**のことなんですが。**	
	ええ。
❸ 理由を言ってお願いする **実は、**その日に興味がある会社の企業説明会がありまして……。 直前のこと**で申し訳ありませんが、**(授業を欠席させていただきたい**ので、**)発表の日を別の日に変え**ていただけないでしょうか。**	
	それは困りましたね……。
❹ 状況を詳しく説明し、もう一度強くお願いする 留学生対象の説明会はこの日しかないので、どうしても参加したいんです。**こちらの都合で申し訳ございませんが、今回だけでもご配慮いただけないでしょうか。**	
	うーん、でも、やっぱり難しいですね。
❺ 条件を出して交渉する (negotiate) **では、**発表の日を代わってくれる人を見つけてきます**ので、なんとかご検討いただけないでしょうか。**	
	わかりました。今回だけですよ。
❻ お礼を言って、会話を終える ありがとうございます。 **勝手を言って、申し訳ありません。**	

1-4 練習しよう

▶ のパターンを使って話してみましょう。

❶ 話しかける（➔ ❷ 話を切り出す）➔ ❸ 理由を言ってお願いする
➔ ❹ 状況を詳しく説明し、もう一度強くお願いする
➔ ❺ 条件を出して交渉する（negotiate）
➔ ❻ お礼を言って、会話を終える

あなた：❶ 今、ちょっとよろしいでしょうか。**折り入ってご相談したいことがあるんですが……。**

先生：何ですか。

（あなた：❷ あの、来週の発表 **のことなんですが……。**

先生：ええ。）

あなた：❸ **実は、** その日に興味がある会社の企業説明会がありまし **て……。**
直前のこと**で申し訳ありませんが、** 授業を欠席させていただきたい **ので、** 発表の日を別の日に変え **ていただけないでしょうか。**

先生：それは困りましたね……。

あなた：❹ 留学生対象の説明会はこの日しかないので、どうしても参加したいんです。 **こちらの都合で申し訳ございませんが、** 今回 **だけでもご配慮いただけないでしょうか。**

先生：うーん、でも、やっぱり難しいですね。

あなた：❺ **では、** 発表の日を代わってくれる人を見つけてきます **ので、なんとかご検討いただけないでしょうか。**

先生：わかりました。今回だけですよ。

あなた：❻ ありがとうございます。**勝手を言って、申し訳ありません。**

1. 来週試験を受けなければいけませんが、理由があって別の日に受けたいです。
先生に上手にお願いしなさい。

2. レポートの締め切りを延長してほしいです。先生に上手にお願いしなさい。

3. 自分で考えよう。

カジュアルな会話にチャレンジ！

1 ロールプレイをやってみよう

A あなた

あなたは、来週友達に
ペットを預かって (look after)
もらいたいと思っています。
上手にお願いしなさい。

B Aの友達

Aさんの話を聞いて、
対応しなさい。

2 練習しよう

あなた：❶～さん、ごめん。今、ちょっといい？ **折り入って相談したいことがあるんだけど。**

友達：何？

あなた：❸**実は、**＿来週、大学のゼミのみんなと九州に行くことになっ＿**て……。**
急なことで**悪いんだけど、**＿ペットの猫を預かってくれ＿**ない？**

友達：えっ、困ったなあ……。

あなた：❹❺＿研究テーマに役立ちそうだから、どうしても行きたいんだ。他にお願いできる人がいなくて……＿。＿２日間＿**だけでもなんとかお願いできない？**＿帰ってきたら何かごちそうするから＿。お願い！

友達：（例 1）じゃあ、まあ、なんとかするよ。
（例 2）しかたないなあ。

あなた：本当？ ❻**無理言って、ごめんね。**ありがとう。

単語 ゼミ seminar

▶ 友達に物を借りていますが、返すのをもう少し待ってほしいと思っています。
上手にお願いしなさい。

会話2　類義語（るいぎご）の比較

2-1　やってみよう

1）今まで習った言葉で、同じような意味を持っていて使い方の違いがよくわからないという言葉がありますか。その違いを知るために、何でどんなことを調べますか。

2）①〜⑤の言葉は、同じような意味を持っていますが、意味や使い方（対象、一緒に使う言葉、助詞など）が少し違います。①〜⑤から1つ選び、どう違うか説明してみましょう。

①「用意する」と「準備する」

②「勤める」と「働く」

③「発達する」と「発展する」

④「感激する」と「感動する」

⑤「叱（しか）る」と「怒る」

2-2　聞いてみよう

3.Kaiwa_L11-2

1）モデル会話を聞いて、下の表を完成させなさい。

英語では	「尊敬」 「尊重」	①どちらも“＿＿＿＿＿＿＿＿”と訳される。
日本語では	「尊敬」 「尊重」	②＿＿＿＿＿＿＿＿というわけではない。
意味	「尊敬」	③相手の＿＿＿＿＿＿や＿＿＿＿＿＿を「すごい、すばらしい」と感じること。
	「尊重」	④＿＿＿＿＿＿で大切にすること。
使い方	「尊敬」	⑤＿＿＿＿＿＿に対して使われる。
	「尊重」	⑥＿＿＿＿の＿＿＿＿＿＿や＿＿＿＿＿＿に対して使われる。

2）ジョージは何と言っていましたか。

① **導入する時**

みなさんは「尊敬」と「尊重」の使い方が

＿＿＿＿＿＿＿＿＿＿＿＿＿＿＿＿＿＿＿＿はありませんか。

② **注意点を述べる時**

「尊敬」を使わなければいけない時に「尊重」を使ってしまうと、

まったく意味が＿＿＿＿＿＿＿＿＿＿＿＿＿＿＿＿＿＿＿＿が、

少し変な日本語になってしまうので、＿＿＿＿＿＿＿＿てください。

2-3 モデル会話

🎧3.Kaiwa_L11-2

フォーマルなスピーチ

ややこしい日本語

日本語の授業で、ジョージ・テイラー（ジ:）が似た意味を持つ日本語の使い方の違いについて発表している。

ジ: ❶最近、授業で「尊重」という言葉を習いましたが、みなさんは「尊敬」と「尊重」の使い方がわからなくなるということはありませんか。私はよくこの２つを混同(こんどう)してしまいます。

❷「尊敬」も「尊重」も、**どちらも**英語では“respect”と訳される**という点では共通しています。**❸**しかし、**日本語では２つの言葉は置(お)き換(か)え可能**というわけではありません。**今日は、「尊敬」と「尊重」**の意味と使い方に注目し、違いを考えたいと思います。**

❹**まず、意味の面から比較します。**「尊敬」**は、**相手の人格や行動などを「すごい、すばらしい」と感じ、「自分もあの人みたいになりたい」と思う**ことです。一方、**「尊重」**は**軽く見ないで大切にする**ことです。つまり、**「尊敬」はあこがれの感情**を表し、**「尊重」はモラルや常識から判断して何かを大切にする**という意味を表します。**

❺**次に、使い方に注目すると、**「尊敬」**は**「人」**に対して使われますが、**「尊重」**の場合は、**「人の意見や意思」**に対して使われます。よって、**「尊敬」**は**「親を尊敬する」、「上司(じょうし)を尊敬する」**などのように使われ、**「尊重」**は**「相手の意見を尊重する」、「相手の文化を尊重する」、「人権(じんけん)を尊重する」**などのように使われます。**

❻**まとめると、**「尊敬」**は**人**に対して使われ、**その人がすごい、すばらしいと思う**時に使う言葉です。それに対して、**「尊重」**は**人の意見や意思**に対して使われ、**それを大切にしようと思う**時に使う言葉です。**❼「尊敬」を使わなければいけない時に「尊重」を使ってしまうと、まったく意味が通じないわけではありませんが、少し変な日本語になってしまうので、使い方には十分注意してください。

単語 ややこしい confusing　混同(こんどう)する to mix up　置(お)き換(か)える to replace　人格(じんかく) personality
常識(じょうしき) common sense　人権(じんけん) human right

フローチャート

あなた：スピーチをする

導入

❶ 相手の注意を引き、2つの類義語 (synonyms) を紹介する

みなさんは「尊敬」と「尊重」の使い方がわからなくなるということはありませんか。私はよくこの２つを混同してしまいます。

❷ 共通点を述べる

「尊敬」も「尊重」も、どちらも英語では “respect” と訳されるという点では共通しています。

❸ 同じではないことを述べ、これから話す内容を説明する

しかし、日本語では２つの言葉は置き換え可能というわけではありません。今日は、「尊敬」と「尊重」の意味と使い方に注目し、違いを考えたいと思います。

比較

❹ 意味の比較をする

まず、意味の面から比較します。「尊敬」は、相手の人格や行動などを「すばらしい」と感じ、「自分もあの人みたいになりたい」と思うことです。一方、「尊重」は軽く見ないで大切にすることです。
つまり、「尊敬」はあこがれの感情を表し、「尊重」はモラルや常識から判断して何かを大切にするという意味を表します。

❺ 使い方の比較をする

次に、使い方に注目すると、「尊敬」は「人」に対して使われますが、「尊重」の場合は、「人の意見や意思」に対して使われます。
よって、「尊敬」は「親を尊敬する」「上司を尊敬する」などのように使われ、「尊重」は「相手の意見を尊重する」などのように使われます。

まとめ

❻ 結論を述べる

まとめると、「尊敬」は人に対して使われ、その人がすごい、すばらしいと思う時に使う言葉です。それに対して、「尊重」は人の意見や意思に対して使われ、それを大切にしようと思う時に使う言葉です。

❼ 注意点を述べる

「尊敬」を使わなければいけない時に「尊重」を使ってしまうと、まったく意味が通じないわけではありませんが、少し変な日本語になってしまうので、使い方には十分注意してください。

2-4 練習しよう

▶ パターンを使って準備してから話してみましょう。

❶ 相手の注意を引き、2つの類義語(るいぎご) (synonyms) を紹介する → ❷ 共通点を述べる → ❸ 同じではないことを述べ、これから話す内容を説明する → ❹ 意味の比較をする → ❺ 使い方の比較をする → ❻ 結論を述べる → ❼ 注意点を述べる

あなた：❶みなさんは ＿＿＿＿＿ ことはありませんか。私はよく ＿＿＿＿＿ 。

❷「＿A＿」も「＿B＿」も、どちらも ＿＿＿ という点では共通しています。

❸しかし、＿＿＿＿＿ というわけではありません。今日は、「＿A＿」と「＿B＿」の意味と使い方に注目し、違いを考えたいと思います。

❹まず、意味の面から比較します。

「＿A＿」は ＿＿＿ ことです。一方、「＿B＿」は ＿＿＿＿ ことです。

つまり、「＿A＿」は ＿＿＿＿＿ を表し、「＿B＿」は ＿＿＿＿＿ (という意味) を表します。

❺次に、使い方に注目(ちゅうもく)すると、「＿A＿」は ＿＿＿ {に対して／などの言葉と／という助詞が} 使われますが、「＿B＿」の場合は ＿＿＿ {に対して／などの言葉と／という助詞が} 使われます。

よって、「＿A＿」は ＿＿＿＿＿＿＿ などのように使われ、「＿B＿」は ＿＿＿＿＿＿＿ などのように使われます。

❻まとめると、「＿A＿」は ＿[使い方]＿ 使われ、＿[意味]＿ 言葉です。それに対して、「＿B＿」は ＿[使い方]＿ 使われ、＿[意味]＿ 言葉です。❼ ＿＿[注意点を述べる]＿＿ 。

1. 「2-1. やってみよう」の 2) (p. 156) で違いを説明した言葉を、もう一度説明しなさい。アウトラインを考えてから話しなさい。

2. 1. とは違う言葉を選び、違いを説明しなさい。
インターネットの辞書などで例文をたくさん調べてみよう。対象や一緒に使う言葉、助詞などに注目して、分析(ぶんせき)して (analyze) みよう。

若者のコミュニケーション

聴解 1　言葉の変化

4.Chokai_L11-1

「言葉の変化」というタイトルで言語学の先生が大学の講演会で話しています。
「見れる」と「読まさせていただく」は、それぞれ 1 ～ 4 の段階（だんかい）(stage) のどれですか。

単語 国語教育（こくごきょういく） first language education　誤用（ごよう） misuse　抜（ぬ）く to remove　もはや～ない no longer
最終的（さいしゅうてき）に finally　定着（ていちゃく）する to settle　本来（ほんらい）の original　揺（ゆ）れ wavering of words
少数派（しょうすうは） minority　完全（かんぜん）な complete

◆ どちらの言い方を普通使うか

（数字は%）

	（ア）を使う	（イ）を使う	どちらも使う	分からない
（ア）今年は初日の出が見られた （イ）今年は初日の出が見れた	**44.6**	**48.4**	6.5	0.4
（ア）私が読ませていただきます （イ）私が読まさせていただきます	**71.9**	**23.2**	4.3	0.6

文化庁「平成 27 年度『国語に関する世論調査』」より抜粋

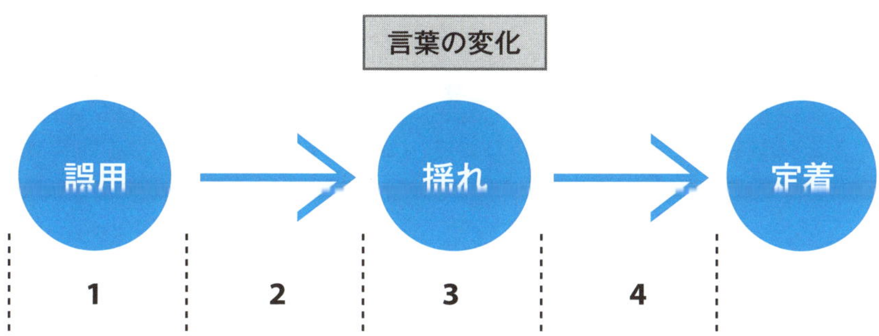

a.「見れる」　　　　　（　　　）

b.「読まさせていただく」（　　　）

聴解 2 SNSとコミュニケーション

4.Chokai_L11-2

聞く前に

友達とコミュニケーションをとるのに、どんな方法を使っていますか。

リスニング

ジョージとサラが、若者のコミュニケーションについて話しています。
会話を聞いて、質問に答えなさい。

単語 SNS Social Networking Service　低下(ていか)する to decline　やりとり exchange
意思疎通(いしそつう)を図(はか)る to communicate　スタンプ sticker　仲間内(なかまうち) among one's people
読(よ)み取(と)る to perceive　対面(たいめん) face to face

1. 会話の内容に合うものに○、合わないものに×をつけなさい。

① (　　) サラによると、SNSのコミュニケーションでは言葉で表現する機会が少ない。

② (　　) ジョージは、SNSのおかげで、やりとりの内容が濃くなるし、やりとりする人数も増えるのでいいと思っている。

③ (　　) サラはSNSのおかげで自分とは趣味が違う人と出会えるのが魅力(みりょく)だと感じている。

④ (　　) サラはSNS上と実際の社会での人との付き合いは違うと思っている。

⑤ (　　) ジョージは、SNS上でのコミュニケーションをもっと重視すべきだと思っている。

2. サラによると、SNS上のコミュニケーションと対面でのコミュニケーションはどう違いますか。2つ挙げなさい。

ディスカッション

1. SNSは対面でのコミュニケーション能力の低下に影響があると思いますか。どうしてですか。

2. SNSを利用することで、どのようなコミュニケーション能力が上がると思いますか。

第12課

読む　発想(はっそう)の転換(てんかん)

書く　小論文

- ビジネス書を読んで、その経営哲学(けいえいてつがく)がわかる
- 寓話(ぐうわ)を含んだ文章(ぶんしょう)を読んで、筆者の主張がわかる
- 小論文が書ける

話す　人や社会とのつながり

聞く　求められる人材

- 別れの時に感謝(かんしゃ)の気持ちが伝えられる
- ディベートができる

読む

発想の転換

読む前に・読んだ後で

読み物 1　奇跡の職場　新幹線清掃チームの"働く誇り"

読む前に

1. 清掃の仕事にどんなイメージがありますか。

2. 「テッセイ (TESSEI)」「7 分間の奇跡 (7 minute miracle)」について調べてみましょう。

読んだ後で

3. テッセイの特徴について、下の単語を使って話しましょう。

［ 清掃　3K　やる気　現場　全員経営
サービス　お金にならない　自己肯定感 ］

4. 現場ありきの「全員経営」(行 23) のメリット、デメリットは何だと思いますか。

5. 「スタッフをやる気にさせる取り組みが国内外で評価され」(行 54) とありますが、職場でスタッフをやる気にさせるために必要なことは何だと思いますか。

読み物2 あらしのよるに

読む前に

1. 一般的にオオカミとヤギは、お互(たが)いどんな関係ですか。

2. あなたはどんな寓話(ぐうわ) (fable) やファンタジーを知っていますか。それにはどんな教訓(きょうくん) (moral lesson) がありますか。

読んだ後で

3. 筆者の主張を、下の単語を使って話しましょう。

あらしのよるに	オオカミ	ヤギ	
敵対関係	友好的	常識	人間

4. 3の筆者の主張についてどう思いますか。賛成できる点、賛成できない点がありますか。

5. 考え方や気持ちの持ち方で変えられると思う常識はありますか。それはどんなことですか。

読み物1　奇跡の職場　新幹線清掃チームの“働く誇り(ほこ)”

矢部輝夫(やべてるお)

1.Yomimono_L12-1

◆7分で新幹線をきれいにし、定刻通り運行する集団

私たちテッセイこと株式会社(かぶしきがいしゃ)JR東日本(ひがしにほん)テクノハートTESSEIは、東北(とうほく)新幹線や上越(じょうえつ)新幹線のお掃除を担当する「お掃除の会社」です。テッセイの新幹線清掃、その最大の特徴は「掃除の速さ」にあります。CNNの番組内で“7 minute miracle”と表現されたように、たった7分で新幹線をきれいに掃除してしまうのです。

清掃といっても[1]、座席の下や物入れにたまったゴミをかき集め、座席の向きを進行方向に戻し、100席すべてのテーブルを拭(ふ)き、窓のブラインドを上げ、窓枠(わく)を拭き、座席カバーを交換し、忘れ物をチェックし、もし忘れ物があれば紛失しないようにしっかり管理し、壊れている箇所(かしょ)が見つかったらJRへの連絡と対応を施し、集めたゴミをまとめて出し……と、しなければならないことは多種多様。

◆スタッフがやる気にあふれる「きつい・汚い・危険」な職場

1980年代のバブル全盛期、「3K」という言葉が流行ったことがあります。「きつい・汚い・危険」の頭文字をとったもので、敬遠されがち[2]な仕事に対して使われていたものです。新幹線の掃除はまさに「3K」な仕事そのものです。

けれども、現場で働いているスタッフたちはみんな表情が明るく、やる気にあふれています。

もちろんそれは、テッセイの考えや仕事に向いている、やる気をしっかりと維持する人だけが残ってくれているからでしょう。しかしそれ以上に重要なのは、この会社が現場ありきの「全員経営」を目指していることだと思います。

決められた制服はありますが、夏にアロハシャツや浴衣(ゆかた)を着たり、帽子にハイビスカスの花や桜(さくら)の花をつける、12月はクリスマスなど、お客様に季節を

感じていただくためのアイデアはすべて、現場の社員のアイデアで始まりました。そしてそれら1つひとつが、本来なら「3K」の職場に活気を与えることになっているのです。

◆「お金にならない仕事」に喜びを見出す

テッセイのおもな収入源は、車両と駅の清掃です。「一編成あたり〇円」「何平米(へいべい)に対して〇円」という計算の仕方をしていますので、清掃量に応じて[3]お金が支払われます。

ですから、車両が増発されればされた分だけ[4]収入は増える。逆に、お辞儀(じぎ)、あるいはご案内などのサービスは収入の範疇(はんちゅう)には入りません。

でも、スタッフにとってはとても重要です。お客様にサービスをご提供し、たとえば「ありがとう」という一言をいただけたとしたら、それが自己肯定感や自信につながるからです。

私からすればそれは「結果的にそうなっただけ」にすぎない[5]のですが、周囲を見回してみると、今は世の中全体がそういう方向に動いているとも思えます。

「お金になる」ことだけが美徳(びとく)とされる時代は終わったということ。ビジネスである以上[6]、もちろん少しでも多くのお金を稼ぐことは大切なのですが、その大前提として「人のためになる」「役に立つ」という意識がとても重要な意味を持つ時代にさしかかっているのではないでしょうか。

これは、時代を把握(はあく)するうえで[7]無視できないポイントだと思います。

働く側のそんな気持ちが、サービスを受けた側からの感謝の気持ちに変化し、そこからさまざまな好循環が生まれる。今、そしてこれからの時代の仕事とは、そんな循環をもとに進んでいくのではないでしょうか。

『奇跡の職場——新幹線清掃チームの“働く誇り”』あさ出版

プロフィール

矢部 輝夫(やべ てるお)

株式会社 JR 東日本テクノハート TESSEI おもてなし創造部(そうぞう)顧問(こもん)。※ (※ 2015年現在)

1966年、日本国有鉄道(こくゆうてつどう)入社。以後電車や乗客の安全対策の専門家として40年以上勤務。2005年、鉄道整備(てつどうせいび)株式会社(2012年株式会社 JR 東日本テクノハート TESSEI に社名変更)取締役(とりしまりやく)経営企画部長に就任。スタッフをやる気にさせる取り組みが国内外で評価(ひょうか)され、ハーバード大学ビジネススクールの教材にもなった。

人間どうしの関係でも同じことが言える。江戸時代には、日本人にとって白人たちは人間を食う鬼と見られていた。第二次大戦中、鬼畜米英と呼んで抱いた恐れと憎しみはいったい何だったのか。今だって、テロ集団やテロ国家は抹殺せねばならない存在とされている。彼らと平和に共存することは本当にできないのだろうか。

＊　＊　＊

昔から寓話やファンタジーは、動物の姿を借りて人間社会の機微を描き出し、私たちが見習うべき教訓を語りかけてきた。「あらしのよる」から私たちは何を学ぶのか。それは一見とても変更し[10]ようのない関係も、気持ちの持ち方で変えられるということだ。知能の高い人間だけに可能な話ではない。

アフリカでは、人間を襲うライオンもいるが、人間に敬意を示して距離を置くライオンもいる。それは、ライオンと人間双方が長い時間をかけて友好的な関係を築いてきたからだ。私はゴリラが人間の食料にされていた地域で、武器も餌も使わずにゴリラと仲良くなろうと努力してきた。最初ゴリラたちは私たちを見[11]るなり逃げ去り、追うと恐ろしい声をあげて攻撃してきた。突進を受けて、私も頭と足に傷を負った。しかし、敵意のないことを辛抱強く示し続ければ、ゴリラは態度を変えて人間を受け入れてくれる。10年近くかかったが、やっとゴリラと私たちは落ち着いて向かい合えるようになった。

このように友好的な関係になったのは、この地域ではたった一つの群れだけである。他の数万のゴリラたちはまだ人間に強い恐怖と敵意を抱いている。しかし、それがいつか変わる日が来ると私は確信している。それは人間社会にも言えることではないだろうか。ぜひ「あらしのよる」を体験してほしいと思う。

「毎日新聞」2015年11月1日（一部改）

プロフィール

山極 寿一（やまぎわ じゅいち）
霊長類学者・人類学者。京都大学総長（学長）を経て二〇二一年より総合地球環境学研究所所長。

読み物2

あらしのよるに

京都大学長　山極寿一

1Yomimono_L12-2

「敵」を作り出す人間

この秋、京都の南座で「あらしのよるに」という新作歌舞伎を見た。中村獅童がオオカミのガブを、尾上松也がヤギのメイを演じる。

ある嵐の晩に、小屋に逃げこんだガブとメイが、暗闇の中でお互いの正体がわからないままに話をしながら仲のいい友達になる。翌日の昼に再会を約束して、顔を合わせてみたら食う、食われるの関係にあるオオカミとヤギだったというわけだ。二人は互いの動物の領域で煩悶する。オオカミにとってヤギはごちそうだし、ヤギにとってオオカミは天敵だ。それぞれが仲間に説き伏せられて心が折れそうになる[8]。しかし、最後にそれまでの歴史的関係よりも、あらしのよるに友達になった気持ちを優先して、手を取り合って歩むという物語だ。

たわいもないファンタジーと言うなかれ[9]。ここには意外な真実と可能性が描かれている。ヤギはオオカミに食べられるものという常識はいったいだれが決めたのだろうか。オオカミはヤギを食べなければ本当に生きていけないのか。ヤギにとってオオカミは永遠に天敵なのだろうか。

＊　＊　＊

実は、こうした一見常識に見える絶対的敵対関係を、人間は勝手に作り、そしてまた勝手に解消してきたのである。私が長らく研究してきたゴリラはその人間の身勝手な常識に翻弄されてきた。19世紀の半ばにアフリカで欧米人により「発見」されて以来、ゴリラは凶暴なジャングルの巨人として有名になった。人間を襲い、女性をさらっていくという話を真に受けて、多くのゴリラが殺された。逆に、中央アフリカの低地ではゴリラは肉資源として昔から狩猟の対象にされている。人間はゴリラにとってオオカミのような存在なのだ。しかし、ゴリラの平和な暮らしが明らかになると、その見方は一転し、今度は人間の大切な隣人として観光の目玉になった。低地でもゴリラはもはや食料とは見なされなくなりつつある。

読みのストラテジー ⑲

小見出し Subheadings

Subheadings concisely summarize the section that follows, and thus give you clues on how to process each paragraph of that section.

ストラテジー

▸ Look at the subheadings and use them to predict the content of the sections they title.

■ 例：しごとズーム　新幹線運転士（30 歳女性）

●時刻通りに目的地へ

東京駅と新大阪駅の間を結ぶ東海道新幹線で、「のぞみ」や「ひかり」「こだま」の運転士をしています。

すべての列車が目的地まで予定通り走れるように、停車駅の到着・発車時刻はもちろんのこと、通過駅も通り過ぎる時刻が細かく決められています。速度を絶えず自分で考えながら、自動車で言えば、ブレーキとアクセルにあたるハンドルを操作しています。

●勤務は交代制

勤務は交代制で、1日に東京・新大阪間を1往復から1往復半します。基本的に、その夜は会社の施設に泊まり、翌日また乗務し、帰宅します。体力をつけるために、休日は水泳をしています。

＊＊＊

検査合格後に1年勉強

新幹線を走らせるのはJRグループの4社。JR東海の場合、何年も駅員や車掌を務めた後、運転士になるのが一般的です。視力や運転士としての適性を調べる検査に合格後、約1年間かけて、車両が動くしくみを学んだり、指導者と一緒に乗務して技術を磨いたりして、国が発行する運転免許を取ります。東海道新幹線で働く運転士や車掌の2割は女性です。

（読売新聞　2013年7月17日　東京朝刊より抜粋　一部改）

単語　操作する（そうさ） to operate　往復（おうふく） round trip　施設（しせつ） facilities　乗務（じょうむ） being on duty as a crew member　検査（けんさ） examination　車掌（しゃしょう） conductor　視力（しりょく） eyesight　適性（てきせい） aptitude　しくみ mechanism　発行する（はっこう） to issue　指導者（しどうしゃ） instructor　免許（めんきょ） license

・This article is composed of three sections that are each titled with a subheading. The subheadings help us to predict what each section will talk about: what train operators do (first subheading), how their work is scheduled (second subheading) and how train operators become qualified (third subheading).

✎「奇跡の職場 新幹線清掃チームの“働く誇り”」の３つの小見出しから、それぞれどんな内容が書かれていると予想できますか。What do these three subheadings in 奇跡の職場 新幹線清掃チームの“働く誇り” tell us about the content of the sections they title?（読み物 1）

(1) ◆７分で新幹線をきれいにし、定刻通り運行する集団

(2) ◆スタッフがやる気にあふれる「きつい・汚い・危険」な職場

(3) ◆「お金にならない仕事」に喜びを見出す

読みのストラテジー ⑳

隠喩(いんゆ) Metaphor

Two categories of literary analogies are similes and metaphors. The expressions studied in Strategy ⓮ are examples of the linking words used for similes. Since similes use words like（まるで）〜ようだ,（まるで）〜みたいだ, 〜ほど, or 〜くらい to convey the comparison, it is easy to tell that an analogy is being made. In this section, we will look at metaphors, which do not use such expressions and thus make it harder to see that an analogy is being presented.

ストラテジー

▸ Look at clues such as word combinations and context to infer what is meant by metaphors.

1 たとえに使われているものの性質を考える Thinking about the characteristics of the metaphorical term

(a) 母は**鬼**(おに)**だ**。試験の成績が少し悪かっただけで、テレビとゲームと外出を禁止(きんし) (prohibit) された。

(b) Bento は、**小さな宇宙**。限られた空間で凝縮(ぎょうしゅく)された美を表現する、日本ならではの美意識が息づいています。

・Sentence (a) states 母は鬼だ, but of course the mother is not literally an ogre. This metaphor uses the image of ogres as frightening creatures to say that the mother is someone to be feared.

・Likewise, the "Bento は、小さな宇宙" in (b) is not intended to literally say that a bento is the cosmos. Instead, we can see this as saying that bento, despite their small size, offer many different possibilities for their contents, similar to how the universe is a limitless realm of possibility.

2 慣用句(かんようく) Idioms

(a) 手も足も出ない ＝自分にできることを超えていて、何もできない

(b) 口がかたい　　＝言うべきでないことを、他の人に言わない

・As metaphors get reused by many people for many years, they sometimes evolve into idioms. Since idioms have set meanings, once you learn those meanings you won't have to scratch your head trying to figure out the idiomatic expressions you encounter in writings.

次の文章の中で、隠喩(いんゆ)が含まれている文はどれですか。それにはどのような意味がありますか。
Which sentence in the following passage contains a metaphor? What does the metaphor mean?

（読み物 2：行 88〜96）

　このように友好的な関係になったのは、この地域ではたった一つの群れだけである。他の数万のゴリラたちはまだ人間に強い恐怖と敵意を抱いている。しかし、それがいつか変わる日が来ると私は確信している。それは人間社会にも言えることではないだろうか。ぜひ「あらしのよる」を体験してほしいと思う。

文型・表現ノート

2.Bunkei_L12

1. ～といっても

［読み物1-行7］

1 一口(ひとくち)にNといっても 〈although they all get lumped together as ~〉

A：留学したいんだけど、どのぐらいお金がかかるのかな。

I want to study abroad, but how much would it cost?

B：**一口(ひとくち)に**留学**といっても**、２週間の短期留学から４年の大学留学までいろいろあるよ。ちょっと調べてみたら？

We refer to them all as "studying abroad," but there are many different types—from 2-week short-term programs to 4-year college degree programs. Why don't you do a little more research?

1 **一口に**音楽**といっても**、ロック、ジャズ、ポップなど様々な種類がある。

2 A：夏休みに北海道(ほっかいどう)と九州(きゅうしゅう)に行ったんですが、言葉も食べ物も全然違っておもしろかったです。

B：**一口に**日本**といっても**、多様な文化があるんですね。

3 山の木を見ていると、緑**といっても**自然の中には様々な緑が存在することに気がつく。

一口(ひとくち)に N といっても

・一口(ひとくち)に is an adverb that means "in one word." 一口に X といっても Y is used to make a statement (Y) that there are many different types of items even if they are grouped together into one simple category/word.

・Words such as いろいろ, 様々 and 多様 are often used in statement Y.

・一口に can be omitted in this structure, as shown in 3.

2 XといってもY 〈Although X, it is only/just Y〉

A：週末、デートなんだって？

You're going on a date this weekend?

B：デート**といっても**、歩いて10分の近くの公園に行くだけだよ。

Even though it may be a date, we're just going to a park that's a 10-minute walk away.

4 先生　　：テイラーさんは英語を教えた経験があるそうですね。

テイラー：ええ。でも教えた**といっても**、毎週1時間英会話の相手をしただけですが。

5 A：シアトルも夏は暑いそうですね。

B：暑い**といっても**25度くらいなので、東京(とうきょう)と比べたらずいぶん涼(すず)しいですよ。

6 言葉がわからない国で生活するのは大変だ**といっても**、生きていけないわけではない。

7 A：明日のパーティー、どんな服を着ていったらいい？

B：いつもと同じでいいよ。パーティー**といっても**、カジュアルなものだから。

普
*なA(だ)
*Nだ
} といっても

• XといってもY means X is true, but technically speaking, Y is more accurate. It is used in a situation where people might expect something (X) that is more extreme than the reality (Y).
• X is something that was stated previously in the context, or something that is commonly believed to be true. Y is information that is more accurate and closer to reality, which is not as extreme as X. (ただ)～だけ, (それ) ほど～ない, and ～わけではない" are phrases that are often used with this structure.

2. ～がち 〈be liable to do〉

［読み物1-行17］

A：最近、ストレスでお酒を飲みすぎてしまい**がち**で……。
Lately I've been in a habit of drinking too much alcohol due to stress.

B：お酒を飲むより、運動したらどうですか。気分がすっきりしますよ。
How about exercising rather than drinking alcohol? That'll make you feel refreshed.

1 この頃忙しいせいか、いろいろなことを忘れ**がち**だ。

2 雪が降ると、電車は遅れ**がち**になる。

3 助詞の「に」と「で」の間違いは、初級の日本語学習者にあり**がち**な間違いだ。

4 落ち込んでいる時は「私なんか何をやってもだめだ」とつい悲観的に考えてしまい**がち**になる。

5 子どもの頃は病気**がち**だったが、今はとても元気だ。

Vます
N
} がち

• X がち means that someone/something has a tendency (X) that is considered undesirable.
• V がち expresses that the subject has a tendency to do V despite the lack of intention to do it. つい and ～てしまう are often used with this expression, as in 4.
• As in 5, N in "N がち" takes only certain nouns, such as 病気がち (tend to get sick often) and くもりがち (tend to be cloudy).

3. Nに応じて 〈depending on N; according to N〉

［読み物1-行31］

A：「加賀屋(かがや)」は本当にすばらしい旅館でしたね。また行きたいです。
"Kagaya" was a really nice inn. I want to stay there again.

B：季節**に応じて**料理のメニューを変えているらしいから、次は秋に行きましょう。
Apparently, they change the menus depending on the season, so let's visit again in the fall.

1 送料は商品の大きさ**に応じて**決められます。

2 A：そろそろ卒業パーティーの会場を予約しなきゃ。どこにしよう？
B：ホテルヨルトンはどう？ 予算**に応じて**プランを提案してもらえるんだって。

3 部長：仕事では状況**に応じて**適切(てきせつ)な判断をすることが重要です。
部下：はい、気をつけます。

4 〔店のポスター〕「スタッフ募集(ぼしゅう)！ スキルや経験**に応じて**仕事をお任(まか)せします」

N に応じて

- N に応じて V means "V depending on N."
- N takes nouns that indicate changes or have variability (e.g., 季節 , 状況). V takes verbs that mean to cause a change or to adapt (e.g., 変える).
- When used as a noun modifier, N_1 に応じた precedes the noun that is being modified (N_2). It means "N_2 that is appropriate for N_1."

例）親は子どもの年齢に応じた教育をする必要がある。

☛ ～に応じて and ～によって (L3-6)

Verbs used in N に応じて X are transitive verbs such as 変える , whereas N によって X can take intransitive verbs such as 変わる , 違う and 異なる besides transitive verbs such as 変える .

例 1）与える食事の量は、ペットの年齢｛○に応じて ／○によって｝変えるべきだ。
You should adjust the amount of food you give to your pet, depending on its age.

例 2）与える食事の量は、ペットの年齢｛×に応じて ／○によって｝違う。
The amount of food you should give to your pet is different depending on its age.

Aside from transitive verbs that express changes, X in N に応じて X can also take an expression that means "to adapt to the changes or variability of N," whereas N によって X can only take intransitive verbs that express changes or differences. In example 3 below, since X is 見直す , a verb that means "(As for the amount of food,) we will adapt to changes in N(年齢)," it is appropriate to use ～に応じて .

例 3）食事の量は年齢｛○に応じて ／×によって｝見直すべきだ。
You should adjust the amount of food according to to your age.

4. ～分(ぶん)（だけ） 〈according to the degree of ~; as much as ~; all the more because ~〉 ［読み物 1- 行 33］

A：寮の電気代って、毎月いくら？
How much is the electricity bill for the dormitory every month?

B：月によって違うよ。使った**分(ぶん)だけ**払うことになっているから。
It depends on the month, because you pay only for the amount you use.

1 食べたら食べた**分だけ**体重が増えるという人もいるが、そうではない人もいる。

2 ネットで簡単に連絡が取れるようになった**分**、手紙をもらうとうれしい。

3 山口(やまぐち)先生はいつも優しい**分だけ**、怒ると怖い。

4 私が住んでいるアパートは駅から遠くて不便な**分**、家賃(やちん)は安い。

5 一緒に過ごした時間の**分だけ**別れが辛くなる。

普	
＊なAだ → な ＊Nだ → の	分(だけ)

- X分 means "same amount as X," or "similar degree to X." X分(だけ)Y expresses that Y changes proportionally as X changes.
- As in [3], X and Y can express opposite ideas; in such case, the structure means "Because X, all the more Y."

5. ～にすぎない 〈nothing but ～〉

[読み物1-行38]

後輩：期末試験って、やっぱり難しいですよね。心配だなあ……。

The final exam will probably be difficult. I'm worried . . .

先輩：難しいといっても、今まで授業で習ったことが出る**にすぎない**よ。

It will be difficult, but it'll cover only what you've learned in class.

[1] 田中：山田さんのご主人は育児に積極的なんでしょ？ うらやましい……。
山田：積極的といっても、ただ子どもと遊んでいる**にすぎません**よ。

[2] 言葉はコミュニケーションを取るための道具**にすぎない**。

[3] ジョージと絵理がもうすぐ結婚するというのは、ただのうわさ**にすぎない**。

[4] この店の商品は確かに安いが、品質がよくないから安い**にすぎない**。

[5] 彼の家のキッチンはきれいだが、実は料理を作らないからきれいである**にすぎない**。

普	
＊なAだ → である ＊N(である)	にすぎない

- X にすぎない means "(it) is just X (and nothing more than that)."
- ～にすぎない is often used with ただ or ただの (N), which mean "just" or "merely." (See [1] and [3].)
- This structure using an adjective in X is not as common as those using verbs or nouns. When X takes an adjective, it's used to state a reason (～から adjective にすぎない) and the structure means, "it is X merely because ～ (see [4] and [5])."

6. ～以上(は) 〈given the circumstances that ～; since ～; now that ～〉

[読み物1-行41]

A：日本に留学できることになったんだって？ おめでとう。

You're going to study abroad? Congrats!

B：うん。留学する**以上は**、日本語がぺらぺらになって帰国したいな。

Thanks! Since I'm going to study abroad, I want to learn to speak fluent Japanese before coming home.

[1] 妻：今度の私の誕生日には、あのブランドの服を買ってくれるって言ってたよね？ 約束した**以上**、絶対守ってね。
夫：えっ、そんなこと言ったかなあ……。

[2] ペットを飼う**以上**、一生責任を持って世話するつもりだ。

[3] 失敗する可能性が高い**以上**、その計画は考え直したほうがいい。

4 仕事で必要である**以上**、運転免許を取らなければいけない。

5 プロである**以上**、簡単に「できない」という言葉を使うべきではない。

普
*なA~~だ~~ → である
*N~~だ~~ → である
} **以上（は）**

- X 以上は Y means "given the condition X, Y is to be expected."
- X takes a clause describing a situation that requires some type of responsibility, commitment, etc.
- Y in X 以上は Y expresses the speaker's subjective opinion that people need to be committed or take responsibility in a particular situation (X). Phrases frequently used with this structure are: ～てください (request), ～つもり (determination), ～てはいけない (prohibition), ～なければいけない (obligation), ～たい (wish), ～ほうがいい (advice), ～べきだ／べきではない (rule and norms).

7. ～うえで

［読み物 1- 行 44］

1 Vる／Nのうえで 〈when ~ing/N〉

A：毎日プロジェクトの話し合いがあって大変なんだ。
I have meetings every day for a project. It's hard having all these discussions.

B：でも、話し合いはプロジェクトを進める**うえで**大切なことだと思うよ。
But I think discussions are important when managing a project.

1 寮を選ぶ**うえで**注意すべきことの一つは、学校までの距離だろう。

2 インタビューを成功させる**うえで**苦労したのは、どうやって相手に話させるかだった。

3 後輩：今の会社で仕事を続けていく**うえで**大切にしている点は、何ですか。
先輩：うーん。いろいろあるけど、人間関係はその一つかな。

4 外国語習得**のうえで**必要なものは、あきらめない心だ。

Vる
Nの
} **うえで**

- X うえで is used to mention important factors, issues, or considerations for X.
- X うえで is often followed by Y ことは / Y のは / Y 点は / Y ものは to state specifically what the topic of the sentence is. Y takes expressions such as 重要な , 大切な , 必要な , 難しい , 注意すべき , 問題になる , etc.
- As in 4, N のうえで takes the noun form of *suru*-verbs.

2 V1た／Nのうえで V2 〈V2 based on the result of V1-ing〉

先生：留学先は、ご両親とよく相談し**たうえで**決めてください。
Please decide where you want to study abroad after consulting with your parents.

学生：はい、わかりました。
Okay, I will.

5 数週間考え**たうえで**、A社に就職することにした。

6 サークルのメンバーの意見を聞い**たうえで**、夏休みにみんなで行く旅行先(さき)を決めることになった。

7 レポートを書く時はテーマについてよく調べ**たうえで**、全体のアウトラインを考える必要がある。

8 〔居酒屋の看板〕週末に飲み放題をご利用の際は、ご予約**のうえで**ご来店ください。

V1 た / **N の** } **うえで V2**

- V1 うえで V2 describes a sequence of actions or events; the subject does V1 first, then V2.
- V1 takes actions done as a preparation for V2 (e.g., 調べた, 考えた, 相談した).
- V2 takes actions that are done as a result of V1.
- As in 8, N のうえで takes the noun form of *suru*-verbs.

8. ～そうになる 〈about to ~; almost ~〉

[読み物 2- 行 17]

A：今朝は、事故(じこ)で電車が遅れていたよね。
The train was delayed because of an accident this morning.

B：うん。そのせいで、あやうく遅刻し**そうになった**よ。
Yeah, it almost made me late for class.

1 A：私、フェリーに乗ると気分が悪くなるんです。
B：吐(は)き**そうになった**時は、うめぼしを食べるといいですよ。

2 A：考えごとをしながら歩いていたら、もう少しで階段(かいだん)から落ち**そうになっちゃって**。
B：えー、危(あぶ)ない。気をつけて。

3 卒業式でこの4年間のことを思い出して、泣き**そうになった**。

4 夢をあきらめ**そうになる**たびに、この本を読んで元気をもらっている。

V ~~ます~~ そうになる

- V そうになる means the subject is reaching the point where he/she can't control the situation anymore, and the action indicated by V is about to happen.
- This structure is often used to discuss events in the past, with the meaning that action (V) came very close to happening—but didn't actually happen.
- When using this structure to talk about bad results that were avoided, adverbs such as あやうく (barely) and もう少しで (almost) are used.

9. ～なかれ〈You can't ~; Don't ~〉

［読み物 2- 行 23］

小さい企業だと思ってバカにすることなかれ。世界がこの企業の新製品に注目しているのだ。

Don't make light of the company even if you think it's a small business. Their company's new products are drawing attention from all over the world.

1 宇宙旅行は遠い未来の話だと思う**なかれ**。実際、多くの計画が進められている。

2 失敗を恐れること**なかれ**。チャレンジすることに意味があるのだ。

3 小さな虫だと思い、蚊(か)を侮(あなど)る**なかれ**。マラリアなどの病気を運んでくるからだ。

4 驚くこと**なかれ**。この小さな田舎町(いなかまち)に、今、全国から観光客が集まっている。

V る（こと）なかれ

- ～なかれ is a command form of ない, and it indicates prohibition (i.e., ～ないで).
- ～なかれ is a somewhat archaic expression only used in writing. There is a limited range of expressions that can be used before なかれ, and they are used as idioms.

例）　思う（こと）なかれ　　恐れる（こと）なかれ　　驚く（こと）なかれ

　　　侮(あなど)る（こと）なかれ　don't underestimate

　× このコーヒーを飲むなかれ。

- ～ことなかれ is often used as well.

10. ～ようがない〈no way to do〉

［読み物 2- 行 66］

A：パーティーがキャンセルになったこと、もう森(もり)さんに伝えた？

Did you tell Mr. Mori that the party was cancelled?

B：それが、連絡先を知らないから、連絡し**ようがない**んだ。

Well, I don't have his phone number, so I can't contact him.

1 雪で電車が動いていないから、帰りたくても帰り**ようがない**。

2 インスタントラーメンを作ったが、はしがなくては食べ**ようがない**。

3 A：さっき店で一万円札と間違えて千円札を出しちゃって……。

　B：え！ 色が全然違うから、間違え**ようがない**と思うけどなあ。

4 あんなにいい先生が大学をやめてしまうなんて、残念としか言い**ようがない**。

5 世の中には、科学では説明し**ようのない**現象もある。

V ~~ます~~ ようがない

- V ようがない means that the subject does not have a way to do V even if he/she wanted to.
- This structure is often used to imply that the speaker feels helpless, as shown in [1] and [2].
- As in [3], V ようがない can also be used to deny the possibility of V, meaning "there is no way V would happen."
- X としか言いようがない is an idiomatic phrase that means X is the only word there is to describe the item or person under discussion. (See [4].)
- When modifying a noun, the variation ～ようのない N can also be used. (See [5].)

11. ～なり 〈as soon as ~〉

[読み物 2- 行 79]

彼女はそのニュースを聞く**なり**、大声で泣き始めた。

She started bawling as soon as she heard the news.

[1] 山田(やまだ)さんは店を出る**なり**、走り出した。

[2] その女性は地下鉄で私の隣に座る**なり**、化粧(けしょう)を始めた。

[3] 弟はにんじんケーキを一口(ひとくち)食べる**なり**、変な顔をした。

[4] A：どうして落ち込んでるの？

B：久しぶりに会った友達が私の顔を見る**なり**「年を取ったね」って言ってきたんだ。

[5] 電車のドアが開く**なり**、乗客が駅のホームに一斉(いっせい)に降りていった。

V る なり

- X なり Y means that as soon as action X was done, another action or an unexpected event (Y) followed. Regardless of whether Y is an action or an event, the subject of Y is never the speaker.
- Y only takes verbs in the past tense. The present tense, future tense, command form, or a request form is not used in Y.
- Y often takes expressions that describe a specific moment in time. Examples of such expressions are: ～出した / ～始めた / ～てきた / ～ていった , and the past tense of instantaneous verbs (i.e., verbs that refer to actions that are completed instantly and don't continue for a period of time). As such, verbs that describe actions with a range of time, such as 走る and 泣く , are often used with compound verbs such as ～出した and ～始めた in order to give the meaning of instantaneity.

例）○ 山田さんは店を出るなり、<u>走り出した</u>。

Yamada started running as soon as he stepped out of the store.

○ 山田さんは店を出るなり、<u>走っていった</u>。

Yamada left running as soon as he stepped out of the store.

× 山田さんは店を出るなり、<u>走った</u>。

書く

小論文

1 モデル作文

読み物を背景に論点を提示（ていじ）し（present）、論理的に書く。

仕事を選ぶうえでより重要なのは収入か、「役に立つ」という意識か

❶ 序論（じょろん）
(1) 背景の説明

東北（とうほく）新幹線の清掃会社テッセイの経営について書かれた『奇跡の職場』を読んだ。テッセイは、敬遠される清掃の職場に活気を与えたことが評価（ひょうか）された会社だ。(a) その本によると、「お金になる」ことだけでなく、「人のためになる」「役に立つ」という意識が、仕事において重要になってきているそうだ。しかし一方で、働く目的は、自分の生活を豊かにするための収入を得ることだと考える人もいる。

(2) 論点の提示（ていじ）

(b) では、仕事を選ぶうえでより重要なのは、収入なのだろうか。それとも、「役に立つ」という意識が持てることなのだろうか。

(3) 主張

(c) 私は仕事を選ぶうえでより重要なのは、収入であるという立場から主張したい。

❷ 本論 (1)
理由 1

(d) まず、収入が高いほど幸福度（こうふく）も増す場合が多い。2009 年に行動経済学者のカーネマン教授がアメリカ人を対象に行った調査によると、年収 7 万 5,000 ドル（約 800 万円）までは、年収が上がれば上がるほど幸福度が高くなるそうだ。2018 年の国税庁（こくぜいちょう）の報告によると、日本では、年収が 800 万円以下の人が 9 割を占めるため、ほとんどの人は年収が幸福度に影響すると言える。

❸ 本論 (2)
理由 2

(d) 次に、収入が高ければ仕事に対する満足度が高まる。給料（きゅうりょう）が高ければ、それに見合った仕事をしなければならないという責任感が増し、仕事に前向きに取り組める。また、がんばった仕事の成果が給料に反映されると感じられれば、さらにモチベーションが上がり、達成感や満足感が得られるはずだ。

(d) 最後に、収入が高ければ貯金ができ、将来の生活への不安が軽減できる。勤務先の会社の経営が悪化し、突然失職してしまう可能性は誰にでもある。また、定年まで勤められたとしても、貯金がなければ退職後に余裕のある生活は送れないだろう。収入が高く貯金ができれば、このような不安を抱き続ける必要はない。

❹ 本論（3）
理由 3

(e) 以上述べたように、収入が高ければ高いほど、幸福度も高くなり、仕事に対する満足度も上がると考えられる。また、貯金ができるので、将来への不安も和らげることができる。(f) 確かに、「人の役に立っている」という実感がなければ、働くことの意味がわからなくなってしまうかもしれない。しかし、収入が低いと、住む場所、食事などに制限ができたり、趣味を楽しむ余裕がなかったりして、経済的に満足のいく生活が送れないのではないだろうか。(g) よって、仕事を選ぶうえで重要なのは、「役に立つ」という意識より、収入であると主張する。

❺ 結論
理由をまとめる
違う立場を認めてから、主張する
再度主張を述べる

単語
豊か（ゆた）な rich; affluent　幸福度（こうふくど） level of happiness　国税庁（こくぜいちょう） National Tax Agency　見合（みあ）う to appropriate
成果（せいか） the results　達成感（たっせいかん） sense of accomplishment　貯金（ちょきん） saving money　軽減（けいげん）する to reduce
失職（しっしょく） losing one's job　定年（ていねん） retirement age　退職（たいしょく） retirement　和（やわ）らげる to relieve　制限（せいげん） limit

■ 小論文の段落構成

段落の役割	内容	書くポイント
❶ 序論	・背景の説明	(a)
	・論点の提示	(b)
	・主張	(c)
❷ 本論（1）	・理由１	(d)
❸ 本論（2）	・理由２	
❹ 本論（3）	・理由３	
❺ 結論	・理由をまとめる	(e)
	・違う立場を認めてから、主張する	(f)
	・再度主張を述べる	(g)

■ 書くポイント

1. 小論文では、あるトピックについて論点（答えを出すべき問い）を提示し、その問いに答える形で自分の主張を述べる。

   例）トピック：仕事を選ぶうえで重要なこと

   論点：　仕事を選ぶうえでより重要なのは収入か、「役に立つ」という意識か

   主張：　仕事を選ぶうえでより重要なのは収入だ

2. ❶ 序論で論点と自分の立場を示す。

   ・２つの立場を紹介する ……(a)

   （行5～8）　その本**によると、**……**そうだ。しかし一方で、**……もいる。

   ・論点を提示する ……(b)

   （行8～10）　**では、**仕事を選ぶうえで……な**のだろうか。それとも、**……な**のだろうか。**

   ・自分の立場を示す ……(c)

   （行10～11）　**私は**……**という立場から主張したい。**

3. ❷～❹ 本論で理由を述べる。

   ・列挙 (enumeration) の表現を使い、理由を挙げる。……(d)

   （行12）　**まず、**収入が高いほど幸福度も増す場合が多い。

   （行18）　**次に、**収入が高ければ仕事に対する満足度が高まる。

   （行23～24）　**最後に、**収入が高ければ……不安が軽減できる。

4. ❺ 結論で本論を要約し (summarize)、もう一度主張を述べる。

・3つの理由を要約して、まとめる …… (e)

（行 28~30）**以上述べたように、**……と考えられる。また、……ことができる。

・自分と違う立場の考えを認めて (admit) から、自分の立場をもう一度示す …… (f)

（行 30~34）**確かに、**……**かもしれない。しかし、**……**のではないだろうか。**

・最後にもう一度主張を述べる …… (g)

（行 34~35）**よって、**……仕事を選ぶうえで重要なのは……である**と主張する。**

2 タスク

■ 書く前に

（1）①～③から読み物を1つ選びなさい。

	読み物	トピック	論点
①	第10課：読み物2 「日本人が政府に期待するもの」	教育費の負担	教育費の負担は主に政府の役割か、家庭の役割か。
②	第11課：読み物2 「二重人格者の会話」	言語と性格	外国人が日本語を話す時、日本語の性質に合わせて性格を変えたほうがコミュニケーションがうまくいくか。
③	第12課：読み物1 「奇跡の職場」	会社の経営	いい会社を作るには、ボトムアップの全員経営がいいか。経営者が決めるトップダウン経営がいいか。

（2）その読み物では、トピックについてどんなことが書かれていましたか。

（3）その論点に対するあなたの主張は何ですか。

（4）その主張をする理由を3つ考えなさい。

■ 書いてみよう

上の「書く前に」で選んだ読み物の内容を使って背景を書き、指定された論点についてあなたの主張を「だ体」で述べなさい。「書くポイント」を使って、モデル作文のような5段落構成で書きなさい。(1,000字程度)

話す

人や社会とのつながり

会話 1　別れ

1-1　やってみよう

1）卒業や引っ越し、アルバイトを辞める時などに、先生や友達、アルバイトの仲間や上司にお別れを伝えたことがありますか。

2）お世話になった先生や事務スタッフ、アルバイト先の上司など目上の人にお別れを伝える時、どんなことを伝えますか。

3）ロールプレイをしなさい。

フォーマルな会話

A　あなた（留学生）	B　A の先生
もうすぐ帰国します。 先生にお別れのあいさつを しなさい。	留学生の A さんが オフィスに来たので、 対応しなさい。

1-2 聞いてみよう

🎧 3.Kaiwa_L12-1

1）モデル会話を聞いて、下の質問に答えなさい。

① ジョージはどうして先生のオフィスに来ましたか。

② ジョージは先生に何を渡（わた）しましたか。

2）ジョージは感謝の気持ちを伝える時、何と言っていましたか。

① お別れだと伝える時

20日に帰国する ＿＿＿＿＿＿ ので、帰国前に ＿＿＿＿＿＿ を ＿＿＿＿＿＿ したくて、ごあいさつに ＿＿＿＿＿＿ ました。

② 感謝を伝える時

一年間 ＿＿＿＿＿＿＿＿＿＿＿＿ ました。

先生の ＿＿＿＿＿＿＿＿＿＿ で、自信を持って ＿＿＿＿＿＿＿＿＿＿ ようになりました。

③ 今後について話す時

先生が ＿＿＿＿＿＿＿＿＿＿＿＿ をいかして、

これから も ＿＿＿＿＿＿＿＿＿＿＿＿ 。

1-3 モデル会話

🎧 3.Kaiwa_L12-1

フォーマルな会話

旅立(たびだ)ちの時

ジョージ・テイラー（ジ:）が中村先生（中:）のオフィスにやってくる。

ジ：❶**失礼します。**テイラーです。**先生、今、少しお時間よろしいでしょうか。**

中：はい。

ジ：❷20日に帰国する**ことになったので、**帰国前に**一言(ひとこと)お礼をお伝えしたくて、ごあいさつに伺いました。**

中：わざわざありがとうございます。あっと言う間(ま)でしたね。

ジ：はい。❸**一年間、大変お世話になりました。**日本に来たばかりの頃は日本語を話すことが少し怖かったですが、**先生のご指導(しどう)のおかげで、**自信を持って日本語が話せる**ようになりました。**

中：そうですか。それはよかったですね。

ジ：❹それから、ビジネスの授業では、日本の会社のマナーや言葉遣(ことばづか)いについて教え**てくださり、ありがとうございました。**この授業を取ら**なければ、**日本の企業についてこんなに深く知ることはでき**ませんでした。**

中：いえいえ、すべてはテイラーさんの努力があったからこそですよ。よくがんばりましたね。

ジ：❺あの、**これ、**母校(ぼこう)のマグカップとカード**です。使っていただければ、うれしいです。**

中：えっ、いいんですか。ありがとうございます。カードは後で、ゆっくり読ませてもらいますね。

ジ：❻**本当にありがとうございました。先生が教えてくださったことをいかして、これからも、がんばります。**

中：はい、体に気をつけて。また、遊びに来てくださいね。

ジ：はい。❻**それでは、失礼いたします。先生もお元気で。**

単語 あっと言(い)う間(ま)でした Time flew　指導(しどう) guidance; leading　母校(ぼこう) home institution
いかす to make the most of

フローチャート

あなた：お礼と別れを言う	先生：見送る

❶ 話しかける

失礼します。〜です。
先生、今、少しお時間よろしいでしょうか。

　　　　はい。

❷ お別れだと伝える

20日に帰国する**ことになったので**、帰国前に**一言（ひとこと）**
お礼をお伝えしたくて、ごあいさつに伺いました。

　　　　わざわざありがとうございます。

❸ お世話になったこととお礼を伝える

一年間、大変お世話になりました。日本に来たばかりの頃は
日本語を話すことが少し怖かったですが、**先生のご指導（しどう）のお**
かげで、自信を持って日本語が話せる**ようになりました。**

　　　　そうですか。それはよかったですね。

（❹ もっと感謝の気持ちを伝える）

それから、ビジネスの授業では、マナーや言葉遣い（ことばづかい）に
ついて教え**てくださり、ありがとうございました。**
この授業を取ら**なければ**、日本の企業についてこんな
に深く知ることはで**きませんでした。**

　　　　いえいえ、〜さんの努力があったからこそですよ。

❺ 感謝のカードや手紙などを渡す

あの、**これ**、母校（ぼこう）のマグカップとカード**です。**
使っ**ていただければ、うれしいです。**

　　　　ありがとう。

❻ もう一度感謝を伝え、今後について話し、会話を終える

本当にありがとうございました。先生が教えてくださった
ことをいかして、これからも、がんばります。
それでは、失礼いたします。先生もお元気で。

1-4 練習しよう

▶ ＿＿＿＿ のパターンを使って話してみましょう。

❶ 話しかける ➔ ❷ お別れだと伝える ➔ ❸ お世話になったこととお礼を伝える
（➔ ❹ もっと感謝の気持ちを伝える）➔ ❺ 感謝のカードや手紙などを渡す
➔ ❻ もう一度感謝を伝え、今後について話し、会話を終える

あなた：❶ **失礼します。～です。先生、今、少しお時間よろしいでしょうか。**

先生：はい。

あなた：❷ ＿20日に帰国する＿ **ことになったので、** ＿帰国前に＿ **一言(ひとこと)お礼をお伝えしたくて、ごあいさつに伺いました。**

先生：わざわざありがとうございます。

あなた：❸ **一年間、大変お世話になりました。** ＿日本に来たばかりの頃は日本語を話すことが少し怖かったですが、＿ **先生のご指導(しどう)のおかげで、** ＿自信を持って日本語が話せる＿ **ようになりました。**

先生：そうですか。それはよかったですね。

（あなた：❹ それから、＿ビジネスの授業では、日本の会社のマナーや言葉遣い(ことばづか)いについて教え＿ **てくださり、ありがとうございました。** ＿この授業を取ら＿ **なければ、** ＿日本の企業についてこんなに深く知ることはでき＿ **ませんでした。**

先生：いえいえ、～さんの努力があったからこそですよ。）

あなた：❺ あの、**これ、** ＿母校(ぼこう)のマグカップとカード＿ **です。** ＿使っ＿ **ていただければ、うれしいです。**

先生：ありがとう。

あなた：❻ **本当にありがとうございました。先生が教えてくださったことをいかして、これからも、がんばります。それでは、失礼いたします。先生もお元気で。**

1. もうすぐ帰国／卒業します。先生に、日本語が上達したことなどについて感謝を伝えなさい。

2. 今日はインターンシップの最終日です。上司(じょうし)に、仕事で教えてもらったことなどについて感謝を伝えなさい。

3. 自分で考えよう。

カジュアルな会話にチャレンジ！

1 ロールプレイをやってみよう

A あなた（留学生）

もうすぐ帰国します。
友達のBさんに
お別れのあいさつをしなさい。

B 留学生Aの友達

あなたは留学生のAさんの
友達です。
Aさんの話を聞いて対応しなさい。

2 練習しよう

あなた：❶ 絵理ちゃんに会える（えり）のは、これが最後になるね……。
❷ 明日帰国する なんて、全然実感がわかないよ。

絵理：本当……。

あなた：❸ この一年間 、お世話になりっぱなしだったね。

絵理：ううん、そんなことないよ……。

あなた：❸ 絵理ちゃんがサークルに誘ってくれた おかげで、たくさんの日本人学生と知り合うことができたよ 。❹ 絵理ちゃんとの出会いが なかったら、こんなに 充実（じゅうじつ）した留学生活は送れ なかったよ。本当にありがとう。

絵理：私のほうこそ、ありがとう。私もすごく楽しかったよ。

あなた：❺ これからは今までのように会えなくなるけど、離れていても連絡を取り合おうね。いつか アメリカ にも遊びに来てよ。連れていってあげたい所がたくさんあるから。

絵理：うん、絶対行く。

あなた：❻ じゃあ、そろそろ行くね……。元気でね……。

絵理：うん……。じゃあ、またね。

単語 実感（じっかん）がわかない it doesn't feel real yet　充実（じゅうじつ）する to be fulfilling; to be satisfied

▶ あなたは、もうすぐ帰国します。日本人の友達に、日本語が上手になったことなどについて感謝を伝えなさい。

会話2 賛成？ 反対？

2-1 やってみよう

1）ペアになり、「仕事ではお金よりやりがい (worth while fulfilling) が大切だ」という意見に対して、一人は賛成、一人は反対の立場になりなさい。その理由を２つ、それぞれ一人で考えて下の表に書きなさい。

あなたの立場（ 賛成 ・ 反対 ）
理由 1
理由 2

2）1）で考えたことを使って、意見のスピーチをしよう。まず自分の立場を示し、その理由を１～２分で述べてみよう。

2-2 聞いてみよう

3.Kaiwa_L12-2

1）モデル会話を聞いて、下の質問に答えなさい。

① メイリンが「仕事ではお金よりやりがいが大切だ」という意見に賛成する理由は何ですか。
2つの理由のポイントを書きなさい。

理由1：仕事に ________ があれば、________ が充実（じゅうじつ）する。

理由2：自分の ________ が感じられ、________ が持てる。

② ジョージは、①のメイリンの理由1と理由2のどちらに反論しましたか。

【 理由1 ・ 理由2 】

2）メイリンとジョージは、それぞれ何と言っていましたか。

① ジョージがメイリンの意見に反論する時

________ を充実（じゅうじつ）させれば、________ ても
________ が ________ とは限らないと思います。
例えば、________ に没頭したり、休みに ________ たり、
________ を食べたりすれば、生活は充実するのではないでしょうか。

② メイリンがジョージの反論に答える時

1日の3分の1が ________ 時間で、
他の3分の1が ________ となると、
________ は日々の生活の中では
ほとんど ________ ないのではないでしょうか。

2-3 モデル会話

3.Kaiwa_L12-2

ディベート

ディベート大会

日本語のクラスでジョージ・テイラー（ジ:）たちが「仕事ではお金よりやりがいが大切だ」というテーマでディベートをしている。

司会(しかい)＝サラ・ゴミス（サ:）　賛成側＝ワン・メイリン（メ:）　反対側＝ジョージ・テイラー

サ：　これから「仕事ではお金よりやりがいが大切だ」というテーマでミニディベートを行いたいと思います。まず、賛成の意見のスピーチをお願いします。

メ：　❶「仕事ではお金よりやりがいが大切だ」**に賛成の立場から、意見を述べたいと思います。** ❷**まず**、仕事にやりがいがあれば、日々の生活が充実(じゅうじつ)する**からです。** 仕事をする時間は１日の３分の１を占めています。起きている時間の多くを過ごす場所でやりがいが感じられなければ、日々の生活はつまらないものになってしまうでしょう。**それに**、自分の存在価値が感じられ、自己肯定感が持てます。自分が一生懸命(いっしょうけんめい)取り組んだ仕事に対し、お客様や取引先から感謝されると、社会の役に立っている、社会に必要とされていると実感できます。これはお金とは比べられない特別な報酬(ほうしゅう)な**のではないでしょうか。**

❸**以上のことから、**「仕事ではお金よりやりがいが大切だ」**と主張します。**

サ：　では、反対のグループの質問をお願いします。

ジ：　❹日々の生活が充実する**とおっしゃいましたが**、プライベートの時間を充実させれば、仕事にやりがいがなくても日々の生活がつまらなくなる**とは限らないと思います。** ❺**例えば**、趣味に没頭したり、休みに旅行したり、おいしいものを食べたりすれば、生活は充実する**のではないでしょうか。**

メ：　❻**確かに**、プライベートを充実させることでも生活を楽しめる**とは思います。しかし**、１日の３分の１が仕事をしている時間で、他の３分の１が睡眠(すいみん)となると、プライベートの時間は日々の生活の中ではほとんど残っていない**のではないでしょうか。**

❼**だから**、仕事でやりがいを感じられるというのは重要だ**と思います。**

ジ：　では、もう一つ質問します。……

単語　司会(しかい) moderator　充実(じゅうじつ)する to fulfill　取引先(とりひきさき) clients　報酬(ほうしゅう) reward　睡眠(すいみん) sleep

フローチャート

賛成側：意見のスピーチ

❶ 立場を述べる

「仕事ではお金よりやりがいが大切だ」**に賛成の立場から、意見を述べたいと思います。**

❷ 理由を2つ述べる

まず、仕事にやりがいがあれば、日々の生活が充実（じゅうじつ）する**からです。**

それに、自分の存在価値が感じられ、自己肯定感が持てます。

❸ 主張を述べる

以上のことから、「仕事ではお金よりやりがいが大切だ」**と主張します。**

反対側：反論の質問

❹ 相手の言葉を引用し (quote)、反論する

生活が充実する**とおっしゃいましたが、**プライベートの時間を充実させれば、日々の生活がつまらなくなる**とは限らないと思います。**

❺ 例や理由を挙げる

例えば、趣味に没頭すれば、生活は充実する**のではないでしょうか。**

賛成側：反論の質問への答え

❻ 一部を認（みと）め (admit)、反論に反論する

確かにプライベートを充実させることでも生活を楽しめる**とは思います。**

しかし、仕事をしているとプライベートの時間は日々の生活の中ではほとんど残っていない**のではないでしょうか。**

❼ まとめる

だから、仕事でやりがいを感じられるというのは重要だ**と思います。**

この後、反対側のスピーチ、賛成側の反論の質問、反対側の答えが続き、反対側がまとめのスピーチをする。

反対側：まとめのスピーチ

❽ 立場と理由を述べる

「仕事ではお金よりやりがいが大切だ」**に反対の意見をまとめて述べたいと思います。まず、〜からです。それに、〜。**

❾ 反論を述べる

確かに、〜かもしれません。しかし、〜と思います。

❿ 主張を述べる

よって、「仕事ではやりがいよりお金のほうが大切だ」**と主張します。**

この後、賛成側がまとめのスピーチをして、最後に判定 (judge) する。

→「2-5. もっと練習しよう」(p. 195)

2-4 練習しよう

▶ ＿＿＿ のパターンを使って話してみましょう。

賛成側【意見のスピーチ】	❶ 立場を述べる ➔ ❷ 理由を２つ述べる ➔ ❸ 主張を述べる
反対側【反論の質問】	❹ 相手の言葉を引用（いんよう）し (quote)、反論する ➔ ❺ 例や理由を挙げる
賛成側【反論の質問への答え】	❻ 一部を認め (admit)、反論に反論する ➔ ❼ まとめる

司会（しかい）：　これから「＿＿＿＿＿」というテーマで、ミニディベートを行いたいと思います。まず、賛成側の意見のスピーチをお願いします。

賛成側：❶「＿＿＿＿＿」に賛成の立場から意見を述べます。

❷まず、＿＿＿＿＿＿＿＿＿＿＿＿。それに＿＿＿＿＿＿＿＿＿＿＿＿。

❸以上のことから、「＿＿＿＿＿＿＿＿＿＿＿＿＿＿」と主張します。

司会：　では、反対側の質問をお願いします。

反対側：❹＿＿＿＿＿＿＿＿＿＿＿＿とおっしゃいましたが、

(例 1) ＿＿＿＿＿＿＿＿＿＿＿＿＿＿＿＿とは限らないと思います。

❺例えば＿＿＿＿＿＿＿＿＿＿＿＿＿＿のではないでしょうか。

(例 2) ＿＿＿＿＿＿＿＿＿＿（わけではない）のではないでしょうか。

❺なぜなら＿＿＿＿＿＿＿＿＿＿＿＿＿からです。

賛成側：❻確かに＿＿＿＿とは思います。しかし、＿＿＿＿のではないでしょうか。

❼だから、＿＿＿＿＿＿＿＿＿＿＿＿＿と思います。

反対側：　では、もう一つ質問します。

＊＊＊ 反対側が質問を続ける。＊＊＊

1. 「2-1. やってみよう」(p. 190) で話した「仕事ではお金よりやりがいが大切だ」というテーマで、賛成側と反対側に分かれてミニディベートをしなさい。
   - ・まず賛成側が意見のスピーチをしなさい。
   - ・その後、反対側は反論の質問をし、賛成側はその質問に答えなさい。

2. 1. のミニディベートの続きをしなさい。＿＿＿ のパターンを使って、反対側が意見のスピーチをしなさい。その後、賛成側は反論の質問をし、反対側はその質問に答えなさい。

2-5 もっと練習しよう

1. （まとめのスピーチと判定 (judge)）

ディベートは、「2-4. 練習しよう」の❶～❼の後、以下の❽～⓫の「まとめのスピーチ」と「判定」が続きます。　　　　のパターンを使って話してみましょう。まず反対側がまとめのスピーチを行い、次に賛成側がまとめのスピーチをした後に、司会(しかい)が判定を行います。

反対側【反対のまとめのスピーチ】	❽ 立場と理由を述べる → ❾ 反論する → ❿ 主張する
賛成側【賛成のまとめのスピーチ】	❽ 立場と理由を述べる → ❾ 反論する → ❿ 主張する
司会(しかい)【判定】	⓫ 判定する

司会(しかい)：　では、反対側のまとめのスピーチをお願いします。

反対側：　❽「＿仕事ではお金よりやりがいが大切だ＿」に反対の意見をまとめてお話しします。

まず、＿仕事にやりがいがなくても、日々の生活がつまらなくなるとは限らないからです＿。それに＿趣味に没頭したり休みに旅行したりするためには、お金も必要です＿。

❾確かに＿やりがいがなければ、仕事は楽しくないかもしれません＿。

しかし、＿お金がなければ、生活を十分に楽しめないと思います＿。

❿よって、＿仕事ではやりがいよりお金のほうが大切だ＿と主張します。

司会：　では、賛成側のまとめのスピーチをお願いします。

＊＊＊ 賛成側がまとめのスピーチをする。 ＊＊＊

司会：　ありがとうございました。

⓫では、判定に移(うつ)ります。

賛成側のよかった点は＿意見のスピーチが論理的だったこと＿です。

反対側のよかった点は＿反論の質問で賛成側の弱点を多く指摘したこと＿です。

どちらもよい点がありましたが、＿反対側のほうが反論の質問に素早く論理的に答えられた＿という理由で、今回のディベートは「＿反対＿側の勝ち」とします。

2. （ミニディベートにチャレンジ）❶〜⓫の流れでミニディベート全体を行いなさい。

（1）A 〜 D からトピックを 1 つ選び、賛成側と反対側に分かれなさい。

A. 小学生がスマートフォンを持つことを禁止(きんし)するべきだ
B. ゲームは子どもにとって有害(ゆうがい)だ（harmful）
C. 大学で外国語の必修(ひっしゅう)（mandatory）をやめるべきだ
D. 旅行は友達と行くより一人で行くほうがいい

（2）①〜⑤の準備をしてから、ミニディベートをしなさい。

① 自分のチームの立場と、その理由を 2 つ考え、下の表に書きなさい。

② 理由 1・2 に対して相手のチームがどんな質問をするかを予想しなさい。

③ その答えを準備しなさい。

	① 自分のチーム （ 賛成 ・ 反対 ）	② 相手のチーム （ 賛成 ・ 反対 ）	③ 自分のチーム
理由 1		反論の質問の予想	その答え
理由 2		反論の質問の予想	その答え

④ 相手チームはどんな理由を述べるか 2 つ予想して、下の表に書きなさい。

⑤ 理由 1・2 に対して、どんな反論の質問ができるか考えなさい。

	④ 相手のチーム （ 賛成 ・ 反対 ）	⑤ 自分のチーム （ 賛成 ・ 反対 ）
理由 1（予想）		反論の質問
理由 2（予想）		反論の質問

求められる人材

聴解 1 企業が求める人材

4.Chokai_L12-1

大学の就職セミナーで、キャリアセンターの人が今の日本企業が求める人材について話しています。センターの人によると、日本企業が求める能力のうち、これからの時代に最も必要な能力はa～hのどれですか。

単語 利益 profit　貢献する to contribute　終身雇用 lifetime employment　年功序列 promotion by seniority　即戦力 adaptable fighting potential　業務 routine business　主体性 self directed

企業が重視する人材

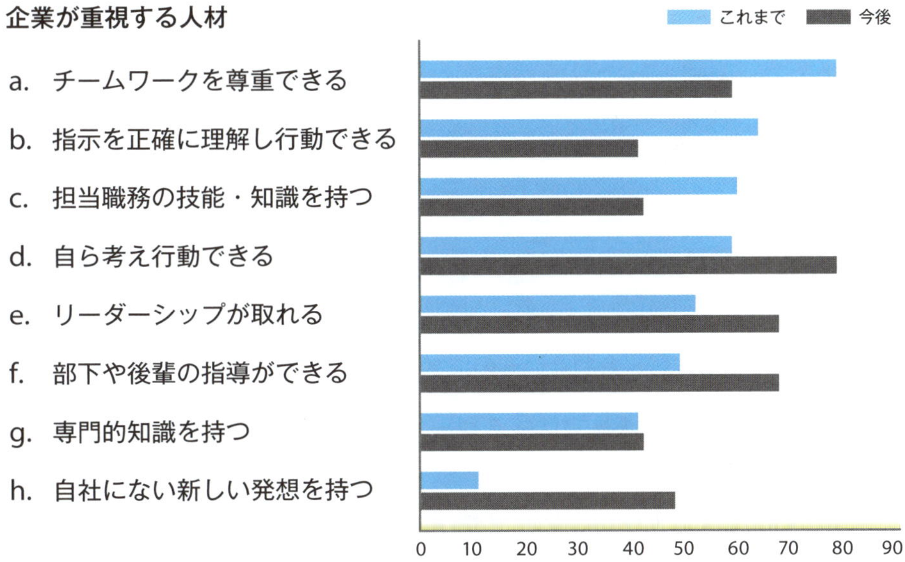

参考：パーソル総合研究所
データで語る『企業が求める人材』

単語 指示 instructions　職務 duties　技能 ability　指導 guide　専門的知識 expert knowledge　発想 idea

聴解 2　グローバル人材

4.Chokai_L12-2

聞く前に

国際的に活躍できる仕事には、どんなものがありますか。また、その仕事ではどのような能力が求められると思いますか。

リスニング

研（けん）とサラがビジネスの講義の後、下のノートを見ながら話しています。会話を聞いて、質問に答えなさい。

グローバル人材に求められる能力

1. 語学力・コミュニケーション能力
2. 主体（しゅたい）性や積極性・チャレンジ精神
3. 協調性・柔軟（じゅうなん）

単語　柔軟性（じゅうなんせい） flexibility

単語

- 強調（きょうちょう）する to emphasize
- 遠回（とおまわ）し indirect expression
- 誤解（ごかい）する to misunderstand
- 主体性（しゅたいせい） self-directed
- 協調性（きょうちょうせい） cooperativeness
- 人（ひと）に合（あ）わせる to adjust oneself to people around you
- 争（あらそ）いを避（さ）ける to avoid unnecessary conflict
- 同意（どうい）する to agree
- 合意点（ごういてん）を見（み）つける to find a middle ground for compromise
- 折（お）れる to give way
- 納得（なっとく）できる to be able to be satisfied with

1. 会話の内容に合うものに○、合わないものに×をつけなさい。

① (　　) ビジネスの講義では、グローバル人材に必要なものは語学力だと強調されていた。

② (　　) コミュニケーション能力とは、相手が伝えたいことを理解する能力だ。

③ (　　) 文化が違う人とのコミュニケーションでは、相手に誤解（ごかい）されないように、外国語を習得しておくことが大切だ。

④ (　　) チャレンジ精神が必要なのは、国際的に活躍したい人に限らない。

⑤ (　　) サラが思っていた協調性は、研（けん）が言うものとは違ったようだ。

2. 研によると、一般的な日本人の「協調性」とグローバル人材に求められる「協調性」はどう違いますか。

ディスカッション

1. 上のメモの「グローバル人材に求められる能力」以外に、どんな能力が大切だと思いますか。どうしてですか。

2. あなたの国では、国際的に活躍するためには、どんな能力が求められますか。

ブラッシュアップ

■上級へのチャレンジ ……… 200

■漢字チャレンジ ……… 226

上級へのチャレンジ①

視点 Viewpoint

☛第7課

Viewpoint refers to the standpoint of someone involved in a certain happening being described by the writer. In Japanese, the expressions used to convey a particular situation can differ depending on whose viewpoint is being expressed. If you keep in mind the effect of viewpoint as you write in Japanese, you can omit the subject from sentences without impairing the reader's understanding, and more effectively communicate the situation or emotions involved.

1. 自分（私）の視点で書く時

The expressions used to convey the situation portrayed in the illustration to the right differ depending on whether the writer is A or B.

例1）A（＝私）が自分の視点で書く場合

（私は）Bさんにプレゼントをあげた。

Bさんはうれしそうだった。

例2）B（＝私）が自分の視点で書く場合

（私は）Aさんにプレゼントをもらった。

（私は）うれしかった。

A　　B

When the writer is describing his or her own thoughts and emotions, expressions like（私は）食べたい (I want to eat),（私は）〜と思った (I thought that 〜), or（私は）幸せだった (I was happy) are used. However, if the writer is describing someone else's thoughts and emotions as he or she perceives them, different expressions are used, as in（○○さんは）食べたがっている (○○-san wants to eat),（○○さんは）〜と思った［ようだ／らしい］(○○-san apparently thought that 〜), or（○○さんは）幸せそうだった (○○-san looked happy).

例3）ジョージ（＝僕）の視点から書いた、「ある日のできごと」を読んでみよう。

(1) ある日（僕は）絵理（えり）にカラオケに誘われた。

(2) でも（僕の）歌が下手だったので、（僕は）絵理に笑われてしまった。

(3)（僕は）絵理に笑われて、（僕は）泣いてしまった。

(4) すると絵理は悪かったと思ったようで、（僕が）ずっと食べたかったカレーを（僕のために）作ってくれた。

(5)（僕は）絵理が作ってくれたカレーが食べられて幸せだった。

(2)

(3)

(4) (5)

✎ 絵理（＝私）の視点から、例3の「ある日のできごと」を書いてください。

(1) 私は、ジョージ ＿＿＿ カラオケに誘った。

(2) ジョージの歌が下手だったので、（私は） 笑＿＿＿＿ てしまった。

(3) それで、（私は）ジョージを 泣＿＿＿＿＿ てしまった。

(4) だから（私は）悪かったと思って、ジョージが a. 食べ＿＿＿＿＿＿＿＿＿＿

カレーを（ジョージのために）b. 作＿＿＿＿＿＿＿＿＿。

(5) ジョージは私の作ったカレーを食べて、幸せ＿＿＿＿＿＿＿＿＿＿＿。

2. ナレーターとして書く時

When writing about interactions between other people, the expressions used differ depending on which person's viewpoint you focus on. In other words, like the narrator of a story, you choose one person to be the "main character (主人公(しゅじんこう))" and base your choice of expressions on that person's perspective. If you maintain the same viewpoint throughout the passage, you can clearly convey your messages, even if you omit the sentence subject.

例4） ジョージの視点で書く場合（ジョージが主人公）

ジョージは、絵理(えり)があの人気店のケーキを食べたがっていると聞いた。そこで、（ジョージは）絵理にその店のケーキを買って来てあげた。すると、絵理はとても喜んでくれた。絵理に何度もお礼を言われて、ジョージはうれしかった。

例5） 絵理の視点で書く場合（絵理が主人公）

絵理はあの人気店のケーキが食べたいと思っていた。すると、ジョージが（絵理に）その店のケーキを買って来てくれた。絵理はとてもうれしくて、ジョージに何度もお礼を言った。

✎ 絵を見て、主人公を (6) ジョージ、(7) 絵理にして説明してください。

(6) ジョージは絵理 a. ＿＿＿ パソコンを貸して b. ＿＿＿＿＿＿ た。

でも、そのパソコンを c. 壊(こわ)＿＿＿＿ てしまった。

(7) 絵理 a. ＿＿＿ ジョージ b. ＿＿＿ パソコンを貸して

c. ＿＿＿＿＿＿ た。

でも、そのパソコンを d. 壊＿＿＿＿＿ てしまった。

✎ 答え▶ (1) を (2) 笑って (3) 泣かせて (4) a. 食べたがっていた b. 作ってあげた (5) 幸せそうだった
(6) a. に b. もらった c. 壊して (7) a. は b. に c. あげた d. 壊されて

上級へのチャレンジ②

四字熟語（よじじゅくご） Four-character idioms

☛第8課

「一所懸命（いっしょけんめい）」や第８課の読み物１に出てきた「十人十色（じゅうにんといろ）」などのように、４つの漢字から作られていて慣用句（かんようく） (idiom) のように使われるものを「四字熟語（よじじゅくご）」といいます。四字熟語を知っていると、説明が長くなってしまうことや難しいことを、簡単に言うことができます。

1. 漢字に注目しよう

A 反対の意味を持つ漢字

1 **一長一短**（いっちょういったん）
長＝長所 (strong points)　短＝短所 (weak points)
意味 いいところも悪いところもあること。

2 **古今東西**（ここんとうざい）
古今＝今と昔
意味 いつでも、どこでも。

3 **弱肉強食**（じゃくにくきょうしょく）
弱い動物の肉を強い動物が食べる。
意味 弱い者が強い者の犠牲 (prey) になること。

4 **三寒四温**（さんかんしおん）
三日の寒い日と四日の暖かい日
意味 春が始まる頃に、三日間寒くて、そのあとに四日間暖かくなる日が繰り返されること。

B 同じ漢字の繰り返し

1 **自画自賛**（じがじさん）
画＝絵を描くこと　賛＝ほめること　自分で描いた絵を自分でほめる。
意味 自分で自分のことをほめること。

2 **百発百中**（ひゃっぱつひゃくちゅう）
発＝矢を放つこと (shoot arrows)　中＝当たること (hit the target)
意味 予想やねらった (aim) ものが、全部当たること。

C 動物の名前

1 **一石二鳥**（いっせきにちょう）
１つの石を投げて２羽の鳥を捕まえる (catch)。
意味 一つのことをして、同時に二つの利益 (profit) を得ること。

2 **馬耳東風**（ばじとうふう）
東風＝春風　春風は人間には気持ちいいが、馬は何も感じない。
意味 他人の意見や批判 (criticism) を気にしないで聞き流すこと。

C-1

✎ 一番いいものを選んでください。

(1) この店のコートはデザインはいいが、高い。あの店のは安いが、デザインがあまりよくない。
どちらも【a. 古今東西　b. 一長一短　c. 三寒四温　d. 弱肉強食】がある。

(2) A：来週の試験には、どんな問題が出るかなあ。
B：ジョージに聞いてみたら？ 彼の予想（よそう）は【a. 百発百中　b. 自画自賛】だから。

(3) トムは最近遅刻が多い。もっと早く家を出るように注意したが、【a. 一石二鳥　b. 馬耳東風】だった。

2. 意味に注目しよう

A-1

A 気持ち

1 一喜一憂（いっきいちゆう）　喜＝喜ぶこと　憂＝落ち込むこと
意味 状況が変わるたびに喜んだり不安になったりすること。

2 一日千秋（いちじつせんしゅう）　千秋＝千年
意味 1日が千年に思えるほど、とても長く感じること。とても待ち遠（まちどお）しい気持ち。

3 四苦八苦（しくはっく）　四苦＝仏教（ぶっきょう）の四つの苦しみ　八苦＝仏教の八つの苦しみ
意味 とても苦しむこと。大変苦労すること。

4 半信半疑（はんしんはんぎ）
意味 半分は信じて、半分は疑（うたが）っている (doubt) こと。

B 人との関わり（かかわり）（involvement with people）

1 一期一会（いちごいちえ）　一期＝人が生まれてから死ぬまで　一会＝一度の機会、出会い
意味 人生で一度しかない出会いだから、それを大切にすること。

2 一心同体（いっしんどうたい）
意味 二人以上が、心も体も一人の人のように、強く結ばれていること (tied together)

3 八方美人（はっぽうびじん）　八方＝すべての方向（ほうこう） (directions) のどこから見ても悪いところがない美人。
意味 誰からも悪く思われないように相手をほめるようなことを誰にでも言うこと。また、そのようなことをする人。
いい意味では使われない。

B-3

C 状況・状態（じょうきょう・じょうたい）

1 **言語道断**（ごんごどうだん）　言語＝言葉で表すこと　道断＝道が断たれる (be cut off) こと
意味　言葉で表現できないほどひどいこと。

2 **絶体絶命**（ぜったいぜつめい）　体や命 (life) がなくなるほど追いつめられている (driven into a corner) 様子
意味　危険や難しい状態から、どうしても逃げられないこと。大ピンチ。

3 **前代未聞**（ぜんだいみもん）　前代＝現在よりも前の時代　未＝まだ〜ない
意味　今までに一度も聞いたことがないこと。

4 **半死半生**（はんしはんしょう）　半分死んでいて、半分生きている。
意味　もう少しで死にそうなこと。

C-2

D コミュニケーション

1 **以心伝心**（いしんでんしん）　以心＝心で　伝心＝心を伝える
意味　声に出さなくても、お互いに心で思っていることが伝わること。

2 **意味深長**（いみしんちょう）　深長＝意味などに深みや含み (implication) があること
意味　深い意味を持っていること。別の意味が隠されている (be hidden) こと。

3 **単刀直入**（たんとうちょくにゅう）　一本の刀 (sword) を持って一人で直接、敵 (enemy) の所に行く。
意味　前置き (introduction) を言わずに、本題 (main subject) に入ること。

E 人生に役立つ教訓（きょうくん） (lesson)

1 **自業自得**（じごうじとく）　業＝行動　得＝得る、受ける
意味　自分がしてきた結果を自分が受けること。悪い結果のことが多い。

2 **大器晩成**（たいきばんせい）　大器＝大きな器　晩成＝長い時間を使って完成すること
意味　大物 (important person) になる人は、普通よりも遅く成功するということ。

3 **油断大敵**（ゆだんたいてき）　油断＝気を抜くこと (be careless)
意味　注意をしないと予想していない失敗をするから、十分気をつけたほうがいいこと。

E-1

一番いいものを選んでください。

(4)「このジュースを飲めば、目がよくなりますよ」と店員さんに言われた。初めは【a. 半信半疑　b. 一喜一憂　c. 四苦八苦】だったが、結局そのジュースを買ってしまった。

(5) サッカー部員が【a. 一期一会　b. 八方美人　c. 一心同体】で力を合わせてがんばった結果、優勝(ゆうしょう)する (win the tournament) ことができた。

(6) テニスの対戦(たいせん)相手 (opponent) にマッチポイントを取られた。【a. 言語道断　b. 絶体絶命　c. 前代未聞】の状況だが、まだあきらめたくない。

(7) 私がお気に入りのくつ下を探していたら、母が「探しているのはこれでしょ？」と持ってきてくれた。私と母は【a. 意味深長　b. 単刀直入　c. 以心伝心】の仲だ。

(8) A：試験で０点を取っちゃった。どうしよう……。
B：全然勉強しなかったからでしょ。【a. 自業自得　b. 大器晩成　c. 油断大敵】だね。

答え ▶ (1) b　(2) a　(3) b　(4) a　(5) c　(6) b　(7) c　(8) a

上級へのチャレンジ③

ことわざ Proverbs

☛第8課

第8課の読み物2に出てきた「灯台もと暗し」は「ことわざ」です。このことわざの由来 (derivation) は「灯台（昔の部屋を明るくするための道具）の周りは明るいが、そのすぐ下は暗い」で、意味は「自分のことや身近なことは、気がつきにくい」です。このように、ことわざとは人々の知恵 (wisdom) を短い言葉にしたもので、昔から多くの人によって伝えられてきました。みんなが知っていることわざを使うと、状況を詳しく説明する必要がなくなったり、説得力のある (persuasive) 主張ができたりします。

1. キーワードに注目しよう

A 動物

1 猫に小判

由来 小判は昔のお金。猫にお金をあげても使い方がわからない。

意味 どんなに価値があるものでも、その価値がわからない人に与えたら無駄だ。

2 犬も歩けば棒に当たる

由来 目的を持たないで歩いている犬は、棒 (rod) でなぐられることがある。

意味 しなくてもいいことをすると、悪いことが起きるかもしれない。だから、必要ないことはするべきではない。今では「何か行動すると、いいことがあるかもしれない」といういい意味でも使われる。

3 二兎を追う者は一兎をも得ず

由来 二匹の兎 (rabbit) を一度で捕まえ (catch) ようとすると、両方の兎に逃げられてしまう。

意味 二つのことを一度にしようとすると、どちらも失敗してしまう。

B 数字

1 聞くは一時の恥、聞かぬは一生の恥

一時＝少しの時間　聞かぬ＝聞かない

意味 知らないことをだれかに聞くのは恥ずかしいが、聞かなければ、一生 (lifetime) 知らないままなのでもっと恥ずかしい。だからすぐ聞いたほうがいい。

2 百聞は一見にしかず

〜にしかず＝〜に勝てない。〜にかなわない (no match for ~)。

意味 人から百回聞くより、一回実際に自分で見たほうがよくわかる。

3 千里の道も一歩から

里＝距離を表す昔の単位 (unit)。ここでは「千里」は、とても遠い距離を表す。

由来 どんなに遠くても、最初に一歩進むことから始まる。

意味 どんなに大変なことでも小さなことの積み重ね (accumulation) で達成できる。

4 二度あることは三度ある

由来 二度同じようなことがあると、もう一度起こる可能性がある。

意味 物事は繰り返されるので、また失敗をしないように注意しなければいけない。

5 石の上にも三年

由来 冷たい石でも、3年座り続ければ、温かくなる。

意味 どんなに辛く大変なことでも、がまんして続ければ、成功する。

6 三人寄れば文殊の知恵

文殊＝仏教に出てくる文殊菩薩 (Manjusri Bodhisattva)。人々に知恵 (wisdom) を与えてくれる。

意味 普通の人でも、三人集まって考えれば、文殊のようないい考えが出る。

7 仏の顔も三度（まで）

由来 優しい仏様 (Buddha) でも、顔をなでる (stroked) という失礼なことを3回もされたら、怒る。

意味 どんなに優しい人でも何回もひどいことをされたら、怒る。

8 三つ子の魂百まで

三つ子＝三歳の子ども　魂＝性格・気質

由来 三歳の時の性格は、百歳になっても変わらない。

意味 小さい時の性格は年を取っても変わらない。

一番いいものを選んでください。

(1) 彼は有名な芸術家が作った高価なつぼ (vase) をごみ箱にしている。信じられない。本当に【 a. 猫に小判　b. 犬も歩けば棒に当たる　c. 仏の顔も三度 】だ。

(2) 先輩たちに留学の魅力をいろいろ聞いたが、【 a. 石の上にも三年　b. 百聞は一見にしかず　c. 千里の道も一歩から 】と思い留学することにした。

2. 意味に注目しよう

A 行動を表す

1 急がば回れ

急がば＝急ぐなら　回れ＝遠回り (detour) しなさい

意味 急いで何かをしたければ、危ない近道より、時間がかかっても安全な方法でやったほうが早く目標が達成できる。

2 かわいい子には旅をさせよ

させよ＝させなさい

意味 大切な子どもだからこそ、（子どもがいろいろな経験をして成長できるように）苦労させたほうがいい。

3 情けは人のためならず

情け＝思いやり (consideration) の心　人のためならず＝人のためではない

意味 人に親切にしたら、それはいつか自分のところに返ってくる（自分も誰かに親切にしてもらえる）から、人に親切にしたほうがいい。

4 楽あれば苦あり

意味 人生は楽しいことだけや、苦しいことだけが続くわけではない。楽ばかりしていれば、後で苦労する。苦労しておけば、後で楽になる。

5 笑う門には福来る

門＝家　来る＝来る

意味 いつも笑っている家には自然に幸せなことがやってくる。

B 感情・評価 (evaluation)・状態を表す

B-1

1 鬼に金棒

金棒＝鬼 (ogre) が持つ鉄の棒 (iron rod)

由来 強い鬼が金棒を持つともっと強くなる。

意味 強い人が力を持ってもっと強くなる。

2 案ずるより産むが易し

案ずる＝心配する　易し＝簡単だ

由来 赤ちゃんを産む前はとても心配でも、実際に産んだら、そんなに大変ではない。

意味 何かをする前はいろいろ心配するが、実際にやってみたら、思ったより簡単にできる。

3 親の心 子知らず

知らず＝知らない

意味 親は子どものことを心配しているが、子どもは親の心配する気持ちや苦労を知らないで、勝手な (selfish) ことをする。

4 良薬は口に苦し

良薬＝いい薬　苦し＝苦い

由来 よく効く薬は、苦くて飲みにくい。

意味 自分のために他の人がしてくれるアドバイスは、厳しくて聞くのが辛い。

一番いいものを選んでください。

(3) 親：カルテット王国に留学したい？ そんな聞いたことがない国は絶対ダメ！
　子：あの国に留学することが夢だったんだ。それに、【 a. 情けは人のためならず　b. かわいい子には旅をさせよ　c. 急がば回れ 】っていうじゃない？

(4) ホストマザーにマナーを注意されて嫌だったが、【 a. 案ずるより産むが易し　b. 親の心 子知らず　c. 良薬は口に苦し 】と思い、がまんして聞いた。

答え ▶ (1) a　(2) b　(3) b　(4) c

上級へのチャレンジ④

オノマトペ Onomatopoeia

☛ 第９課

第９課の読み物１に出てきた「びりびり」「じっと」、読み物２に出てきた「くるくる」「ぴかぴか」は「オノマトペ」です。オノマトペには、私たちの周りの実際の音や声を表したもの（擬音語 imitative word）と、気持ち、様子、状態などを表したもの（擬態語 mimetic word）があります。日本語は、オノマトペを多く使用する言語だと言われています。オノマトペは小説やマンガ、商品の広告や CM などに使われ、状態や様子などを短くわかりやすく伝えます。意味だけでなく、どんな形で使われるかにも気をつけましょう。

絵を見て、意味を考えましょう。

(1) ジョージはバイトの後、おなかがぺこぺこでふらふらだった。

(2) ラストオーダーの時間ぎりぎりに回転ずし店に入った。

(3) すしを何個もぱくぱく食べて、水をごくごく飲んだ。

(4) お金を払う時、うっかりさいふを家に忘れてきたことに気がついた。

1. 動作の状態や様子を表す

A 話す・言う

1	ぺらぺら話す	必要ないことを話す
	ぺらぺらだ	外国語を上手に話す
2	すらすら 読む／話す／言う	止まったり、ゆっくりになったりせずに読む／話す
3	ぼそぼそ 話す／言う	低い小さな声、聞こえにくい声で話す
4	ぶつぶつ言う	小さい声で独り言 (talk to oneself) や不満を言う

B 見る

1	じろじろ見る	相手の気持ちを考えずに何度も見る
2	きょろきょろする	落ち着かない様子で周りを見回す (look around)
3	ざっと 見る／読む	全体を早く簡単に見る／読む
4	ちらちら見る	何度もちょっと見る

C 寝る

1	ぐっすり寝る	深く寝る、十分（じゅうぶん）に寝る
2	ぐうぐう寝る	いびきをかいて (snore) よく寝る 他の人のことを説明する時に使う
3	うとうとする	寝る時間ではない時に、 つい寝てしまう

C-3

D 笑う

1	げらげら笑う	大声で思いっきり笑う
2	くすくす笑う	かくれて小さい声で笑う
3	にこにこ笑う／にこにこする	ほほえむ (smile)、笑顔を見せる
4	にやにや笑う／にやにやする	声に出さないで、他に意味が ありそうな様子で笑う (smirk)

D-4

E 怒る

1	ぷんぷん怒っている	怒って機嫌（きげん） (mood) が悪い
2	かんかんになる	誰かがしたことについて激（はげ）しく怒る。簡単には許（ゆる）せない (cannot forgive) くらい激しく怒る
3	かっと なる／する	何かがきっかけで突然自分を忘れるくらい怒る

一番いいものを選んでください。

(1) スピーチでは【a. ぺらぺら　b. すらすら　c. ぼそぼそ】話さないで、大きい声で話そう。

(2) 早く帰りたくて、授業中、時計を【a. きょろきょろした　b. ざっと見た　c. ちらちら見た】。

(3) 授業中【a. ぐっすり　b. ぐうぐう　c. うとうと】しないように、早く寝た。

(4) おもしろい映画を見て、みんなで【a. げらげら笑った　b. にこにこした　c. にやにやした】ので、ストレス解消になった。

(5) いつもはおとなしい研（けん）だが、クラスメートにひどいことを言われて、急に【a. ぷんぷん　b. かっと】なってクラスメートを殴（なぐ）ってしまったらしい。

2.「気持ち」を表す

A マイナスの気持ち

A-2

1 いらいらする　物事(ものごと)が思ったように進まなくて落ち着かない

2 はらはらする　見ているものが危(あぶ)ないので心配する

3 がっかりする　期待していたことがだめになり落ち込む

B その他の気持ち・状態

1 うきうきする　うれしくて、気持ちが楽しくなっている

2 わくわくする　期待や喜び、興奮(こうふん) (excitement) で、気持ちが落ち着かない

3 どきどきする　心臓の動きが速くなる

4 ほっとする　心配がなくなり安心する、気持ちが楽になる

5 すっきりする　悩(なや)みや不満が消えて、気分がよくなる

6 うっとりする　美しいものを見たり聞いたりして、心を奪(うば)われた状態 (be charmed)

7 ぼーっとする　頭が働かなくて何も考えられない状態／何も考えていない状態

一番いいものを選んでください。

(6) 楽しみにしていた祭が台風で中止になって、【 a. いらいら　b. はらはら　c. がっかり 】した。

(7) 来学期、日本に留学するので、【 a. すっきり　b. わくわく 】している。

(8) 嫌なことがあったが、友達に話したら【 a. うきうき　b. すっきり 】した。

(9) 徹夜(てつや)したので頭が【 a. すっきり　b. うっとり　c. ぼーっと 】している。

(10) 会社の面接があるので、【 a. すっきり　b. どきどき　c. ほっと 】している。

▸ 自然を表すオノマトペ

1 雨がぽつぽつと降ってきた。（降り始め）

2 雨がしとしと降っている。（小雨(こさめ)、細(こま)かい雨が長く降っている）

3 雨がざーざー降っている。（激しく降る）

4 風がびゅうびゅう吹いている。（強い風）

答え ▸ (1) c　(2) c　(3) c　(4) a　(5) b　(6) c　(7) b　(8) b　(9) c　(10) b

上級へのチャレンジ⑤

カタカナ語 Katakana words

☛ 第 10 課

第 10 課の読み物 1 に出てきた「メリット」や「イコール」は「カタカナ語」です。カタカナ語は、カタカナで書かれる言葉のことで、英語など西洋の言葉が多いです。また、日本で作られた「和製英語」もあります。これは、「サラリーマン」のように英単語を使っているのに英語にはない言葉や、「マンション」のように英語とは意味が違う言葉のことです。また、英語以外の言葉から来たカタカナ語もあります。ここでは、特に意味がわかりにくいカタカナ語を紹介します。

A 英語を組み合わせて日本で作られた、英語にはない言葉

1 フライドポテト (French fries)
例）ハンバーガーと**フライドポテト**を一緒に注文した。

2 ゴールデンウイーク（GW）(special holiday week that is from the end of April to early May)
例）今年の**ゴールデンウイーク**はどこに旅行に行こうか考えています。

3 ワンパターン (always the same)
例）うちの朝ご飯は、いつもご飯とみそ汁の**ワンパターン**だ。

4 ～アップ：キャリアアップ (advance one's career)　スキルアップ (improving skills)
例）**キャリアアップ**を目指し、会社を休んで留学することにした。

5 マイ～：マイペース (one's own pace)　マイホーム (house of one's own)
例）彼は**マイペース**なので、他の人に合わせることはないだろう。

6 フリー～：フリーサイズ (one-size-fits-all)
フリートーク (free conversation)
例）この服は**フリーサイズ**なので、母と共有している。

A-6

B 英語とは意味が異なるカタカナ語

1 コンセント (electrical outlet)　発音からイメージされる英語は consent
例）テレビがつかなかったのは、**コンセント**につながっていなかったからだ。

2 レンジ (microwave oven)　発音からイメージされる英語は range
例）コンビニでは、買ったお弁当を**レンジ**で温めてもらえます。

3 カンニング (cheating)　発音からイメージされる英語は cunning
例）あの学生は試験で**カンニング**して退学になった (get expelled from school) そうだ。

C 英語を短くしたカタカナ語

B-3

1 パソコン (personal computer)
例）最近ずっと**パソコン**の調子が悪いです。

2 エアコン (air conditioner)
例）**エアコン**がない夏なんて、とても考えられません。

3 マスコミ (mass communication)

例) 彼女は**マスコミ**業界 (industry) で働いているそうだ。

D-2

D 英語以外からのカタカナ語

1 アンケート (questionnaire)　フランス語の enquête から

例) 授業についての**アンケート**調査が行われた。

2 ランドセル (school backpack; satchel)　オランダ語の ransel から

例) 日本では孫(まご) (grandchild) が小学校に入る時に、**ランドセル**を買ってあげる祖父母(そふぼ)が多い。

3 テーマ (theme; topic)　ドイツ語・ギリシャ語の thema から

例)「外国語の効果的な勉強法」という**テーマ**で、ディスカッションをした。

4 ウイルス (virus)　ラテン語の virus から

例) 新型コロナ**ウイルス**の流行(りゅうこう) (the spread) で世界が変わった。

5 アレルギー (allergy)　ドイツ語の allergie から

例) 猫**アレルギー**のせいで、猫に近づくと目がかゆくなります (feel itchy)。

E 会社名・商品名・発明者などからのカタカナ語

1 ホチキス (stapler)　アメリカの会社名 E.H. HOTCHKISS から

例) 紙 10 枚を**ホチキス**で留(と)めた。

2 シャーペン (mechanical pencil)　アメリカの会社の商品名 Eversharp から

例) **シャーペン**で書いた字は消しやすい。

3 タッパー (plastic container)　アメリカの会社名 Tupperware から

例) パスタを**タッパー**に入れて学校に持って行った。

4 レントゲン (X-rays; Roentgen)　ドイツ人物理(ぶつり)学者 (physicist) の名前 Wilhelm Conrad Röntgen から

例) 病院で胸の**レントゲン**写真を撮ってもらった。

□にカタカナを 1 字ずつ入れ、説明に合うカタカナ語を完成させなさい。

(1) ビジネスや実生活で必要な能力を高めること。　□キ□□□プ

(2) 主題やトピックのこと。　□□マ

(3) 話題を決めずに自由に話すこと。　□リ□□□ク

(4) 一般に情報を伝えること。そのメディア。　□□コ□

(5) 風邪(かぜ)やインフルエンザなどの原因(げんいん)になる小さな物体のこと。　□□ル□

答え ▸ (1) スキルアップ　(2) テーマ　(3) フリートーク　(4) マスコミ　(5) ウイルス

上級へのチャレンジ⑥

接続詞 Conjunction

☛ 第11課

Conjunctions are words that express a relationship between the two sentences/clauses they connect. By using conjunctions the right way, you can create easy-to-follow passages that logically convey your thoughts. Let's look at how different conjunctions are used, paying attention to the relationship between the elements that they join together.

1. 順接(じゅんせつ) Resultative

This type of conjunction expresses a cause/reason (X) and its result/conclusion (Y).

A X。だから Y。

This pattern expresses a strong causal relationship.

1 朝から雨が降っていた。だから、山登りに行かなかった。

2 来週は期末試験だ。だから、今週末は遊(あそ)ばず勉強しようと思う。

3 ハワイは土地(とち) (land) が高い。だから、家賃(やちん)も高い。

- There are no restrictions on the expressions that can be used in Y, so a wide range of content is possible, such as: a past event (1); the speaker's subjective opinion, including expressions of volition (～(よ)う), hope (～たい), or advice (～ほうがいい) (2); and adjectives (3).

B X。それで Y。

This expresses that Y is an outcome resulting from X.

病気であまり食べられなかった。それで、５キロやせた。

- Y must be an established fact.
- Accordingly, Y cannot be the speaker's subjective opinion.

  例) × 最近太ってきた。それで、やせたい。

C X。そこで Y。

This expresses that action Y was performed in response to situation X.

暑くなってきた。そこで、窓(まど)を開けた。

- Y takes the past form of verbs that express the speaker's will. The potential form and other forms that do not convey the speaker's will cannot be used.

  例) × おなかがすいていた。そこで、ご飯を３杯(ばい)食べられた。

  ○ おなかがすいていた。そこで、ご飯を３杯食べた。

D X。したがって Y。

Y is the logical consequence of the grounds given in X.

世界では９月入学が多いが、日本は４月入学だ。この違いが日本人の海外留学と外国人の日本留学を難しくしている。したがって、国際化のために日本も9月入学にすべきだ。

・Y often takes expressions used to convey opinions or thoughts, such as ～べき (should ～) or ～と言える (it can be said that ～).

【　　】の中から正しい言葉を選んでください。

(1) たくさん勉強した。【 a. そこで　b. それで　c. したがって 】テストでいい成績が取れた。

2. 逆接(ぎゃくせつ) Contradictory

This type of conjunction conveys an unexpected outcome or development.

A X。しかし／だが Y。

Y expresses something that contrasts with what is mentioned in X.

この小説はストーリーがとてもおもしろい。しかし／だが、言葉が難しい。

・The most common contradictory conjunctions are "X。しかし、Y" and "X。だが、Y." These can be used for a wide variety of sentences.

B X。ところが Y。

Y expresses an outcome that contradicts the expectation underlying X.

日本語の授業に行った。ところが、先生が病気で、授業が休講になっていた。

・Y takes an unexpected outcome. When Y does not represent something unexpected, しかし is used instead.

例) × この映画は人気がない。ところが、見てみたい。

〇 この映画は人気がない。しかし、見てみたい。

C X。それにもかかわらず Y。

Y conveys a state or situation that goes against what would normally be assumed from the one described in X.

この野球(やきゅう)チームはあまり強くない。それにもかかわらず、ファンが多い。

・Y needs to be something that contrasts with a natural consequence of X. It typically expresses reactions such as surprise or dissatisfaction.

【　　】の中から正しい言葉を選んでください。

(2) 今は冬だから富士山(ふじさん)には登れない。【 a. ところが　b. それにもかかわらず　c. だが 】、いつか登りたい。

3. 並列 Additive

This type of conjunction connects similar items.

A X。そして／それから Y。

This pattern states action/state X and then adds Y as another action/state.

1 あのアニメはキャラクターが魅力的だ。そして、ストーリーもおもしろい。

2 コンビニでおにぎりを買った。そして、公園で食べた。

3 大阪の名物と言えば、たこ焼きやお好み焼きだ。それから、うどんも有名だ。

4 授業の後、図書館で宿題をした。それから、サークルの練習に行った。

- そして and それから are used to add Y as an action/state similar to X (1 and 3), or to express a sequence of events (2 and 4).
- それから gives the impression of marking off X and Y.

B X。それに Y。

Y adds something similar to what is expressed in X.

このケーキはおいしい。それに、値段も安い。

- それに strongly conveys "in addition to X," and hence cannot be used to describe a sequence of events.（そして and それから have the strong nuance of "following X," and thus can also be used to state a sequence of events.）

C X。さらに Y。

Y is added on top of X.

寝坊したし、さらに、道が込んでいたので、１時間も遅刻してしまった。

- Since it strongly conveys the sense of "on top of X," さらに is used to emphasize what is expressed in Y.

D X。また Y。

X and Y are presented on equal terms.

この旅館は料理がおいしいことで知られている。また、温泉も有名だ。

- This conjunction neutrally joins two elements. It is used to convey both X and Y without emphasizing one over the other.

【　　】の中から正しい言葉を選んでください。

(3) 今朝は８時に起きた。【 a. それから　b. それに 】、ジョギングに行った。

4. 補足(ほそく) Further explanation

X。なお／ただし／ちなみに Y。

Y further explains or modifies what is stated in X.

1 入場料は大人も子どもも 1,000 円です。なお、再入場はできません。

2 動物をお連れの方は入場できません。ただし、補助犬(ほじょけん) (assistance dog) は入れます。

3 テニス部の今年の新入部員は 36 人です。ちなみに、去年は 28 人でした。

- In the pattern "X。なお、Y," Y provides information that explains or is related to what is mentioned in X.
- In "X。ただし、Y," Y states a condition, exception, pointer, etc. for X.
- In "X。ちなみに、Y," Y gives information that is not essential, but is related to X and may be of reference to the listener.

【　】の中から正しい言葉を選んでください。

(4) 休憩(きゅうけい)に入ります。【 a. ただし　b. なお 】、お手洗いは 1 階にございます。

(5) 雨でも試合は行います。【 a. ただし　b. ちなみに 】台風の場合は中止です。

5. 言いかえ Rephrasing

This type of conjunction rephrases a statement in more understandable terms.

X。要するに／つまり Y。

Y rephrases X.

1 この授業はすぐ眠(ねむ)くなる。要するに、おもしろくないということだ。

2 漢字を 1,000 字知っていれば、新聞の文字の 90%が理解できると言われている。つまり、常用(じょうよう)漢字が半分わかれば、新聞がある程度(ていど)読めるということだ。

3 彼は私の父の弟、つまり、おじです。

- Both "X。つまり、Y" and "X。要するに、Y" are used to convey the essence of X in plain language (1 and 2).
- 要するに is not used when rephrasing a word with a simpler one. Use つまり instead (3).

【　】の中から正しい言葉を選んでください。

(6) 山田(やまだ)さんには、14 歳、【 a. つまり　b. 要するに 】、中学生の子どもがいる。

答え ▸ (1) b　(2) c　(3) a　(4) b　(5) a　(6) a

上級へのチャレンジ⑦

慣用句 Idioms

☛第 12 課

「慣用句」とは、二つ以上の言葉がまとまって特別な意味を表すものです。例えば、第 12 課の読み物 2 に出てくる「心が折れる」は、「心」が「気持ち」を、「折れる」が固い物が曲がる (bend) ことを表し、「その人を支えていた (support) ものがなくなり、意欲 (motivation) がなくなる」という意味になります。慣用句には体の部位 (parts) がよく使われます。

1.「頭」を使った慣用句

「頭」には、「首から上の部分」「思考」「何かのはじめ」などの意味があります。

A 首から上の部分

1 頭を下げる　意味 お辞儀をする。謝る、目上の人にお願いする。

2 頭が下がる　意味 感心する。同等か下の人の努力に対して使う。

B 思考・脳 (brain)

1 頭にくる　意味 冷静さをなくすほど怒る。怒りの感情が脳に達するイメージ。

2 頭を冷やす　意味 感情的になってしまった時に冷静になる。

3 頭が切れる　意味 素早く問題を処理できる。

4 頭が回らない　意味 ちゃんと考えられない。「回る」は機能する (function) という意味。

C 何かのはじめ

1 頭から　意味 最初から。

2 頭ごなしに　意味 相手の話を聞かず、最初から勝手に決めて。

✎ 正しい言葉を選んでください。

(1) 友達は毎日何時間も勉強している。本当に【 a. 頭が下がる　b. 頭を下げる 】。

(2) ちゃんと寝ないと、【 a. 頭にきて　b. 頭が回らず 】、何も考えられなくなる。

(3) スピーチで【 a. 頭ごなしに　b. 頭から 】最後まで止まらず話せてよかった。

2.「手」を使った慣用句

「手」には、「手や腕」「仕事や作業」「所有 (property)」「方法」などの意味があります。

A 仕事や作業

1 手がかかる　意味 世話が必要なこと。

2 手を抜く　意味 すべき作業をしないで、いいかげんにする (leave half done)。

3 手が空(あ)く　意味 一つの仕事が終わって、暇(ひま)ができる。

B 所有

1 手に入れる　意味 何かを自分のものにする。

2 手に入る　意味 何かが自分のものになる。

3 (人の)手に渡(わた)る　意味 持っていたものが、他の人のものになる。

C 能力

1 手が届(とど)く　意味 できる範囲の中にある。

2 手に負(お)えない (cannot bear)　意味 自分の力だけではどうにもできず、困(こま)ってしまう。

D 方法

1 手を打つ　意味 予想される問題に対して、必要な対処(たいしょ) (measures) をしておく。

2 手を尽(つ)くす　意味 問題の解決や計画の実現のために、様々な方法をやってみる。

正しい言葉を選んでください。

(4) 幼い子どもは【 a. 手がかかる　b. 手を抜く 】から、世話が大変だ。

(5) 個人情報が悪人の【 a. 手に入れる　b. 手に渡(わた)る 】と危(あぶ)ない。

(6) あの会社は借金が増え、もう【 a. 手に負えない　b. 手を尽(つ)くす 】状況らしい。

3.「足」を使った慣用句(かんようく)

「足」には、「足や脚(あし)」のほかに「移動」「お金」などの意味があります。

A 移動

1 足を運ぶ　意味 どこかへ行く。

2 足を伸(の)ばす　意味 ある場所に着いた後、さらにそこから遠くへ行く。

3 足が重い　意味 出かけたり、ある場所に行ったりしたくないと思う。

B お金

1 足が出る　意味 予定よりもたくさんお金がかかる。

A-3

C 進む・変化する

1 足を引(ひ)っ張(ぱ)る　意味 何かのじゃまをする (disturb)。

2 足が早い　意味 食べ物が早く悪くなる。

正しい言葉を選んでください。

(7) 旅行で大阪(おおさか)に行った時、【 a. 足を運んで　b. 足を伸ばして 】、近くの神戸(こうべ)まで行った。

(8) チームの【 a. 足を引っ張らない　b. 足が出ない 】ように、練習した。

(9) 生魚は【 a. 足を引っ張る　b. 足が早い 】から、冷蔵庫(れいぞうこ)にいれておきましょう。

4.「顔」を使った慣用句(かんようく)

「顔」には、「対面 (face to face)」「社会的評価(ひょうか)・名前が知られている」などの意味があります。

A 対面

1 顔を出す　意味 集まりに参加する。訪問する。

2 顔を合わせる　意味 直接会う。

B 社会的評価

1 顔を立てる　意味 他の人の社会的な評価を保(たも)つ (keep) ようにする。

2 顔に泥(どろ) (mud) を塗(ぬ)る (daub)

　意味 他の人の社会的な評価を傷(きず)つける (hurt)。

3 顔が広い　意味 付き合いの範囲が広く、知り合いが多い。

正しい言葉を選んでください。

(10) 高校の友達と連絡は取っていたが、【 a. 顔を出す　b. 顔を合わせる 】のは卒業以来だ。

(11) 先輩の案に反対だったが、先輩の【 a. 顔を立てて　b. 顔に泥(どろ)を塗(ぬ)って 】賛成した。

答え ▸ (1) a　(2) b　(3) b　(4) a　(5) b　(6) a　(7) b　(8) a　(9) b　(10) b　(11) a

上級へのチャレンジ⑧

インタビュープロジェクト Interview Project

☛第8課・第10課・第12課

これまで、第8課でインタビューの方法、第10課でデータ分析のしかた、第12課で小論文の書き方を学びました。これらをもとに、まとめの活動として「インタビュープロジェクト」に取り組みましょう。

日本の社会や文化に関するトピックを一つ選んで、日本人にインタビューし、レポートにまとめてください。以下のモデル作文を参考に、インタビューの方法とレポートの書き方を確認してから書きましょう。(1500字程度)

■ モデル作文:「お弁当」についての調査レポート

1. はじめに

❶ 序論

日本のアニメで、彩りよくおかずが詰められた「お弁当」を中高生が昼食に食べている場面をよく見る。一方、留学先の大学では食堂やコンビニを利用する学生も多いようだ。では(a)、日本の大学生はお弁当を持っていくのだろうか。そして(a)、お弁当についてどう思っているのだろうか。このレポートでは、お弁当に関する日本人学生へのインタビューについて報告する(b)。

2. 背景

❷ 背景

20XX年に(c)カルテットリサーチが行った調査によると、「大学にお弁当を持参しているか」という質問に対して「はい」と答えたのは43.1%、「いいえ」は56.9%だった。お弁当を持っていく理由として、「節約のため」「栄養面で優れている」、「学食は込んでいる/高くてまずい」などが挙げられた。持っていかない理由には、「作るのが大変」「朝、時間がない」「学食は便利」があった。このことから(c)、面倒だという理由でお弁当を持参しない大学生が多かったものの、経済的・健康的な理由でお弁当を学校に持っていく大学生は珍しくはないことがわかった。

3. 調査について

❸ 調査について

今回は(d)、「日本の大学生はお弁当を持っていくのか。そして、お弁当についてどう思っているのか」を調べるために北東大学の日本人学生を対象にインタビューを行った。Mさん(2年生・女性)、Hさん(3年生・男性)、Yさん(3年生・女性)の3人が答えてくれた。

4. 調査結果

まず、「学校にお弁当を持ってきますか」と聞くと、Mさんは「毎日」、(e)Hさんは「時々」、Yさんは「全然」と答えた。Mさんは実家暮らしで、お母さんが作ってくれるそうだ。また、Hさんは時間がある時にだけお弁当を作るらしい。Yさんはお昼ごはんは学食で食べるかコンビニで買うと言っていた。

❹ 結果
質問 1

次に、お弁当を持っていく理由、持っていかない理由を聞いてみた。M(f)さんは、「手作りのお弁当はお金の節約になるし、健康にもいいから持っていく」と話してくれた。Hさんは、「準備のために早く起きるのが大変だから、時間がない時は無理。ただ、お弁当は節約になるし、学食やコンビニは並ばなくてはいけないからできれば持っていきたいと思う」と答えた。Yさんは「お弁当は面倒だから、持っていかない。それに比べて、学食は安くていろいろなメニューがあるから便利だし、友達と会えるから楽しい」と説明してくれた。

質問 2

最後に、「『お弁当』と聞くと、どんなことを思い浮かべますか」という(g)質問をした。3人とも、「手作り」「節約」「健康的」という言葉を挙げた。その他に、Mさんは「卵焼き」「唐揚げ(からあ)」など定番のおかずを挙げ、Hさんは「冷凍(れいとう)食品」と答えた。Yさんの答えは「小学校の運動会」だった。家族が運動会に来て、昼にみんなで一緒にお弁当を食べた思い出があるそうだ。

質問 3

5. まとめ

❺ 結論

今回は「日本の大学生はお弁当を持っていくのか。そして、お弁当について(h)どう思っているか」について、3人の日本人学生にインタビュー調査を行った。その結果、(i)「時々」を含めて持っていく人が2人、持っていかない人が1人だった。また、(i)20XX年のカルテットリサーチの調査と同じように、お弁当は経済的、健康的だと考えられていることがわかった。

わかったこと

興味深かったのは、(j)お弁当から「運動会」を思い浮かべる人がいたことだ。他の日本人の友人にも聞いてみたが、学校の運動会では「お重(じゅう)」という大きいお弁当箱に家族分のおにぎりやおかずを詰めて持っていき、見に来た家族と一緒に食べると言っていた。

興味深い答え

今回のプロジェクトを通して、(k)お弁当は作るのが面倒だと思う人はいるものの、経済的、健康的にメリットがあり、大学生にとって一般的な昼食

まとめ

であることがわかった。また、日常の昼食であるだけでなく、運動会などの特別な日の思い出にもなり得るものであるようだ。お弁当は日本人の生活の中に根付いていると感じた。

単語 持参する（じさん） to bring　節約する（せつやく） to economize　実家（じっか） my parents' house　思い浮かぶ（おもう） to image

1. インタビューの準備をする

(1) 以下の中からトピックを選ぶ。

【昼ご飯事情（じじょう）、ファッション、SNS、留学、就職活動、バイト、サークル、イベント（バレンタイン、お正月）、その他】

例）お弁当（昼ご飯事情）

(2) 論点（テーマとなる質問）を決める。プロジェクト全体を通して、知りたいことを考える。

例）日本人学生はお弁当を持っていくのか。そして、お弁当についてどう思っているのか。

(3) 論点に関する背景情報を調べる。論点に関係のある調査で一般的な傾向を調べる。

例）日本の大学生を対象にした調査
「学校にお弁当を持参するか：持参する人は43.1%。しない人は56.9%。」

(4) 質問を作る。

・論点を検証することができる質問を５～６個用意する。
以下の３つのタイプの質問をバランスよく作る。

① 経験したことがあるか／しているかを聞く質問
例）学校にお弁当を持っていきますか。

② 理由を聞く質問
例）どうして学校にお弁当を持っていきますか／持っていきませんか。

③ いい点・悪い点、賛成・反対、イメージなど、考えや意見を聞く質問
例）お弁当のいい点・悪い点を教えてくれませんか。
「お弁当」と聞くと、どんなことを思い浮かべますか。

・なるべく具体的（ぐたいてき）に答えてもらえるような質問をする。
例）？「お弁当」にはどんなイメージがありますか。
○「お弁当」と聞いて、何を思い浮かべますか。

・インタビューする側の考えや主張がわからないように質問する。
例）× お弁当を持っていくのは「節約できるから」ですか。
○ どうしてお弁当を持っていくのですか。

(5) 質問の順番を決める。

・一言(ひとこと)で答えられる簡単な質問から始め、説明が必要な難しい質問は後のほうにする。

2. インタビューをする

(1) 初めに、答えたくない場合は答えなくてもいいことを伝えておく。

例) 本日はお忙しいところ、ありがとうございます。「大学生はお弁当についてどう思っているか」というテーマでお話を伺(うかが)いたいと思います。答えにくい場合は、お答えいただかなくても結構(けっこう)です。よろしくお願いします。

(2) 詳しく話してもらうために追加(ついか)(フォローアップ)の質問をする。

例)「食堂はあまり好きではない」とおっしゃいましたが、どういうことでしょうか。差(さ)し支(つか)えなければ (if you don't mind)、詳しく聞かせていただけませんか。

(3) 最後にお礼を伝える。

例) 本日はご協力ありがとうございました。大変参考(さんこう)になりました。

3. 調査レポートを書く

(1) インタビューの回答を分析(ぶんせき)し、結論を考える。

例) 論点1 日本の大学生はお弁当を持っていくのか。
論点2 お弁当についてどう思っているのか。

・回答を見て論点の答えを考え、背景の調査と同じ傾向かどうかを検証する。

例) 持っていく人が2人、持っていかない人が1人だった。
カルテットリサーチの調査と同じように、持っていく人は「お弁当は経済的、健康的だ」と考えていた。

・論点に関係がある回答の中で、特に興味深いと感じた回答を選ぶ。

例) お弁当から「運動会」を思い浮かべるという回答があった。

（2）調査レポートの構成を考える。

❶ 序論（じょろん）	・そのトピックに興味を持ったきっかけ	
	・この調査の論点 例）論点１ では、日本の大学生はお弁当を持っていくのだろうか。 論点２ そして、お弁当についてどう思っているのだろうか。	(a)
	・レポートの内容について 例）このレポートでは、〜に関する〜へのインタビューについて報告する。	(b)
❷ 背景	・論点に関係のある調査でわかった一般的な傾向を述べる。 例）〜年に〜が行った調査によると、……。 このことから……ことがわかった。	(c)
❸ 調査について	・対象・人数・答えてくれた人についての情報 例）今回は「論点１。そして、論点２」を調べるために、〜を対象にインタビューを行った。……の３人が答えてくれた。	(d)
❹ 結果	・質問１：論点１の答えにつながる質問について書く。 例）まず、「学校にお弁当を持ってきますか」と聞くと……。	(e)
	・質問２：論点２の答えにつながる質問について書く。 例）次に、お弁当を持っていく理由、持っていかない理由を聞いてみた。	(f)
	・質問３：論点に関係がある回答の中で、興味深いものを紹介する。 例）最後に、「『お弁当』と聞くと、どんなことを思い浮かべますか」という質問をした。……Ｙさんの答えは「小学校の運動会」だった。	(g)
❺ 結論	・調査の論点、対象をもう一度述べる。 例）今回は「論点１。そして、論点２」について、〜にインタビュー調査を行った。	(h)
	・調査でわかった論点の答え、背景で見た調査との比較をまとめて述べる。 例）その結果、……だった。また、〜の調査と同じように／とは違い、……ことがわかった。	(i)
	・論点に関係がある回答の中で特に興味深いものについて詳しく述べる。 例）興味深かったのは、……ことだ。他の日本人の友人にも……。	(j)
	・全体をまとめる。 例）今回のプロジェクトを通して……ことがわかった。また、……と感じた。	(k)

漢字チャレンジ⑬

部首（ぶしゅ）「さんずい（氵）」

☛ 第7課

「部首（ぶしゅ）」とは、いろいろな漢字に使われているパーツです。部首にはそれぞれ意味があります。
（部首の例） 氵 辶 扌 宀 貝 言 忄 糸 木 口 日

「さんずい（氵）」は「水」の意味を表す部首です。

1. 「さんずい」の漢字を使った単語を読んでみよう。

(1) 政**治**　(2) **準**備　(3) **汚**れる　(4) 資**源**　(5) **減**る

2. (1)～(10) の漢字を使った単語をできるだけたくさん考えよう。

（例） 海

(1) 注　(2) 活　(3) 法　(4) 洋　(5) 酒　(6) 深　(7) 決　(8) 消　(9) 済　(10) 泊

チャレンジ！ 「さんずい」の漢字をもっと勉強しよう。

① 泳 [**泳**（およ）ぐ] (to swim)　② 浅 [**浅**（あさ）い] (shallow)　③ 渡 [**渡**（わた）る] (to cross)

④ 浴 [**浴**（あ）びる] (to bathe)　⑤ 湿 [**湿**度（しつど）] (humidity)

漢字チャレンジ⑭

部首「てへん（扌）」

ぶしゅ

☛ 第7課

「てへん（扌）」は「手」の意味を表す部首です。

1. 「てへん」の漢字を使った単語を読んでみよう。

(1) 払う　　(2) 押す　　(3) 打ち上げ

(4) 採用　　(5) 捨てる

2. □ から漢字を選んでミニクロスワードを完成させ、「A↓」と「B→」の単語を読んでみよう。

① 抜　② 投　③ 授　④ 接　⑤ 技

（例）A↓ …息抜き（いきぬき）　B→ …抜く（ぬく）

（例）

	A↓	
	息	
B→	抜	く
	き	

(1)

		A↓
B→	直	
		す
		る

(2)

	A↓	
B→		書
	げ	
	る	

(3)

	A↓	
	教	
B→		業

(4)

	A↓	
	特	
B→		術

チャレンジ！　「てへん」の漢字をもっと勉強しよう。

① 拾 ［拾う］ ひろ (to pick up)　② 拡 ［拡大］ かくだい (enlargement)　③ 捕 ［捕まえる］ つか (to catch)

④ 損 ［損］ そん (loss; damage)　⑤ 拍 ［拍手］ はくしゅ (clap)

漢字チャレンジ⑮

音符（おんぷ） Phonetic indicators

☛第8課

「生」（学生）と「性」（女性 female）という漢字は、同じ「生」というパーツが使われていて、どちらも音読みは「せい」です。このように音読みを表すパーツを「音符（おんぷ）」と言い、漢字の音読みがわからない時のヒントになります。

1. aとbで同じ音符（おんぷ）を見つけよう。

2. aとbの単語を読んでみよう。

（例） a. 学生　b. 星座 (constellation)

(1) a. 白紙　b. 宿泊

(2) a. 身長　b. 出張

(3) a. 週末　b. 一周

(4) a. 結果　b. 交流課

(5) a. 交通　b. 効果的

チャレンジ！　同じ読み方の漢字をもっと勉強しよう。

① 宿［宿題　縮小 (reduction)］

② 古［古文（こぶん） (ancient writings)　びわ湖 (Lake Biwa)］

③ 可［可能　河川（せん） (rivers)］

④ 真［写真　慎重（ちょう）な (careful)］

⑤ 容［内容 (content)　溶接 (welding)］

※新しい漢字：①縮小　②びわ湖　③河川　④慎重な　⑤溶接

漢字チャレンジ⑯

知っている漢字から単語の意味を考える

☛ 第8課

「年齢」という単語がわからなくても「年」という漢字を知っていたら、「年齢」は「年」に関係がある言葉だと考えることができます。このように、ある単語を知らなくても、1つ1つの漢字から意味を想像することができます。ここでは、知っている漢字から単語の意味を考えましょう。

1. (1)～(4) の漢字の意味を考えて、(　　) に書こう。

2. a～c の単語を読んで、意味を考えよう。

意味

(例) 送 (=　　　　　　　　　　　　)　[a. 送金　b. 送迎(げい)　c. 送電]

1. 送る (send)
2. a. 送金(そうきん)（お金を送ること）
   b. 送迎(そうげい)（送ったり、迎えたりすること）
   c. 送電(そうでん)（電気を送ること）

(1) 特 (=　　　　　　　　　　　　)　[a. 特別　b. 特技　c. 特急]

(2) 退 (=　　　　　　　　　　　　)　[a. 退学　b. 退職　c. 退室]

(3) 過 (=　　　　　　　　　　　　)　[a. 過食　b. 過労　c. 過言(ごん)]

(4) 冷 (=　　　　　　　　　　　　)　[a. 冷水　b. 冷気　c. 冷夏(か)]

チャレンジ！ もっと勉強しよう。

① 温 (=　　　　　　　　　　　　)　[a. 温水　b. 温風(ぷう)　c. 温泉(せん)]

② 採 (=　　　　　　　　　　　　)　[a. 採集(しゅう)　b. 採用　c. 採血(けつ)]

③ 確 (=　　　　　　　　　　　　)　[a. 確定　b. 確信　c. 確認]

④ 運 (=　　　　　　　　　　　　)　[a. 運動　b. 運転　c. 運輸(ゆ)]

⑤ 普 (=　　　　　　　　　　　　)　[a. 普通　b. 普段　c. 普及(きゅう)]

※新しい漢字：①温泉　②採血　③確認　④運輸　⑤普及

漢字チャレンジ⑰

部首「いとへん（糸）」

☛ 第９課

「部首」とは、いろいろな漢字に使われているパーツです。部首にはそれぞれ意味があります。
（部首の例） 氵 辶 扌 宀 貝 言 忄 糸 木 口 日

1. 「いとへん」の漢字を使った単語を読んでみよう。

(1) 縦と横　(2) 細い　(3) 絶対　(4) 成績　(5) 練習

2. (1)～(10) の漢字を使った単語をできるだけたくさん考えよう。

(例) 紙

(1) 続　(2) 線　(3) 約　(4) 終　(5) 経
(6) 結　(7) 紹　(8) 級　(9) 統　(10) 絵

チャレンジ！ 「いとへん」の漢字をもっと勉強しよう。

① 緑 ［緑（みどり）］ (green)
② 給 ［給料（きゅうりょう）］ (salary)
③ 純 ［単純（たんじゅん）な］ (simple)
④ 綿 ［綿（めん）］ (cotton)
⑤ 緩 ［緩（ゆる）い］ (loose; slack)

漢字チャレンジ⑱

部首「りっしんべん（忄）」

☛ 第 9 課

「りっしんべん（忄）」は「心」の意味を表す部首です。

1. 「りっしんべん」の漢字を使った単語を読んでみよう。

(1) 不慣れ　　(2) 愛情　　(3) 女性　　(4) 大忙し

2. ［　　］から漢字を選んでミニクロスワードを完成させ、「A↓」と「B→」の単語を読んでみよう。

① 怖	② 慣	③ 性	④ 情	⑤ 忙

(1)

	A↓	
	感	
B→		報

(2)

		A↓
B→	多	
		し
		い

(3)

		A↓
B→	習	
		れ
		る

(4)

		A↓
B→	恐	
		い

(5)

	A↓	
	異	
B→		格

チャレンジ！ 「りっしんべん」の漢字をもっと勉強しよう。

① 慢 ［我慢（がまん）］ (patience)

② 快 ［快適（かいてき）な］ (comfortable)

③ 懐 ［懐（なつ）かしい］ (nostalgic)

④ 悔 ［後悔（こうかい）］ (regret)

⑤ 惜 ［惜（お）しい］ (regrettable; close)

漢字チャレンジ⑲

漢字とコンテクストから意味を考える（1）

☛第10課

意味がわからなくても、知っている漢字とコンテクストから考えてみましょう。

▶キャンパスマップのサインの説明に使われている漢字を読んでみよう。

(1)  総合案内

(2)  鉄道駅

(3)  駐車場

(4)  バス乗り場

(5)  お手洗い

(6)  食堂

(7)  水飲み場

(8)  銀行ＡＴＭ

(9)  救護所

(10)  喫煙所

(11)  店舗／売店

(12)  駐輪場

チャレンジ！ 新しい漢字を確認しよう。

① 救護所（きゅうごしょ） (first-aid station)

② 喫煙所（きつえんじょ） (smoking area)

③ 店舗（てんぽ） (store)

④ 駐輪場（ちゅうりんじょう） (bicycle parking)

漢字チャレンジ⑳

漢字とコンテクストから意味を考える（2）

☛第 10 課

意味がわからなくても、知っている漢字とコンテクストから考えてみましょう。

▶下のアルバイトの広告（こうこく）(ad) を読んで、質問に答えよう。

(1) どんな仕事をしますか。
(2) 経験が必要ですか。
(3) 男性と女性、どちらを求めていますか。
(4) 電車で行ったら電車代がもらえますか。
(5) 制服は買いますか。
(6) 4 時間働いたら、いくらもらえますか。

配達・キッチンスタッフ 募集

年齢・経験不問　運転免許保持者優遇

勤務地	ピザハウス（大学前店）
時間	17:00 ～ 24:00
年齢	18 歳～ 50 歳位　男女不問
時給	900 円～　※ 昇給制度有り
休日	シフト制　★ 学生・フリーター歓迎
待遇	交通費支給・制服貸与

ご応募＆お問い合わせ

◆ 電話後、履歴書（写貼）をご持参ください。
まずはお気軽にお電話ください。

TEL.03-1234-5678
（担当：青木 啓）

チャレンジ！　新しい漢字を確認しよう。

① 募集（ぼしゅう）(recruitment)
② 免許（めんきょ）(license)
③ 優遇（ゆうぐう）(favorable treatment)
④ 歓迎（かんげい）(welcome)
⑤ 履歴書（りれきしょ）(résumé)

漢字チャレンジ㉑

部首「うかんむり（宀）」

☛ 第11課

「部首（ぶしゅ）」とは、いろいろな漢字に使われているパーツです。部首にはそれぞれ意味があります。
（部首の例） 氵 辶 扌 宀 貝 言 忄 糸 木 口 日

「うかんむり（宀）」は「家」「屋根 (roof)」の意味を表す部首です。

1. 「うかんむり」の漢字を使った単語を読んでみよう。

(1) 寒い　(2) 寮　(3) 丁寧　(4) 豊富　(5) 登山客

2. (1)～(10) の漢字を使った単語をできるだけたくさん考えよう。

(例) 安

(1) 定　(2) 室　(3) 容　(4) 宿　(5) 実　(6) 守　(7) 寝　(8) 寄　(9) 家　(10) 完

チャレンジ！ 「うかんむり」の漢字をもっと勉強しよう。

① 宗 [宗教（しゅうきょう）] (religion)　② 察 [警察（けいさつ）] (police)　③ 宝 [宝（たから）くじ] (lottery)

④ 害 [有害（ゆうがい）な] (harmful)　⑤ 宅 [自宅（じたく）] (home)

漢字チャレンジ㉒

部首「かいへん・かい（貝）」

☛ 第 11 課

「かいへん・かい（貝）」は「お金」の意味を表す部首です。

1. 「かいへん・かい」の漢字を使った単語を読んでみよう。

(1) 貸す　(2) 資源　(3) 責任　(4) 賛成　(5) 負担

2. ［　］から漢字を選んでミニクロスワードを完成させ、「A↓」と「B→」の単語を読んでみよう。

① 買	② 費	③ 賞	④ 貨	⑤ 質

(1)

B→ \ A↓	A↓	
	売	
B→		う

(2)

		A↓
		通
B→	雑	

(3)

	A↓	
	品	
B→		問

(4)

	A↓	
	学	
B→		用

(5)

	A↓	
	受	
B→		金

チャレンジ！　「かいへん」と「かい」の漢字をもっと勉強しよう。

① 贈［贈り物（おくりもの）］(present)
② 貯［貯金（ちょきん）］(savings)
③ 貧［貧しい（まずしい）］(poor)
④ 賃［賃金（ちんぎん）］(wage)
⑤ 財［財産（ざいさん）］(property)

漢字チャレンジ㉓

部首のまとめ――漢字カルタ

☛ 第 12 課

今まで勉強した部首を使って、漢字カルタにチャレンジ！

ＡとＢのカードを組み合わせて、できるだけたくさん漢字を作ってみましょう。

（例）① 日（A） ＋ ⑬ 寺（B） ＝ 時

A

① 日　② 亻　③ 氵　④ 辶　⑤ 木　⑥ 貝　⑦ 扌　⑧ 糸　⑨ 言　⑩ 口　⑪ 忄　⑫ 宀

B

⑬ 寺　⑭ 反　⑮ 及　⑯ 昔　⑰ 召　⑱ 隹　⑲ 未　⑳ 谷　㉑ 者　㉒ 可　㉓ 冓　㉔ 寸　㉕ 才　㉖ 主　㉗ 舌　㉘ 由　㉙ 青

チャレンジ！　もっと勉強しよう。

① 柱 ［柱（はしら）］ (pole)

② 詩 ［詩（し）］ (poem)

③ 扱 ［扱（あつか）う］ (to treat)

④ 購 ［購入（こうにゅう）］ (purchase)

⑤ 唯 ［唯一（ゆいいつ）］ (the only)

漢字チャレンジ㉔

その他の部首「土・彳・禾・ネ・阝」

☛ 第 12 課

「つちへん・つち（土）」「ぎょうにんべん（彳）」「のぎへん（禾）」「しめすへん（ネ）」「こざとへん（阝）」の漢字を勉強しましょう。

1. a ～ c の単語を読んでみよう。

(1) 土 ［ a. 平地　b. 場所　c. 増える ］

(2) 彳 ［ a. 復習　b. 役割　c. 得る ］

(3) 禾 ［ a. 秋　b. 積極的　c. 便利 ］

(4) ネ ［ a. お礼　b. 社員　c. 神様 ］

(5) 阝 ［ a. 隣人　b. 降る　c. 限界 ］

2. 1 の（1）～（5）の部首を使ったほかの漢字をできるだけたくさん考えよう。

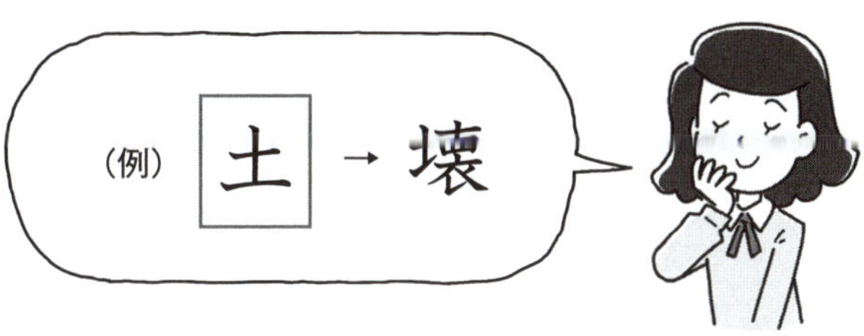

チャレンジ！　もっと勉強しよう。

① 土 ［坂（さか）］ (slope)

② 彳 ［法律（ほうりつ）］ (law)

③ 禾 ［移民（いみん）］ (emigration)

④ ネ ［祝（いわ）う］ (to celebrate)

⑤ 阝 ［隠（かく）す］ (to hide)

____その課で勉強する表現・文型

第7課・聴解1 カルチャーショック

（🎧4.Chokai_L7-1）

■解答 ③

留学生のためのオリエンテーションで、先生がカルチャーショックについて話しています。「カルチャーショックのステージ」は、下の図の①～⑤のどれですか。

カルチャーショックは、留学など、外国に長い時間いる時だけではなく、大学や会社に入ったりした際にも起こります。つまり、新しい環境で生活を始める人は、注意が必要なのです。

カルチャーショックを乗り越えるまでには、大きく分けて４つのステージがあると言われています。まず、「ハネムーンのステージ」です。見るものも聞くものも、すべてが新しく感じられ、旅行のように楽しい時期です。この時の満足度はとても高いです。そして、「カルチャーショックのステージ」です。今までの自分の常識が使えないので、困ったり、悩んだりする時期で、満足度がどんどん低くなっている時です。新しい文化が嫌いになってしまうこともあり、自分の国に帰ってしまう人もいます。

次は、「適応が始まるステージ」です。文化の違いが見えてきて、少しずつ慣れ始める時期です。このステージで、満足度は少しずつ上がっていきます。最後は、「適応のステージ」です。新しい文化に慣れ、そのまま受け入れられるようになる時期で、満足度はハネムーンのステージと同じくらい高くなります。

このように、ステージが進むと満足度も変わっていきますが、その変化はＵの形で表されます。今、皆さんは日本に来たばかりで、ハネムーンのステージにいると思いますが、文化の違いなどでストレスがたまると満足度が少しずつ下がっていきます。いつもの自分と違うなと思う時や、イライラしてしょうがない時は、カルチャーショックのステージに入っているかもしれません。そのような時には、友達や仲間と話すようにしましょう。

第7課・聴解2 多文化共生社会

（🎧4.Chokai_L7-2）

■解答

1. ① ×　② ○　③ ○　④ ×　⑤ ×
2. 互いの文化の違いを認めながら、共に生きていく社会のこと

ジョージが、今日の異文化理解のクラスの内容について絵理に話しています。会話を聞いて、質問に答えなさい。

ジョージ：「多文化共生社会」って言葉、聞いたことある？

絵理：うん。互いの文化の違いを認めながら、共に生きていく社会のことでしょ？

ジ：そうそう。その社会には大切なことが４つあるんだって。

絵：へえ、どんなこと？

ジ：１つは、自分の文化の価値観で、他の文化の人たちのことを判断しないこと。

絵：具体的にはどういうこと？

ジ：例えば、多くの日本人は肉も魚も食べるけど、外国にはベジタリアンやビーガンの人も多いでしょ？ その人たちに、「野菜だけだと健康によくないから、肉も食べたほうがいいよ」って言うのは、自分の文化の価値観だけで判断していることになるよね。

絵：うん。そうだね。

ジ：で、それと同時に、相手について知ろうとすることも大切。これが２つ目。

絵：そうだね。どうして肉や魚を食べないのか、その人の考えを知ったら、「肉も」なんて言わないかも。

ジ：そうそう。そして、３つ目は相手に対する寛容性。

絵：確かに、心を広く持って、いろいろなことを受け入れるのは大切だよね。でも、ネットで言い合いしている人もいるし、簡単じゃないよね。

ジ：うん。そこで大切なのが４つ目なんだけど、必要なのは言い合いじゃなくて対話なんだ。

絵：何が違うの？

ジ：言い合いは、ただ自分の意見を主張するだけ。対話は、互いのことを理解しようと考えながら話し合って、価値観をすり合わせていくこと。

絵：なるほど。共生には絶対に必要だね。

第８課・聴解１ 温泉旅行

（🎧4.Chokai_L8-1）

■解答
1. a－② b－③ c－①
2. ①

旅行会社の人が、温泉旅行のプランについて紹介しています。会話を聞いて質問に答えなさい。

社員：行先は未定で、どこか温泉地へのご旅行をお探しということでしたので、３つのプランをご紹介させていただきます。

絵理：はい、お願いします。

社：では、まず、別府のプランです。別府は温泉の数が日本一多く、いろいろな温泉に入って違いを楽しんでいただけます。ご宿泊いただくのは露天風呂にこだわった和風旅館で、一泊二食付きでございます。こちらの旅館からは歩いて温泉巡りをしていただけます。

メイリン：へえ、おもしろそう。

社：次は、箱根のプランです。箱根は美術館や博物館が多いため、温泉以外の活動もお楽しみいただけます。こちらの旅館からは、天気がよければ美しい富士山の姿もご覧いただけます。なお、お食事は朝食のみでお部屋は洋室となります。

絵：なるほど。

社：最後にご紹介するのは、有馬のプランです。有馬は、最も古い温泉地の一つで、歴史的な建物が多く、日本ならではの古い町並みから、日本の伝統と歴史を感じていただけます。こちらはワンランク上のお部屋となり、お部屋にも小さい温泉風呂がついておりますので、プライベートでゆっくりと過ごしていただけます。一泊二食付きでご夕食は高級懐石料理となります。お客様、いかがでしょうか。

絵：うーん、ちょっと家で考えてきてもいいですか。

社：かしこまりました。またのご来店をお待ちしております。

〈カフェで〉

メ：絵理ちゃんはどこがいい？ 私は温泉にさえ入れればどこでもそれなりに満足できるけど。

絵：じゃあ、ここはどう？ お部屋に温泉ついてるし。

メ：いいねえ。あっ、でもちょっと待って。値段が……。

絵：ほんとだ。じゃあ、ここは？ 温泉以外の観光も楽しめそうだし。

メ：あっ、でもせっかくだからやっぱり和室がいいよね。

絵：じゃあ、この和風旅館は？

メ：いいね！ 近くのいろいろな温泉が試せるみたいだし、楽しみー。

第8課・聴解2 温泉の「タトゥー禁止」問題

（4.Chokai_L8-2）

■解答

1. ① ○　② ×　③ ○　④ ×　⑤ ×
2. ・タトゥーを隠すシールを準備するのにはお金がかかること。
   ・貸切風呂がない温泉もあること。

サラと研が温泉とタトゥーについて話しています。会話を聞いて、質問に答えなさい。

サラ：日本って、タトゥーをしている人が温泉に入れないことがあるんだってね。なんでだろう？

研：うーん。入れ墨にヤクザのイメージがあるから、それに近いタトゥーも怖がられるんだと思う。

サ：でも、最近は日本でもファッションでタトゥーをする人もいるし、外国ではタトゥーが文化になっているところもあるよね。来日する外国人の数も増えているんだし、時代とともに変えなきゃいけないこともあるんじゃないかな。

研：そうかもしれないけど、日本では怖いイメージがあるから、しょうがないんじゃない？

サ：でも、タトゥーのせいで入れない人がいるのは、残念だな。温泉で日本ならではの雰囲気を味わいたいっていう外国人観光客は多いと思うから……。

研：そうだね。タトゥーをしている人は本当に全然温泉に入れないのかなあ。ちょっとスマホで調べてみよう。

サ：うん。

研：あ、こんなことをしている温泉もあるんだって。

サ：なに？

研：タトゥーをしている人には、シールを貼ってタトゥーが見えないようにしてもらったり、込んでいる時間には入らないようにしてもらったり、あと、貸切風呂に入ってもらったりするみたい。

サ：へえ、そうなんだ。でも、シールを準備するのにはお金がかかるし、貸切風呂がない温泉もあるだろうし、まだまだ課題がありそうだね。

研：そうだね。

第9課・聴解1 ペットの殺処分

（4.Chokai_L9-1）

■解答　c

社会学の授業で、グエン・ヴァン・タンがペットの殺処分の問題について発表しています。発表の内容に合う概要はa～dのどれですか。

今日は、ペットの「殺処分」について発表します。「殺処分」というのは、保健所が様々な理由で引き取った犬や猫を殺すことです。日本では一日に200匹以上の犬と猫が殺処分されていると言われ、大きな社会問題の一つとなっています。しかし、これでも昔と比べるとかなり減少しています。1998年の殺処分数は犬・猫合わせて約66万匹でしたが、2018年には10万匹以下に減少しました。

いったいどうして殺処分数が減っているのでしょうか。まず、「ペットがかわいくなくなったから」、「引っ越しするから」という理由では、保健所が引きとりを断れるようになったからです。それから、動物愛護団体が飼えなくなったペットを直接引きとって、次の飼い主を探すようになったことも減少の理由の一つになっています。

このように殺処分の数は減っているのですが、ゼロにすることは難しいようです。では、殺処分をゼロに近づけるためにはどうすればいいでしょうか。日本ではペットショップなどで気軽に犬や猫を買うことができます。しかし、ペットを飼うということは、そのペットが死ぬまで世話をするということで、簡単なことではありません。ペットを飼い始める前に、飼い主としての責任をよく理解してもらう必要があるでしょう。

第9課・聴解2 ペットビジネス

（4.Chokai_L9-2）

■解答

1. ① × ② × ③ ○ ④ × ⑤ ○
2. 家族だからできることはしてあげたいと思っているからです。
3. 信じられないと思っています。ペットを飼ったことがないし、ペットが服などをほしいと思っているかどうかわからないからです。

ジョージと絵理がペットについて話しています。会話を聞いて質問に答えなさい。

ジョージ：見て。あのワンちゃん、飼い主とおそろいのピンクの服、着てるよ。

絵理：わあ、ペアルックでかわいい！ 私もうちのモモとやってみようかな。

ジ：絵理ちゃんって、犬、飼ってたっけ？

絵：うん。これ見て。この前家族みんなで温泉旅行に行った時の写真。で、これがうちのモモ。ワンちゃん専用の温泉が部屋についているの。

ジ：え？ ということは、犬も一緒に泊まった、ってこと？

絵：もちろん。家族だもん。

ジ：ふーん。最近、「ペットの家族化」が進んでるって聞いたけど、絵理ちゃんもそう思う？

絵：うーん、そうかもね。昔よりペットにお金を使う人は多いかも。

ジ：へえ。

絵：うちなんか、健康を考えてオーガニックのペットフードを食べさせているから、お金がかかって。毎月、トリミング代や洋服、えさ代、保険料なんかを入れると２万円近くかかるんだ。

ジ：え、そんなに？！ あり得ない！

絵：でも家族だから、できることはしてあげたいし。洋服もつい買いすぎちゃって。

ジ：ペットがいない僕からすると、そこまでするのはちょっと抵抗があるな。そもそも本当に犬が服とか望んでいるのか、わからないわけだし。

絵：まあね。でも、きっとジョージも犬を飼えば私の気持ちがわかるはず。

ジ：そういうものかなあ。

第10課・聴解1 所得格差

（4.Chokai_L10-1）

■解答 a

日本の所得格差について社会学の授業で先生が話しています。「貧困層」と「富裕層」を表す組み合わせで正しいものは、a～dのどれですか。

日本は格差社会になりつつあると言われています。

格差社会とは、収入や資産によって人々の間に階層ができ、簡単には別の階層に動くことができない社会のことです。

1970年代の日本は「自分は中流である」と考える人が９割を占め、格差があまりない平等な社会だと思われていました。この傾向は80年代まで強く見られましたが、その後、資本主義経済の発展により一部の富裕層に資産が集まるようになりました。2018年の調査を見てみましょう。ここでは富裕層を所得が1000万円以上の世帯とします。グラフを見ると、富裕層は全体の 12.2%にとどまっていることがわかります。一方、その時の平均所得以下の世帯は全体の 62.4%を占めています。また、貧困層を所得が 200 万円以下の世帯とすると、日本の貧困層の世帯は約 20%にのぼっていることがわかります。このことから、日本は、富裕層より貧困層の割合が高い格差社会であると言えます。

格差社会では、一度貧困層になると努力しても富裕層になることは非常に難しいです。今後、このような不平等な状況を改善するための対策を考えていく必要があるでしょう。

第 10 課・聴解 2　教育格差

（🎧 4.Chokai_L10-2）

■ 解答

1. ① ○　② ×　③ ×　④ ×　⑤ ○
2. 所得が高い家庭は、子どもが将来いい大学に入れるように小学生の頃から塾で勉強させたり、私立の学校に入れたりするが、低所得の家庭はそのようなことができない。
3. 学費が高くなってきているせいで、奨学金が返せないから。

アメリカ人のジョージと日本人の絵理が、教育格差について話しています。会話を聞いて質問に答えなさい。

ジョージ：ねえ、絵理ちゃん。日本は教育格差ってある？

絵理：所得が高い家庭ほど、子どもがいい大学に入る割合が高いってのはよく聞くよ。生まれた環境によって受けられる教育に差が出る傾向があるから、教育格差はあるって言えるんじゃないかな。

ジ：そうなんだ。それは大学の学費が高いから？

絵：学費が問題になることもあるけど、むしろ子どもの時からの教育の機会の差のほうが大きいかな。

ジ：え、機会の差って？

絵：例えば、所得が高い家庭は、子どもが将来いい大学に入れるように小学生の頃から塾で勉強させたり、私立の学校に入れたりするけど、低所得の家庭の子どもにはそういう機会がないんだよね。

ジ：なるほど。あとアメリカでは奨学金がもらえなくて学費のローンを組んだものの、学費が高すぎて就職してもお金が返せないって問題があるんだけど、日本はどう？

絵：今のところ、日本はアメリカほど大きな問題になっていないけど、最近、日本も学費が高くなってきているせいで、奨学金が返せなくて自己破産する若者が増えているらしいよ。

ジ：え、日本の奨学金って返さなきゃいけないの？ もらえないの？

絵：うん。日本では奨学金って名前だけど、返さなきゃいけないものが多いよ。

ジ：ふーん。やっぱりどの国も教育格差の問題はあるんだね。みんなが平等に教育の機会が得られるようにするためには、どうしたらいいのかなあ。

第 11 課・聴解 1　言葉の変化

（🎧 4.Chokai_L11-1）

■ 解答　a－3　b－2

「言葉の変化」というタイトルで言語学の先生が大学の講演会で話しています。「見れる」と「読まさせていただく」は、それぞれ 1 ～ 4 の段階のどれですか。

皆さんは「見ることができる」を可能形で言うとき「見られる」と言いますか。それとも「見れる」と言いますか。日本の国語教育では「見られる」が正しく、「見れる」は間違いで「誤用」だとされています。しかし、最近、若い人を中心に「見れる」と「ら」を抜いて使う人が多くなってきています。2016年の調査では、「『見れる』と言う」と答えた人が48.4%で「見られる」の44.6%を初めて超えました。ということは、もはや「見れる」は「誤用」とばかりは言い切れないのではないでしょうか。

言葉というものは常に変化します。もともと「誤用」だったものでも使う人がだんだん多くなり、最終的にはその言い方が「定着」し正しい使い方とされます。その「誤用」が増え、本来の形と同時に存在する状態を「揺(ゆ)れ」と言います。つまり、「見れる」は「揺れ」の段階(だんかい)にあると言えます。

同じように「読ませていただく」を「読まさせていただく」と「さ」を入れて言う人も増えてきています。しかし、「読まさせていただく」はまだ23.2%と少数派(は)であることから、完全な誤用とは言えないまでも「見れる」よりも「誤用」に近い状態にあると言えるでしょう。

第11課・聴解2 SNSとコミュニケーション

(🎧4.Chokai_L11-2)

■解答

1. ① ○　② ×　③ ×　④ ○　⑤ ×
2. 対面のコミュニケーションでは、苦手な相手や考え方が全く違う人とも関わらなければいけないことや、言葉だけではなく、相手の表情や身振りからも気持ちが読み取れることが、SNS上のコミュニケーションと違う。

ジョージとサラが、若者のコミュニケーションについて話しています。会話を聞いて、質問に答えなさい。

ジョージ：最近、若者のコミュニケーション能力がSNSのせいで低下しているって言われるけど、本当だと思う？

サラ：うーん、確かにSNSでは短いコメントや絵文字なんかの簡単なやりとりが中心だからね。

ジ：うん。でも、それってコミュニケーションの方法が変わっただけなんじゃない？

サ：そうかもね。でも、言葉を使って互(たが)いに意思疎通(いしそつう)を図ることがコミュニケーションだとすると、SNS上のやりとりでは表現力はやっぱり落ちちゃうと思うよ。なんでも「いいね」とかのスタンプ1つで済んじゃうし。

ジ：そっか。でも、内容はさておき、SNSのおかげでやりとりする相手は増えているわけだから、SNSがコミュニケーションに悪い影響を与えているとばかりは言えないんじゃないかな。

サ：うーん、でも、結局、趣味が同じとかの仲間内のコミュニケーションが多いよね。

ジ：確かに……。

サ：実際、社会に出れば苦手な相手や考え方が全く違う人とも付き合わなきゃいけないわけだし。それに、人に直接会えば、言葉だけじゃなく、相手の表情や身振りなんかからも気持ちが読み取れるよね。

ジ：そうかあ……。いずれにしても、SNSだけでなく対面でのやりとりも大切にして、コミュニケーション能力を磨いていかなければいけないってことだね。

第12課・聴解1　企業が求める人材

（🎧 4.Chokai_L12-1）

■解答　h

大学の就職セミナーで、キャリアセンターの人が今の日本企業が求める人材について話しています。センターの人によると、日本企業が求める能力のうち、これからの時代に最も必要な能力はa～hのどれですか。

企業がどのような人材を採用したいかを知っておくことは、就職活動をする上で重要です。企業は入社後に会社の利益に貢献できる人を求めています。

このグラフは、企業が求める人材を「これまで」と「今後」で比較したものです。

これまで、日本では終身雇用、年功序列といった制度が一般的だったこともあり、チームワークを尊重できる人材、上司の指示を正確に理解して行動できる人材が重視されてきました。

しかし、今ではどの企業も即戦力を求めています。即戦力というと、具体的なスキル、専門的知識、業務経験といったものをイメージしがちですが、企業が求めているのは「自分でものを考え、行動できる力、主体性」です。会社に入ると、自分で判断しなければならないことがたくさんあります。仕事を任されている以上、「上司がそう言ったから」といった態度では困ります。その点に関して言えば、「リーダーシップが取れること」も同様に大切なスキルだと言えます。

しかし、時代は常に変化していますから、今だけでなく、先を見なければいけません。これからの時代を考えると、グラフの変化が最も大きいこの部分に注目すべきでしょう。今後、AIの発展により、今ある仕事の多くがなくなると言われています。そのような時代の変化に対応するためにも、今までにない新しい考え方ができることが、これからの時代に最も求められているのです。

第12課・聴解2　グローバル人材

（🎧 4.Chokai_L12-2）

■解答

1. ① ×　② ×　③ ×　④ ○　⑤ ○
2. 一般的な日本人の協調性はただ争いを避けるために相手の意見に同意しているにすぎないが、グローバル人材に求められる協調性は相手との違いを受け入れて、互いの合意点を見つけられる能力のことである。（日本人は、一方が折れているだけだが、グローバル人材に求められる協調性は、話し合ってお互いに納得できる答えにたどり着くことができる能力のことである。）

研とサラがビジネスの講義の後、下のノートを見ながら話しています。会話を聞いて、質問に答えなさい。

研：今日のグローバル人材についての講義、おもしろかったね。

サラ：うん。ビジネスで国際的に活躍できる人材というと、語学力が強調されがちだけど、自分が伝えたいことを効果的に伝えられる表現力も必要なんだね。

研：そうだね。特に、文化が違う人とのコミュニケーションでは、はっきり言うのか、遠回しに言うのかとか、相手の言語文化にも配慮して、相手に誤解されないようにしなきゃいけないしね。

サ：うん。でも、2つ目に先生が言っていた、主体性や積極性、チャレンジ精神は、グローバル人材に限らず、すべてのビジネスパーソンに必要なものだよね。

研：そうだね。「企業は今、自分で考えて動ける人材を求めている」って、この前の就職セミナーでも言ってたよね。

サ：うん。あ、あと３つ目に話していた、「協調性」は、日本人にはもうあるんじゃない？ 日本人って人に合わせるの得意だし。

研：でも、日本人の多くはただ争(あらそ)いを避(さ)けるために相手の意見に同意しているにすぎないんじゃないかな。ここで言う「協調性」って、相手との違いを受け入れて、互(たが)いの合意点を見つけられる能力ってことでしょ？

サ：そっか。一方(いっぽう)が折れるんじゃなくて、話し合ってお互いに納得(なっとく)できる答えを出すことが大切なんだね。

文型・表現さくいん

単語さくいん

あ

い

う

え

お

か

かんない 館内 inside of the building L8- 読 1
がんぼう 願望 desire; wish L10- 読 1
かんようご 慣用語 idiom L11- 読 1
かんり(する) 管理 to manage; to administer ◆L12- 読 1

き

きあつ 気圧 atmospheric pressure ◇L9- 読 1
ききながす 聞き流す to take no notice L11- 読 1
きけんな 危険な dangerous ◆L12- 読 1
きざむ 刻む to tick ◇L9- 読 1
きしゃ 汽車 steam train; train L9- 読 1
きじゅん 基準 standard L7- 読 1
きずく 築く to build ◇L7- 読 2
きずをおう 傷を負う to suffer a wound L12- 読 2
きせき 奇跡 miracle ◇L9- 読 2
きたいはずれ 期待外れ disappointment L7- 読 2
きちくべいえい 鬼畜米英
"The Americans and the British are brutes" L12- 読 2
きつい tough; hard L12- 読 1
きっぱりと clearly L11- 読 2
きてき 汽笛 steam whistle L9- 読 1
きどうにのる 軌道に乗る to be on track L7- 読 1
きび 機微 subtleties L12- 読 2
[~に] きふ(する) 寄付 to donate [*vt.*] ◇L11- 読 1
ぎほう 技法 techniques L8- 読 2
きほん 基本 basis; foundation ◆L8- 読 1
きまって as usual L11- 読 1
きみ 君 you (on a friendly note) ◇L9- 読 1
ぎゃくに 逆に on the contrary; conversely ◆L7- 読 1
ギャップ gap L7- 読 2
きゅうよ 給与 salary L10- 読 1
きょういくかん 教育観 educational philosophy L10- 読 2
きょうくん 教訓 lesson L12- 読 2
きょうざい 教材 teaching materials L12- 読 1
きょうじゃく 強弱 strength L7- 読 1
ぎょうしゅく(する) 凝縮 to condense [*vt.*] L8- 読 2
[~と] きょうぞん(する) 共存 to coexist L12- 読 2
[~に] きょうつう(する) 共通 to be common L11- 読 2
きょうどう 共同 cooperation; collaboration L8- 読 2
きょうとだいがく 京都大学 Kyoto University L8- 読 2
きょうふ 恐怖 fear L9- 読 2
きょうぼうな 凶暴な brutal ◇L12- 読 2
きょうみぶかい 興味深い interesting L7- 読 2
きょうゆう(する) 共有 to share ◆L7- 読 2
[~に] きょうりょく(する) 協力 to cooperate ◆L11- 読 1
きょじん 巨人
giant person; person with special powers ◇L12- 読 2
きょぜつ(する) 拒絶 to reject ◆L11- 読 2
きょよう(する) 許容 to allow L10- 読 2
きょようど 許容度 latitude L10- 読 2
きょり 距離 distance ◇L12- 読 2
キングズ・イングリッシュ King's English L11- 読 2
きんねん 近年 in recent years L8- 読 1
[~に] きんむする 勤務 to work ◆L12- 読 1

く

くう 食う to eat L12- 読 2
くうかん 空間 space; room L8- 読 2
くうぜん 空前 unprecedented L8- 読 2
ぐうわ 寓話 fable L12- 読 2
くずれかかる 崩れかかる to collapse onto L9- 読 2
ぐたいてきな 具体的な concrete L11- 読 1
くちにする 口にする to speak of L7- 読 2
くつろぐ to relax; to make oneself at home L8- 読 1
くび 首 neck ◆L9- 読 2
くむ 組む to cross ◇L7- 読 1
~ぐらし ~暮らし ~ life ◆L9- 読 2
くらやみ 暗闇 darkness L9- 読 1
くるくる round and round L9- 読 2
ぐるのーぶるせいじがくいん グルノーブル政治学院
Sciences-Po Grenoble L8- 読 2
クロアチア Croatia L10- 読 2

け

けい~ 計~ ~ in total L10- 読 1
けいい 敬意 respect L12- 読 2
けいえい(する) 経営 to manage ◆L12- 読 1
けいえいきかくぶちょう 経営企画部長
chief of corporate planning division L12- 読 1
けいえん(する) 敬遠
to keep something at a distance L12- 読 1
けいこう 傾向 tendency ◆L10- 読 2
けいさん(する) 計算 to calculate ◆L12- 読 1
けいたい 形態 form; shape L10- 読 1
けげんな questioning; strange L8- 読 2
けっかてきに 結果的に
as a result; unintentionally L12- 読 1
けっこうな 結構な fine ◇L11- 読 1
けっこんかん 結婚観 view of marriage L10- 読 1
けらい 家来 retainer L11- 読 1
げんかん 玄関 entrance; front door L9- 読 2
けんきゅうじょ 研究所 research institute L10- 読 2
[~が] けんざいか(する) 顕在化
to become obvious L10- 読 2
げんじつ 現実 willingness L7- 読 2
けんしょう(する) 検証 to verify ◆L11- 読 2
[~に] けんとうがつく 見当がつく to have a clue L11- 読 1
げんば 現場 site; field L12- 読 1

こ

こい 濃い thick; dense; strong ◇L7- 読 1
こう 乞う to ask ◇L11- 読 1
こうきょう 公共 public L10- 読 2
こうげき(する) 攻撃 to attack ◇L12- 読 2
こうさい 交際 company L10- 読 1
[~が] こうさく(する) 交錯 to cross [*vi.*] ◇L11- 読 2
こうじゅんかん 好循環 virtuous circle ◇L12- 読 1

さ

し

しめる　占める　to occupy ◆L10- 読 1
じゃくねんそう　若年層　young people ◇L10- 読 1
しゃこう　社交　social L7- 読 2
しゃめい　社名　name of company L12- 読 1
しゃりょう　車両　train car L12- 読 1
しゅうい　周囲　surroundings L12- 読 1
じゅうし(する)　重視　to emphasize; to consider something to be important L8- 読 1
しゅうだん　集団　group ◆L12- 読 1
しゅうにゅう　収入　income L10- 読 1
しゅうにゅうげん　収入源　source of income L12- 読 1
[〜に] しゅうにん(する)　就任　to assume the office of; to be inaugurated L12- 読 1
じゅうにんといろ　十人十色　different strokes for different folks L8- 読 1
〜しゅぎ　〜主義　principle; -ism ◇L10- 読 2
しゅくしょう(する)　縮小　reduction L10- 読 2
しゅとく(する)　取得　to obtain L10- 読 1
しゅとくりつ　取得率　acquisition rate ◆L10- 読 1
しゅみ　趣味　hobby; taste; preference ◇L7- 読 2
じゅもん　呪文　spell ◇L11- 読 1
しゅりょう(する)　狩猟　to hunt L12- 読 2
しゅんかん　瞬間　moment ◇L8- 読 2
[〜が] じゅんかん(する)　循環　to circulate [*vi.*] ◇L12- 読 1
じゅんのうせい　順応性　flexibility; adaptability L9- 読 2
しよう(する)　使用　to use L11- 読 2
じょうえつ　上越　Joetsu area L12- 読 1
じょうきゃく　乗客　passenger L12- 読 1
じょうきょう　状況　situation ◆L7- 読 2
じょうけん　条件　condition ◇L10- 読 1
しょうじき　正直　honestly L7- 読 1
じょうしき　常識　common sense L12- 読 2
しょうじょ　少女　girl L9- 読 1
しょうたい　正体　one's true character L12- 読 2
じょうたい　状態　condition ◆L8- 読 1
じょうだん　冗談　joke ◇L11- 読 1
じょうてきな　情的な　emotional L11- 読 2
しょうねん　少年　boy L9- 読 1
しょくにん　職人　craftsman L8- 読 2
しょくば　職場　workplace L12- 読 1
しょくりょう　食料　food L12- 読 2
じょじょに　徐々に　gradually ◇L7- 読 2
じょせい　女性　female L10- 読 1
じょせい(する)　助成　to subsidize L10- 読 2
しらぬまに　知らぬ間に　unconsciously; without noticing L7- 読 1
シリコン　silicon L8- 読 2
シルクスクリーン　screen printing; silk screen L8- 読 2
しれん　試練　trial; test L7- 読 1
しん　真　truth L8- 読 1
じんかく　人格　personality L11- 読 2
しんかんせん　新幹線　bullet train ◇L12- 読 1
しんこうほうこう　進行方向　direction of travel L12- 読 1
しんさく　新作　new release L12- 読 2
しんじつ　真実　truth L12- 読 2
しんぞう　心臓　heart ◇L9- 読 1
[〜が] しんとう(する)　浸透　to become widespread L10- 読 2
しんぼうづよく　辛抱強く　patiently ◇L12- 読 2

す

すいじゅん　水準　level; standard L10- 読 2
ずいぶん　quite L11- 読 1
スーパーファミコン　Super Nintendo L8- 読 2
すぎ　杉　Japanese cedar L8- 読 2
すくなくとも　少なくとも　at least L8- 読 1
すずらん　lily of the valley L8- 読 1
ずっと　all the way L9- 読 1
ストレートな　straight L11- 読 2
すばやく　素早く　quickly ◇L7- 読 2

せ

せいかくな　正確な　accurate L9- 読 1
せいき　正規　fulltime employment ◇L10- 読 1
〜せいき　〜世紀　-th century ◇L12- 読 2
せいさく　政策　political measures ◇L7- 読 2
せいじつに　誠実に　sincerely ◇L11- 読 1
せいしん　精神　spirit; mind ◆L8- 読 1
せいそう(する)　清掃　to clean ◇L12- 読 1
せいぞう(する)　製造　to manufacture ◆L11- 読 2
[〜が] せいちょう(する)　成長　to grow [*vi.*] L9- 読 2
せいちょうぶり　成長ぶり　how one grows L9- 読 2
〜せいで　because of ~ L9- 読 1
せいふ　政府　government ◆L10- 読 2
せいふく　制服　uniform L12- 読 1
せきにん　責任　responsibility ◆L10- 読 2
せきにんかん　責任感　sense of responsibility L7- 読 1
せそう　世相　social conditions; phase of life L10- 読 1
せっきょくせい　積極性　aggressiveness L7- 読 2
[〜と／〜に] せっしょく(する)　接触　to contact L7- 読 2
[〜に] せっち(する)　設置　to install ◇L10- 読 2
せめ　攻め　attack ◇L7- 読 2
セリフ　quote; line L11- 読 2
せん　線　line ◇L8- 読 1
せんさく(する)　詮索　to pry into ◇L11- 読 2
ぜんせいき　全盛期　the golden age; heyday ◇L12- 読 1
せんだい　先代　predecessor L8- 読 1
せんたくし　選択肢　choice ◇L7- 読 1
せんたくもの　洗濯物　laundry ◆L9- 読 2
せんだって　先だって　the other day L9- 読 2
せんめんじょ　洗面所　lavatory; washroom L8- 読 1
せんもんか　専門家　specialist L12- 読 1
せんもんてん　専門店　specialty store L8- 読 2
せんろ　線路　rail track ◇L9- 読 1

そ

た

ち

つ

て

でむかえる　出迎える
to pick up and meet someone　L11-読1
テロ　terrorism　L12-読2
てをとりあう　手を取り合う
to take each other's hands　L12-読2
[～に] てんか(する)　転嫁
to pass (the buck) [*vt.*]　◇L11-読1
でんしめーる　電子メール　E-mail　L10-読2
てんてき　天敵　natural enemy　◇L12-読2
[～が] てんとう(する)　転倒　to fall down [*vi.*]　◇L9-読2
でんとうこうげい　伝統工芸　traditional crafts　◆L8-読2
でんどうし　伝道師　evangelist; missionary　◇L8-読2
でんとうてきな　伝統的な　traditional　◆L8-読2

と

～どうし　between ～　L12-読2
とうしょ　当初　at first　L9-読2
とうぜん　当然　of course　L10-読1
とうだい　灯台　lighthouse　L8-読2
とうだいもとくらし　灯台もと暗し
The darkest place is under the candlestick　L8-読2
[～に] とうちゃく(する)　到着　to arrive　◆L8-読1
どうほう　同胞　fellow being　◇L11-読2
とうほく　東北　Tohoku area　L12-読1
～とか　～ or　L9-読2
とかい　都会　city; town　◆L8-読1
ドキドキ(する)　to pound　L8-読2
ときふせる　説き伏せる
to persuade; to argue someone down　L12-読2
どくじ　独自　original; unique　L7-読1
どちらかといえば　if anything　L10-読2
[～に] とっしん(する)　突進　rush　L12-読2
とにかく　anyway; in any case　L9-読1
とのさま　殿様　lord　◇L11-読1
[～に] とびだす　飛びだす　to jump out　◇L7-読1
～とも　all ～; all of the ～　L9-読2
ともに　together　L10-読1
ともにする　共にする　to do it together　L11-読1
とらえる　to catch　L10-読2
ドラゴンボール　Dragon Ball　L8-読2
[～に] とりいれる　取り入れる　to adopt [*vt.*]　L8-読2
とりくみ　取り組み　effort; trial　L10-読2
とりこむ　to bring in　L9-読2
とりしまりやく　取締役　director　L12-読1
とりまく　取り巻く　to surround　L10-読2
どりょく(する)　努力　to make efforts　◆L7-読2

な

ないぞう(する)　内蔵　to be built-in [*vt.*]　◇L8-読2
なかば　半ば　the middle　L12-読2
なかま　仲間　friend; fellow　L7-読2
なかよくなる　仲良くなる　to get along with　◇L9-読2
ながらく　長らく　for a long time　L12-読2
なく　鳴く　(animals) to cry　L9-読2
[～に] なじむ　to be familiar　L7-読2
なす　to have　L11-読2
ななわり　7割　70 percent　◆L10-読1
なにかしら　何かしら　certain; some kind of　L7-読1
なにかのひょうしに　何かの拍子に
by some chance　L9-読2
[～に] なやむ　悩む　to be troubled　◆L11-読1
ならべる　並べる　to line up; to put in order [*vt.*]　◆L8-読2
なんだか　somehow　L11-読2
～なんて　such as ～; like ～　L7-読1
なんというか　I would say; how should I say　L9-読2
なんぶてつ　南部鉄　Nambu steel　L9-読2

に

にがわらい(する)　苦笑い　to smile bitterly　L7-読2
にくしみ　憎しみ　hatred　◇L12-読2
[～に] にげこむ　逃げこむ　to take refuge　L12-読2
にげさる　逃げ去る　to disappear; to take flight　L12-読2
にごす　to dodge　L11-読2
～にしくはない　nothing surpasses ～　L11-読2
にじゅうじんかくしゃ　二重人格者
person with dual personality　L11-読2
～にたいして　～に対して　against ～; toward ～　L7-読1
にっちゅう　日中　during the daytime　L9-読2
～につづいて　～に続いて　followed by ～　L10-読1
にほんこくゆうてつどう　日本国有鉄道
Japanese National Railways　L12-読1
にほんし　日本史　Japanese history　L8-読2
～によって　by ～　L7-読2
[～に] にる　似る　to resemble　◆L7-読1
にんげん　人間　human　L9-読1

ぬ

ぬる　塗る　to paint　L8-読2

ね

ねつい　熱意　enthusiasm　L7-読2
[～が] ねづく　根づく　to take root　L10-読2
ねづよい　根強い　deep-rooted　L10-読1
ねる　寝る　to sleep　◆L9-読2
ねんがじょう　年賀状　New Year's card　◇L11-読1
ねんしゅう　年収　annual income　L10-読1

の

のがれる　to avoid　L11-読1
[～に] のせる　to put on [*vt.*]　L9-読2
のぞましい　望ましい　desirable　L10-読2
のぞむ　望む　to wish; to desire　◆L7-読2
のちほど　後ほど　later　L8-読1
～のはんめん　～の半面
in contrast to ～; on the other side of ～　L7-読1

は

はあく(する)　把握　to grasp　L12-読1
はいけい　背景　background　◇L10-読2
[～に] はいりこむ　入りこむ　to get into　L9-読2
[～に] はいりょ(する)　配慮　to consider　◇L8-読2

ほ

ぼいん 母音 vowel L11-読2
ほうき(する) 放棄 to abandon ◇L11-読1
[～に]ほうこく(する) 報告 to report L10-読2
ぼうし 某氏 unnamed person ◇L11-読1
ぼうし 帽子 hat; cap ◇L12-読1
ほうそう(する) 放送 to broadcast L10-読2
ほうっておく 放っておく to leave something as it is; to lay aside L9-読1
ぼうとう 冒頭 beginning ◇L7-読2
ぼうはん 防犯 prevention of crime ◇L10-読2
ほうめん 方面 direction; field L9-読2
ぼかす to blur L11-読2
ほこり 誇り pride L12-読1
ポジティブな positive L7-読2
ほしょう(する) 保障 to guarantee L10-読2
[～に]ぼっとう(する) 没頭 to lose oneself in ◇L7-読2
ボディータッチ touching L7-読1
ほどこす 施す to do; to give L12-読1
ほれいざい 保冷剤 ice pack; refrigerant ◇L8-読2
ほんこう 本稿 this article L10-読2
ほんだな 本棚 bookshelf ◇L9-読2
ほんねん 本年 this year L11-読1
ほんやくか 翻訳家 translator L9-読1
ぼんやりと vaguely L11-読2
ほんらい 本来 by all rights; originally L12-読1
ほんろう(する) 翻弄 to toy with L12-読2

ま

まあ all right L10-読2
マインド mind; way of thinking L7-読2
まえあし 前脚 front legs L9-読2
[～に]まかせる 任せる to entrust [*vt.*] L11-読1
まくら 枕 pillow L8-読1 ◇L9-読2
まげる 曲げる to bend [*vt.*] ◇L8-読2
まげわっぱ 曲げわっぱ *mage-wappa*; bentwood box ◇L8-読2
[～が]ます 増す to increase [*vi.*] L7-読2
まちがいない 間違いない I have no doubt L9-読1
まちかど 街角 street corner ◇L8-読2
まちきれない 待ちきれない eager to do something; can't wait L8-読2
まっくらな 真っ暗な completely dark ◆L9-読1
まっさいちゅう 真っ最中 in the middle L7-読2
まっさつ(する) 抹殺 to eliminate L12-読2
まったく～ない not at all L7-読1
まったくの entire; complete L9-読1
まっちゃ 抹茶 powdered green tea L8-読1
まど 窓 window ◆L12-読1
まとめる to put together L12-読1
まどわく 窓枠 window frame ◆L12-読1
まにうける 真に受ける to take seriously L12-読2
まよなか 真夜中 in the middle of the night L9-読1
まをおく 間を置く to give a pause L9-読1
[～に]まんぞく(する) 満足 to satisfy L8-読1
まんぞくのいく 満足のいく～ satisfying ~ L8-読1
まんてん 満点 full marks L8-読1

み

みいだす 見出す to find out L12-読1
みおくり 見送り seeing someone off L9-読2
みがきあげる 磨き上げる to polish up ◇L8-読1
みがってな 身勝手な selfish ◆L12-読2
みごとな wonderful L11-読2
みこんしゃ 未婚者 unmarried person ◇L10-読1
みぢかな 身近な familiar L10-読2
みっぺい(する) 密閉 to close [*vt.*] ◆L8-読2
[～と]みなす 見なす to consider as L12-読2
みなみざ 南座 Minami-za Theater L12-読2
みならう 見習う to follow a good example L12-読2
みぶりてぶり 身振り手振り gestures ◇L8-読1
みぶりてぶりよろしく 身ぶり手ぶりよろしく using a lot of gestures L11-読2
みまわす 見回す to look around L12-読1
みみにする 耳にする to hear ◇L7-読2
みみをすます 耳を澄ます to listen carefully L9-読1
みらい 未来 future ◇L10-読1

む

[～と]むかいあう 向かい合う to face each other L12-読2
むき 向き direction L12-読1
[～に]むく 向く to be suited for ~ L12-読1
[～へ／～に]むけて 向けて toward ~ ◆L9-読1
むし 虫 insect ◇L11-読1
むし(する) 無視 to ignore L12-読1
むしがいい 虫がいい take too much for granted ◇L11-読1
むね 胸 chest ◇L9-読2
むり(を)する 無理(を)する to overdo; to work too hard L10-読2
むれ 群れ group ◇L12-読2

め

めいじ(する) 明示 to make explicit L11-読1
[～に]めいじる 命じる to order [*vt.*] L11-読1
[～に]めいわく(する) 迷惑 to be bothered ◆L11-読1
メーカー manufacturer; maker L8-読2
めがさめる 目が覚める to wake up L9-読1
めざす 目指す to aim L12-読1
めしあがる 召し上がる to eat; to drink (honorific form) ◆L8-読1
[～に]めずらしく 珍しく unusually ◇L7-読2
めだま 目玉 key element; main feature L12-読2
めまぐるしい 目まぐるしい dizzy; hectic L7-読1
めをさます 目を覚ます to wake up L9-読1
[～に]めをつける 目をつける to have an eye on L8-読2
めんどうな 面倒な troublesome; laborious L11-読1
めんどうをみる 面倒を見る to take care of L10-読1

著者略歴

坂本 正（さかもと ただし）【監修】

米国ボストン大学大学院博士課程修了。博士（応用心理言語学）。前第二言語習得研究会会長、元日本語教育学会副会長、南山大学名誉教授、名古屋外国語大学名誉教授。現在、名古屋外国語大学特任教授、愛知国際学院相談役。著書に『プロフィシェンシーと日本語教育』（共著／ひつじ書房）、『どんどん使える！日本語文型トレーニング 初級』『どんどん使える！日本語文型トレーニング 中級』（監修／凡人社）、『日本語教育への道しるべ』全4巻シリーズ（監修・共著／凡人社）、『日本語教師の7つ道具シリーズ+（プラス）教案の作り方編』（共著／アルク）、『オンライン授業で使える日本語活動集90』（監修／コスモピア）等がある。

安井 朱美（やすい あけみ）

東北大学大学院文学研究科博士前期課程修了。修士（言語科学）。南山大学を経て、現在、名古屋外国語大学国際日本語教育インスティテュート准教授。著書に『どんどん使える！日本語文型トレーニング 中級』（共著／凡人社）等がある。元 ACTFL OPI 試験官。

井手 友里子（いで ゆりこ）

米国ウィスコンシン大学マディソン校大学院修士課程修了。修士（日本語学）。現在、南山大学外国人留学生別科非常勤講師。元 ACTFL OPI 試験官。

土居 美有紀（どい みゆき）

米国ウィスコンシン大学マディソン校大学院修士課程修了。修士（日本語学）。現在、南山大学外国人留学生別科非常勤講師。元 ACTFL OPI 試験官。

浜田 英紀（はまだ ひでき）

米国インディアナ大学大学院博士課程修了。博士（言語教育学）。ノックス大学、コロンビア大学、南山大学を経て、現在、国際教養大学准教授。著書に『異文化コミュニケーション能力を問う 超文化コミュニケーション力をめざして』（共著／ココ出版）がある。

■文型（ぶんけい）・表現ノート　一覧（いちらん）

✪……使えるようにするもの

4技能でひろがる 中級日本語カルテット♪ II

［別冊］

QUARTET:
INTERMEDIATE JAPANESE
ACROSS THE FOUR LANGUAGE SKILLS
[SUPPLEMENTARY TEXT]

the japan times PUBLISHING

4技能でひろがる
中級日本語カルテット Ⅱ

QUARTET:
INTERMEDIATE JAPANESE
ACROSS THE FOUR LANGUAGE SKILLS

■ 単語リスト

第7課 読み物1 日本人学生の留学体験記

◆ 新出漢字がある単語（読み書き） ◇ 新出漢字がある単語（読みだけ） ＿ 新出漢字

	漢	行	単語	読み	意味
1.	◇	1	壁	かべ	wall; barrier
2.	◇		厚さ	あつさ	thickness
3.		2	辛い	つらい	painful
			詰まる	つまる	to fill [*vi.*]
4.	◇		濃い	こい	thick; dense; strong
5.	◇	3	選択肢	せんたくし	choice
		4	オリエンテーション	おりえんてーしょん	orientation
			〜近く	〜ちかく	nearly ~
		5	合間	あいま	interval
6.	◇		余裕	よゆう	room; (emotional) leeway
		6	〜の半面	〜のはんめん	in contrast to ~; on the other side of ~
			まったく〜ない	まったく〜ない	not at all
7.	◆		差	さ	difference
	◆	7	落ち込む	おちこむ	to get depressed
		8	翌週	よくしゅう	next week
			学部	がくぶ	department of a university
		9	中東	ちゅうとう	Middle East
8.		10	多国籍な	たこくせきな	multinational
			何かしら	なにかしら	certain; some kind of
9.	◇		刺激（する）	しげき（する）	to stimulate; to motivate
		11	試練	しれん	trial; test
			[〜が] 変化（する）	へんか（する）	to change [*vi.*]
			新たな	あらたな	new
10.	◆		[〜に] 与える	あたえる	to give; to provide [*vt.*]
			〜なんて	〜なんて	such as ~; like ~
		12	目まぐるしい	めまぐるしい	dizzy; hectic
		13	軌道に乗る	きどうにのる	to be on track
11.	◆	16	逆に	ぎゃくに	on the contrary; conversely
	◇	17	肩を組む	かたをくむ	to put one's arm around someone's shoulders
	◇		組む	くむ	to cross
			叩く	たたく	to pat; to tap
			ボディータッチ	ぼでぃーたっち	touching
		18	〜に対して	〜にたいして	against ~; toward ~
12.		19	不快な	ふかいな	unpleasant
13.		21	思い切って	おもいきって	to take the plunge and do
14.		24	互い	たがい	each other
			理解し合う	りかいしあう	to understand each other
		25	やりとり	やりとり	exchange
	◆	26	遊ぶ	あそぶ	to hang out
	◆		約束（する）	やくそく（する）	to promise
15.		27	実現（する）	じつげん（する）	to become reality
	◇	28	破る	やぶる	to break [*vt.*]
		30	ただ	ただ	just
16.			単に	たんに	simply

		32	意味合い	いみあい	meaning
			イライラする	いらいらする	to get annoyed
		34	時点	じてん	point in time
	◆		約束を交わす	やくそくをかわす	to make a promise
	◇	35	[～が] 膨らむ	ふくらむ	to expand; to swell [*vi.*]
17.		37	正直	しょうじき	honestly
		38	放つ	はなつ	to release
			強弱	きょうじゃく	strength
		39	責任感	せきにんかん	sense of responsibility
	◇		根本	こんぽん	root; foundation
	◇	41	島国	しまぐに	island country
			独自	どくじ	original; unique
18.	◇		[～が] 発展（する）	はってん（する）	to develop [*vi.*]
19.			基準	きじゅん	standard
20.	◆	42	[～に] 似る	にる	to resemble
		43	知らぬ間に	しらぬまに	unconsciously; without noticing
21.	◇		勇気	ゆうき	courage
	◇	44	[～に] 飛びだす	とびだす	to jump out
			うち	うち	inside

▶ 第７課・読み物１ ▸▸▸▸▸ 覚える単語と例文

5.Tango_L7-1

1. 壁　外国で生活すると、文化の壁を感じることがある。
2. 厚さ　あのレストランのステーキは、厚さが５センチもある。
3. 辛い　仕事が辛いと思うことは、だれにでもあるだろう。
4. 濃い　ねむかったので、濃いコーヒーを飲んだ。
5. 選択肢　４つの選択肢の中から正しい答えを１つ選んだ。
6. 余裕　彼の両親は２人とも医者なので、経済的に余裕がある。
7. 差　今日は東京（とうきょう）と北海道（ほっかいどう）で15度も気温の差がある。
8. 多国籍な　いろいろな国の人がいる多国籍な大学に行きたい。
9. 刺激（する）　そのホラー映画は子どもには刺激が強すぎる。
10. [～に] 与える　彼は私に大きな影響を与えてくれた人です。
11. 逆に　１月の日本は冬で寒いが、逆にオーストラリアは夏で暑い。
12. 不快（ふかい）な　暑い日に満員（まんいん）電車に乗ると、とても不快（ふかい）に感じる。
13. 思い切って　「好き」という自分の気持ちを思い切って彼女に伝えた。
14. 互（たが）い　互（たが）いをよく知るために、２人で長時間話し合った。
15. 実現（する）　夢を実現するためには、努力（どりょく）が必要だ。
16. 単に　彼は病気なのではなく、ただ単に疲れているだけだそうだ。
17. 正直（しょうじき）　正直（しょうじき）言って、彼女はあまり親切ではない。

18. [〜が] 発展(する)　1960年代、日本経済は大きく発展した。

19. 基準(きじゅん)　食べ物の安全基準(きじゅん)は、国によって異なる。

20. [〜に] 似る　私は母にとても似ているらしい。

21. 勇気　新しいビジネスを始めるのには勇気がいる。

第7課　読み物2　外国人留学生の思い

◆ 新出漢字がある単語（読み書き）　◇ 新出漢字がある単語（読みだけ）　＿ 新出漢字

	漢	行	単語	読み	意味
		1	[〜に] 親しむ	したしむ	to be intimate
			若者	わかもの	youth
		5	口にする	くちにする	to speak of
		6	苦笑い(する)	にがわらい(する)	to smile bitterly
			一言	ひとこと	a word
			彼ら	かれら	they
			〜ら	〜ら	(a plural word or form)
22.	◆	7	不満	ふまん	dissatisfaction
			反映(する)	はんえい(する)	to reflect
			在日	ざいにち	resident in Japan
23.	◇		孤独感	こどくかん	loneliness
24.		9	興味深い	きょうみぶかい	interesting
	◇		耳にする	みみにする	to hear
25.		10	相談にのる	そうだんにのる	to give advice
			社交	しゃこう	social
		11	真っ最中	まっさいちゅう	in the middle
			これら	これら	these
26.	◆	13	連絡先	れんらくさき	contact information
		14	今後	こんご	from now on
27.			仲間	なかま	friend; fellow
			いろんな	いろんな	various
	◇		趣味	しゅみ	hobby; taste; preference
28.	◆		共有(する)	きょうゆう(する)	to share
		16	だが	だが	however
	◇	17	[〜に] 没頭(する)	ぼっとう(する)	to lose oneself in
			つぶやき	つぶやき	mutter; mumble; tweet
			後を絶たない	あとをたたない	endless
		18	出会い	であい	encounter; meeting
		20	そもそも	そもそも	in the first place
			積極性	せっきょくせい	willingness
29.			現実	げんじつ	reality
		21	ギャップ	ぎゃっぷ	gap
		22	コミュニティー	こみゅにてぃー	community
	◇		脱出(する)	だっしゅつ(する)	to escape

30.		23	[～と／～に] 接触（する）	せっしょく（する）	to contact
31.		24	熱意	ねつい	enthusiasm
			語る	かたる	to talk
		25	建前	たてまえ	public stance
			～的	～てき	-ish; -tic
			ポジティブな	ぽじてぃぶな	positive
32.			[～に] 反応（する）	はんのう（する）	to react
	◇	26	攻め	せめ	attack
		27	さわやかに	さわやかに	breezy
33.			[～に] 回答（する）	かいとう（する）	to answer
		28	フォロー（する）	ふぉろー（する）	to follow up
34.	◇		素早く	すばやく	quickly
			[～に] 応える	こたえる	to answer
35.	◆	29	望む	のぞむ	to wish; to desire
			オープンな	おーぷんな	open hearted
	◇	30	珍しく	めずらしく	unusually
			[～に] 感心（する）	かんしん（する）	to admire
	◆	31	[～に] 戻る	もどる	to return
36.	◆		早速	さっそく	immediately
37.		32	[～に] 示す	しめす	to show
		33	礼儀	れいぎ	courtesy
			長期	ちょうき	long term
38.		34	[～に] 返信（する）	へんしん（する）	to reply
		35	友情	ゆうじょう	friendship
39.			裏切る	うらぎる	to betray
			怒り	いかり	anger
40.	◆		[～に] 失望（する）	しつぼう（する）	to be disappointed
			[～が] 増す	ます	to increase [*vi.*]
		37	期待外れ	きたいはずれ	disappointment
	◇		冒頭	ぼうとう	beginning
41.	◆	38	状況	じょうきょう	situation
	◇		各～	かく～	each ~
			自治体	じちたい	local government
	◇	39	政策	せいさく	political measures
			～によって	～によって	by ~
			国際性	こくさいせい	internationality
42.	◆	40	努力（する）	どりょく（する）	to make efforts
		41	マインド	まいんど	mind; way of thinking
43.	◇		徐々に	じょじょに	gradually
		42	[～に] なじむ	なじむ	to be familiar
44.	◇		築く	きずく	to build
			課題	かだい	task; subject

	単語	例文
22.	不満	妻(つま)は、家事を全然しない夫(おっと)に不満を感じている。
23.	孤独感	友達が一人もいない人は、孤独感を持ちやすいようだ。
24.	興味深い	興味深いことに、多くの国で赤ちゃんが最初に言う言葉は「ママ」らしい。
25.	相談にのる	就職活動について後輩の相談にのってあげた。
26.	連絡先	連絡先としてSNSのアカウント名を教えた。
27.	仲間	大学で知り合ったテニス仲間は10人ほどいる。
28.	共有(する)	寮ではキッチンをみんなで共有して使っている。
29.	現実	夢は歌手になることだが、現実は厳(きび)しい。
30.	[〜と／〜に]接触(する)	インフルエンザの時は、お年寄(としよ)りと接触しないようにすべきだ。
31.	熱意	店長は彼の熱意を感じて、社員として採用することにした。
32.	[〜に]反応(する)	私が飼っている犬は「散歩(さんぽ)」という言葉に反応する。
33.	[〜に]回答(する)	金曜日までにこのアンケートに回答してください。
34.	素早く	ホテルに忘れ物をした時、スタッフが素早く対応してくれて、助かった。
35.	望む	幸せを望まない人はいないだろう。
36.	早速	友達からすすめられたアプリを早速ダウンロードしてみた。
37.	[〜に]示す	先輩は後輩の私たちに進むべき道を示してくれた。
38.	[〜に]返信(する)	彼は私が送ったメールにすぐ返信してくれる。
39.	裏切る	友達だと思っていた人に裏切られた経験があります。
40.	[〜に]失望(する)	就職活動に失敗して、自分自身に失望した。
41.	状況	食べ物も十分に買えない状況で、本を買うのは無理だ。
42.	努力(する)	努力しなければ成功(せいこう)しないはずだ。
43.	徐々に	クラスメートたちと徐々に仲良くなってきました。
44.	築く	いい人間関係を築くのは簡単なことではない。

読み物1「日本一の旅館」加賀屋の女将に聞く

◆ 新出漢字がある単語（読み書き）　◇ 新出漢字がある単語（読みだけ）　＿ 新出漢字

	漢	行	単語	読み	意味
		0	旅館	りょかん	Japanese style hotel
			加賀屋	かがや	Kagaya
			女将	おかみ	proprietress
		2	100選	ひゃくせん	a selection of 100 (hotels)
	◇		総合	そうごう	overall
			一位	いちい	the first place
1.		4	おもてなし	おもてなし	hospitality; service
2.	◆	8	[〜に]到着（する）	とうちゃく（する）	to arrive
	◇		お迎え	おむかえ	welcoming
		9	館内	かんない	inside of the building
3.	◇	10	肩	かた	shoulder
	◇		線	せん	line
		11	浴衣	ゆかた	*yukata*; informal cotton kimono
			後ほど	のちほど	later
		12	頭に入れる	あたまにいれる	to keep something in mind
			おしぼり	おしぼり	small wet towel
		13	抹茶	まっちゃ	powdered green tea
		14	少なくとも	すくなくとも	at least
			[〜に]出入り（する）	でいり（する）	to go in and out
4.	◆	15	状態	じょうたい	condition
5.	◆		召し上がる	めしあがる	to eat; to drink (honorific form)
			心がける	こころがける	to be careful to do something
		16	上げ膳据え膳	あげぜんすえぜん	taking care of everything (about meals)
			至れり尽くせり	いたれりつくせり	(service is) perfect; leaving nothing to be desired
		17	非日常	ひにちじょう	unusual
6.	◆	18	都会	とかい	city; town
7.			癒やす	いやす	to heal; to cure
			くつろぐ	くつろぐ	to relax; to make oneself at home
		20	宿	やど	inn
8.	◆	21	精神	せいしん	spirit; mind
		23	十人十色	じゅうにんといろ	different strokes for different folks
9.		26	要望（する）	ようぼう	to request; to demand
10.	◆	27	基本	きほん	basis; foundation
11.			常に	つねに	always
		28	先回り（する）	さきまわり（する）	to anticipate
12.	◆		[〜に]提供（する）	ていきょう（する）	to provide [*vt.*]
13.		29	策を練る	さくをねる	to come up with ideas
14.	◆		喜ぶ	よろこぶ	to be pleased; to be glad
	◆	30	喜び	よろこび	pleasure; joy
		31	真	しん	truth
		35	先代	せんだい	predecessor
15.		37	[〜に]満足（する）	まんぞく（する）	to satisfy
			満足のいく〜	まんぞくのいく〜	satisfying ~
		38	近年	きんねん	in recent years

		42	国花	こっか	national flower
			王室	おうしつ	royal family
		43	すずらん	すずらん	lily of the valley
			花束	はなたば	bouquet
		44	洗面所	せんめんじょ	lavatory; washroom
			枕	まくら	pillow
16.		45	[～に] 感激（する）	かんげき（する）	to be deeply moved
			満点	まんてん	full marks
17.	◇	47	形	かたち	way; method; shape
18.	◇	50	身振り手振り	みぶりてぶり	gestures
		51	用	よう	business; things to do
		56	絶やさずに	たやさずに	continuously; constantly
		58	宿屋	やどや	inn
19.	◇	59	延長線上で	えんちょうせんじょうで	by extension
20.		62	重視（する）	じゅうし（する）	to emphasize; to consider something to be important
		63	お叱りを受ける	おしかりをうける	to receive complaints
		65	日々	ひび	daily
21.	◇		磨き上げる	みがきあげる	to polish up

▶ 第8課・読み物1 ▸▸▸▸▸ 覚える単語と例文

🎧 5.Tango_L8-1

1. おもてなし　家に来た客にお茶とお菓子（かし）を出すのは「おもてなし」の一つだ。
2. [～に] 到着（する）　飛行機が時間通りに空港に到着した。
3. 肩　息子（むすこ）は私の肩ぐらいの背（せ）の高さだ。
4. 状態　あのピザ屋は、家までピザを温かい状態で届けてくれる。
5. 召し上がる　これ、少しですが、どうぞ召し上がってください。
6. 都会　都会ではなく田舎（いなか）に住みたい。
7. 癒（い）やす　かわいい犬を見ると癒（い）やされます。
8. 精神　成功（せいこう）する人の多くは、チャレンジ精神を持っている。
9. 要望（する）　客からの要望をよく聞く店は人気が出るだろう。
10. 基本　どんなことでも、まず基本から始めるべきだ。
11. 常に　常に笑顔でお客様に接することが大切だ。
12. [～に] 提供（する）　警察（けいさつ）に犯人（はんにん）の情報を提供した。
13. 策を練（ね）る　サッカーの試合で勝（か）てるように策を練（ね）った。
14. 喜ぶ　母にプレゼントを渡（わた）したら、とても喜んでくれた。
15. [～に] 満足（する）　今の生活に満足しています。
16. [～に] 感激（する）　友人の優しさに感激しました。
17. 形　りんごをウサギの形に切ってみました。

18. 身振り手振り　言葉が通じず、身振り手振りで駅までの道を教えた。
19. 延長(する)　図書館で借りた本の貸出期間を延長した。
20. 重視(する)　日本とアメリカでは、教育で重視されるものが異なる。
21. 磨き上げる　持っているくつを全部きれいに磨き上げた。

第8課　読み物2　Bentoで日本をもっと近く

◆ 新出漢字がある単語(読み書き)　◇ 新出漢字がある単語(読みだけ)　＿ 新出漢字

	漢	行	単語	読み	意味
		3	リヨン	りよん	Lyon
			空前	くうぜん	unprecedented
		4	ブーム	ぶーむ	fad; trend
			ドラゴンボール	どらごんぼーる	Dragon Ball
			スーパーファミコン	すーぱーふぁみこん	Super Nintendo
		5	グルノーブル政治学院	ぐるのーぶるせいじがくいん	Sciences-Po Grenoble
		6	日本史	にほんし	Japanese history
			いつか	いつか	someday
22.	◆	7	温める	あたためる	to warm up [*vt.*]
			京都大学	きょうとだいがく	Kyoto University
		8	一時	いちじ	temporarily
		9	ブログ	ぶろぐ	blog
		10	オンラインショップ	おんらいんしょっぷ	online shop
		11	株式会社	かぶしきがいしゃ	company limited
			妻	つま	wife
		12	立ち上げる	たちあげる	to start up (a business, a project, etc.)
23.	◇		弁当箱	べんとうばこ	lunch box
			専門店	せんもんてん	specialty store
		13	灯台もと暗し	とうだいもとくらし	The darkest place is under the candlestick
			灯台	とうだい	lighthouse
24.			[～に] 目をつける	めをつける	to have an eye on
	◇	15	宇宙	うちゅう	space; the universe
25.			限られた	かぎられた	limited
			空間	くうかん	space; room
			凝縮(する)	ぎょうしゅく(する)	to condense [*vt.*]
			美	び	beauty
		16	美意識	びいしき	sense of beauty
			[～に] 息づく	いきづく	to be alive
			お昼	おひる	lunch
		17	仕切り	しきり	partition
26.	◆		密閉(する)	みっぺい(する)	to close [*vt.*]
27.	◆		容器	ようき	container
28.	◇	19	栄養	えいよう	nutrition
29.	◇		[～に] 配慮(する)	はいりょ(する)	to consider
			彩り	いろどり	coloring

		20	おかず	おかず	side dish
30.	◇		[〜に] 詰める	つめる	to fill; to stuff [*vt.*]
		21	待ちきれない	まちきれない	eager to do something; can't wait
		22	フタ	ふた	cover; lid
31.	◇		瞬間	しゅんかん	moment
32.			想像 (する)	そうぞう (する)	to imagine
			ワクワク (する)	わくわく (する)	to be excited
		23	ドキドキ (する)	どきどき (する)	to pound
			時間をかける	じかんをかける	to take plenty of time
			重きを置く	おもきをおく	to put much value
33.		24	確信 (する)	かくしん (する)	to be assured; to firmly believe
		25	仕事場	しごとば	workplace
		27	メーカー	めーかー	manufacturer; maker
			けげんな	けげんな	questioning; strange
34.	◆	28	販売 (する)	はんばい (する)	to sell
35.		29	共同	きょうどう	cooperation; collaboration
	◇		保冷剤	ほれいざい	ice pack; refrigerant
	◇		内蔵 (する)	ないぞう (する)	to be built-in [*vt.*]
36.		30	開発 (する)	かいはつ (する)	to develop
			こけし	こけし	*kokeshi* doll
			〜風	〜ふう	~ style; ~ type
	◇		雑貨	ざっか	miscellaneous goods
		31	お椀	おわん	bowl
37.	◇		〜型	〜がた	~ type; ~ model
		32	発案 (する)	はつあん (する)	to suggest; to propose
			いまや	いまや	at present; now
	◇	33	街角	まちかど	street corner
	◇		雰囲気	ふんいき	atmosphere
	◇		ゆで卵	ゆでたまご	boiled egg
			ウサギ	うさぎ	rabbit
	◇	34	変形 (する)	へんけい (する)	to transform; to reshape
			シリコン	しりこん	silicon
			バラン	ばらん	food separator sheet (used for partitioning or decoration)
38.	◆	37	[〜に] 並べる	ならべる	to line up; to put in order [*vt.*]
39.	◆	40	伝統的な	でんとうてきな	traditional
40.			[〜に] こだわる	こだわる	to be particular about; to stick to
		41	杉	すぎ	Japanese cedar
	◇		香り	かおり	scent; odor
	◇		曲げる	まげる	to bend [*vt.*]
	◇		曲げわっぱ	まげわっぱ	*mage-wappa*; bentwood box
	◆	42	伝統工芸	でんとうこうげい	traditional crafts
		43	石川県	いしかわけん	Ishikawa Prefecture
			漆器	しっき	lacquer ware
			プラスチック素材	ぷらすちっくそざい	plastics
			シルクスクリーン	しるくすくりーん	screen printing; silk screen

		44	技法	ぎほう	techniques
			[〜に] 取り入れる	とりいれる	to adopt [*vt.*]
41.			職人	しょくにん	craftsman
			ひとはけ	ひとはけ	a lick of paint
		45	塗る	ぬる	to paint
			柄	がら	pattern; figure
			ユニバーサル	ゆにばーさる	universal
42.			受け入れる	うけいれる	to accept
	◇	46	伝道師	でんどうし	evangelist; missionary
43.	◇	47	かけ橋	かけはし	bridge
			コンセプト	こんせぷと	concept

▶ 第８課・読み物２ ▸▸▸▸▸ 覚える単語と例文

5.Tango_L8-2

22. 温める　コンビニで買った弁当を温めた。
23. 弁当箱　あの店では様々な種類の弁当箱が売られている。
24. [〜に] 目をつける　日本の「カワイイ文化」に目をつけて、ビジネスを始めた。
25. 限られた　限られた時間の中で何ができるだろうか。
26. 密閉（する）　このゴミ箱はしっかり密閉できるので、部屋が臭(くさ)くなりません。
27. 容器　プラスチック容器にサンドイッチを入れました。
28. 栄養　栄養のバランスを考えながら食べてください。
29. [〜に] 配慮（する）　バリアフリー社会で大切なのは、体が不自由な人に配慮することだ。
30. [〜に] 詰める　スーツケースに荷物(にもつ)を詰めた。
31. 瞬間　彼が話し始めた瞬間、会場が静(しず)かになった。
32. 想像（する）　田舎(いなか)では車がない生活が想像できない。
33. 確信（する）　インターンシップをして、この会社ならやりたい仕事ができると確信した。
34. 販売（する）　新聞を販売している店がどこにあるかわかりません。
35. 共同　寮ではシャワーを共同で使っています。
36. 開発（する）　私の夢は新しいタイプの車を開発することです。
37. 〜型　星型のクッキーをたくさん作った。
38. [〜に] 並べる　コンビニ店員の仕事は店に商品を並べるだけではありません。
39. 伝統的な　日本の伝統的なスポーツと言えば、すもうだ。
40. [〜に] こだわる　彼女は食べ物にこだわっていてオーガニックのものしか食べない。
41. 職人　すし職人になるためには、様々な技術を習得する必要がある。
42. 受け入れる　私の大学は世界中から留学生を受け入れています。
43. かけ橋　いつか私の国と日本をつなぐかけ橋になりたいです。

第9課 読み物1 夜中の汽笛（きてき）について、あるいは物語の効用について

◆ 新出漢字がある単語（読み書き） ◇ 新出漢字がある単語（読みだけ） ＿ 新出漢字

	漢	行	単語	読み	意味
		0	夜中	よなか	night; small hours
			汽笛	きてき	steam whistle
			あるいは	あるいは	or
			物語	ものがたり	story
			効用	こうよう	use; function
		3	少年	しょうねん	boy
1.	◆		静かな	しずかな	calm; quiet
		5	少女	しょうじょ	girl
2.	◇		黙る	だまる	to become silent; to shut up
			続き	つづき	continuation
		7	あるとき	あるとき	once
3.			ふと	ふと	inadvertently
4.			目が覚める	めがさめる	to wake up
5.		8	正確な	せいかくな	accurate
6.	◇		時刻	じこく	time
			そんなもの	そんなもの	things like that
		9	それほど～ない	それほど～ない	not so ~
		10	とにかく	とにかく	anyway; in any case
			真夜中	まよなか	in the middle of the night
			まったくの	まったくの	entire; complete
		11	ひとりぼっち	ひとりぼっち	loneliness; solitude
7.	◇		誰も～ない	だれも～ない	nobody ~
			～かい	～かい	(marks yes-no question)
	◆	12	想像（する）	そうぞう（する）	to imagine
			あたり	あたり	vicinity; neighborhood
	◆		真っ暗な	まっくらな	completely dark
		13	物音	ものおと	noise; sound
			ひとつ～ない	ひとつ～ない	no ~
	◇		針	はり	clock hand; needle
	◇		刻む	きざむ	to tick
			～だって	～だって	even
		17	隔てる	へだてる	to part; to separate [*vt.*]
	◇		引き離す	ひきはなす	to pull apart; to separate
8.		18	[～に] 声をかける	こえをかける	to call to
9.		19	思い出す	おもいだす	to recall
10.	◆		存在（する）	そんざい（する）	to exist
	◆	22	鉄	てつ	iron
11.	◇		底	そこ	bottom
12.	◆		[～を] 沈める	しずめる	to sink; to submerge [*vt.*]
	◇	23	気圧	きあつ	atmospheric pressure
			～せいで	～せいで	because of ~
	◇		心臓	しんぞう	heart
		24	びりびり（と）	びりびり（と）	(sound of tearing up)
			[～が] 張り裂ける	はりさける	to burst; to break [*vi.*]

13.		26	うなずく	うなずく	to nod
14.		27	おそらく	おそらく	probably
			人間	にんげん	human
15.			生きる	いきる	to live
16.		31	放っておく	ほうっておく	to leave something as it is; to lay aside
		32	たとえ	たとえ	metaphor; simile
		34	目を覚ます	めをさます	to wake up
17.		36	間を置く	まをおく	to give a pause
		37	ずっと	ずっと	all the way
	◆	39	鉄道	てつどう	railway
	◇		線路	せんろ	rail track
		41	汽車	きしゃ	steam train; train
		42	間違いない	まちがいない	I have no doubt
			暗闇	くらやみ	darkness
18.			じっと	じっと	fixedly
			耳を澄ます	みみをすます	to listen carefully
		44	[～が] 痛む	いたむ	to hurt [*vi.*]
		45	海面	かいめん	sea surface
19.	◆		[～へ／～に] 向けて	むけて	toward ~
	◇		[～が] 浮かび上がる	うかびあがる	to come to the surface
20.	◇		[～が] 浮かぶ	うかぶ	to float [*vi.*]
		47	微かな	かすかな	faint; feeble; low
	◇	48	君	きみ	you (on a friendly note)
		54	翻訳家	ほんやくか	translator

▶ 第9課・読み物1 ››››› 覚える単語と例文

5.Tango_L9-1

1. 静かな	静かなところで勉強したくて図書館に行った。
2. 黙る	彼は黙ったまま何も言わなかった。
3. ふと	ふと外を見ると、雪が降っていた。
4. 目が覚める	朝の３時頃になぜか目が覚めてしまった。
5. 正確な	インターネットで調べた情報は正確かどうかわからない。
6. 時刻	日本の地下鉄は時刻表通りに来る。
7. 誰も～ない	そのパーティーには知っている人が誰もいなかった。
8. [～に] 声をかける	落ち込んでいる友達に声をかけた。
9. 思い出す	メールアカウントのパスワードが思い出せなくて困(こま)った。
10. 存在(する)	UFOの存在を信じますか。
11. 底	探していたペンはかばんの底にあった。
12. [～を] 沈める	５歳の息子(むすこ)はお風呂(ふろ)でおもちゃを沈めて遊んでいた。
13. うなずく	彼は時々うなずきながら私の話を聞いてくれた。

14. おそらく　　約束の時間にはおそらく間に合わないだろう。

15. 生きる　　「生きる」というのは、実はとても大変なことだ。

16. 放っておく　　歯(は)が痛い時は放っておかずに歯医者に行ったほうがいい。

17. 間を置く　　重要なことは少し間を置いてから話すようにしている。

18. じっと　　子どもはじっと人の話を聞くのが苦手だ。

19. [～へ／～に] 向けて　　バスは目的地の京都(きょうと)へ向けて出発した。

20. [～が] 浮かぶ　　海にボートがたくさん浮かんでいる。

第9課 読み物2 愛と恐怖(きょうふ)

◆ 新出漢字がある単語（読み書き）　◇ 新出漢字がある単語（読みだけ）　＿ 新出漢字

	漢	行	単語	読み	意味
21.	◆	0	恐怖	きょうふ	fear
		1	先だって	せんだって	the other day
	◇		我が家	わがや	my home
	◇		子猫	こねこ	kitten
			インコ	いんこ	parakeet
22.	◇	2	飼う	かう	to have (animals)
23.	◇	3	事件	じけん	event; incident
	◇	5	仲良くなる	なかよくなる	to get along with
		6	おののく	おののく	to shiver; to shake
		8	膝	ひざ	knees
	◆		寝る	ねる	to sleep
	◇		枕	まくら	pillow
			[～に] のせる	のせる	to put on [*vt.*]
	◇	9	翌朝	よくあさ	next morning
			～だの	～だの	and the like
24.	◇		腕	うで	arm
			前脚	まえあし	front legs
			フミフミ（する）	ふみふみ（する）	to step on
		10	催促（する）	さいそく（する）	urge/press someone for something
			なんというか	なんというか	I would say; how should I say
			おおざっぱな	おおざっぱな	rough
		11	物怖じ（する）	ものおじ（する）	to be hesitate; to get scared
		13	さりげなく	さりげなく	in a casual manner
			[～に] 入りこむ	はいりこむ	to get into
25.	◆	15	～暮らし	～ぐらし	~ life
			日中	にっちゅう	during the daytime
			～とも	～とも	all ~; all of the ~
			それぞれの	それぞれの	one's own
		16	当初	とうしょ	at first
			玄関	げんかん	entrance; front door
26.	◇	17	胸	むね	chest

			語	読み	意味
27.	◇		締めつける	しめつける	to wrench (one's heart)
		18	鳴く	なく	(animals) to cry
			[～が] 交代（する）	こうたい（する）	to take turns [*vi.*]
		20	あっさりした	あっさりした	simple; light
28.			態度	たいど	attitude
		21	見送り	みおくり	seeing someone off
		22	さみしい	さみしい	lonely; sad
		23	成長ぶり	せいちょうぶり	how one grows
			順応性	じゅんのうせい	flexibility; adaptability
		25	そうして	そうして	then
		27	方面	ほうめん	direction; field
			想像力	そうぞうりょく	imagination
			[～が] 増大（する）	ぞうだい（する）	to get larger [*vi.*]
		28	南部鉄	なんぶてつ	Nambu steel
			鍋	なべ	pan; pot
			何かの拍子に	なにかのひょうしに	by some chance
	◆		首	くび	neck
		29	レバー	ればー	lever
29.	◇		引く	ひく	to pull
		30	くるくる	くるくる	round and round
30.			おぼれる	おぼれる	to drown
		31	一面	いちめん	whole surface
	◇		本棚	ほんだな	bookshelf
			崩れかかる	くずれかかる	to collapse onto
31.	◇		[～に] 埋もれる	うもれる	to be buried
32.		33	やけど（する）	やけど（する）	to get burned
	◆		冷静に	れいせいに	calmly
33.		34	事態	じたい	situation; matters
			箱入り	はこいり	boxed
	◇	35	棚	たな	shelf
			しまう	しまう	to put back
34.	◇	36	地震	じしん	earthquake
35.	◇		[～が] 倒れる	たおれる	to fall down [*vi.*]
	◇		細工（する）	さいく（する）	to devise; to trick
	◇	37	倒す	たおす	to push down [*vt.*]
		38	世	よ	world
			～がた	～がた	(honorific pluralizing suffix used for people)
36.		40	[～が] 成長（する）	せいちょう（する）	to grow [*vi.*]
		42	おそれる	おそれる	to be afraid of
			幼稚園	ようちえん	kindergarten
37.	◇	43	奇跡	きせき	miracle
38.	◆	45	不思議な	ふしぎな	strange; wonderful
	◆		洗濯物	せんたくもの	laundry
			とりこむ	とりこむ	to bring in
		46	～とか	～とか	~ or
			ぴかぴか（に）	ぴかぴか（に）	shiny
	◇		掃除（する）	そうじ（する）	to clean

39.		47	楽天的な	らくてんてきな	optimistic
40.	◇		[～が] 転倒（する）	てんとう（する）	to fall down [*vi.*]
41.		48	思いつく	おもいつく	to think of; to come up with
42.		49	悲観（する）	ひかん（する）	pessimism; disappointment
			[～に] 属する	ぞくする	to belong to
		53	児童	じどう	children
		54	恋愛	れんあい	love

▶ 第 9 課・読み物 2 ▸▸▸▸▸ 覚える単語と例文

5.Tango_L9-2

21. 恐怖　　この町は安全なので、夜に一人で歩いても恐怖を感じることはない。

22. 飼う　　子犬を飼うことにしました。

23. 事件　　殺人（さつじん）のような怖い事件が起きないといいんですが。

24. 腕　　運動をしすぎたせいか、腕が痛い。

25. ～暮らし　　大学に入って以来、一人暮らしをしています。

26. 胸　　悲しいニュースを聞くたびに胸が痛くなります。

27. 締めつける　　着物の帯（おび）を締めつけすぎないようにしてください。

28. 態度　　人をバカにするような態度を取るべきではない。

29. 引く　　そのドアは押すのではなく引いてください。

30. おぼれる　　海でおぼれないように気をつけて。

31. [～に] 埋もれる　　大雪が降って、車が雪に埋もれてしまった。

32. やけど（する）　　料理中にやけどをしてしまった。

33. 事態　　水も食べ物もないような非常事態が想像できますか。

34. 地震　　日本は地震が多い国です。

35. [～が] 倒れる　　台風で木が倒れてしまった。

36. [～が] 成長（する）　　子どもの成長は驚くほど早い。

37. 奇跡　　階段（かいだん）から落ちてもけがをしなかったのは奇跡だ。

38. 不思議な　　言葉では説明できない不思議な経験をしたことがある。

39. 楽天的な　　彼女は楽天的なので、あまり落ち込まないそうです。

40. [～が] 転倒（する）　　けがをしやすい高齢者にとって、転倒は非常に危（あぶ）ないものだ。

41. 思いつく　　何かいいアイデアを思いついたら、教えてください。

42. 悲観（する）　　将来を悲観する若者が増えているそうだ。

読み物1 結婚・子育て、夢描きにくく

◆ 新出漢字がある単語（読み書き） ◇ 新出漢字がある単語（読みだけ） ＿ 新出漢字

	漢	行	単語	読み	意味
		0	子育て	こそだて	child rearing
			描く	えがく	picture; draw
			朝日新聞社	あさひしんぶんしゃ	The Asahi Shimbun
			世論調査	よろんちょうさ	public opinion poll
1.		2	両立（する）	りょうりつ（する）	to support at the same time; to go together
2.	◇		実施（する）	じっし（する）	to carry out
			[～に] 郵送（する）	ゆうそう（する）	to mail [vt.]
	◇		未婚者	みこんしゃ	unmarried person
	◇	3	未来	みらい	future
		4	世相	せそう	social conditions; phase of life
			[～が] 浮かび上がる	うかびあがる	to rise up; to come to the front [vi.]
3.		5	当然	とうぜん	of course
		6	当たり前	あたりまえ	usual; common
		8	男女	だんじょ	men and women
			～別	～べつ	by ~
	◇		若年層	じゃくねんそう	young people
4.	◇		～層	～そう	(specific group of people)
		9	高め	たかめ	on the high side
			女性	じょせい	female
			～代	～だい	~ generation
			半数	はんすう	half the number
	◇	11	夫婦	ふうふ	married couple
5.	◆		役割	やくわり	role
6.	◆		分担（する）	ぶんたん（する）	to share the load
7.	◇		夫	おっと	husband
8.			主に	おもに	mainly
			稼ぐ	かせぐ	to earn
9.	◇		妻	つま	wife
		12	家事	かじ	housework
		14	根強い	ねづよい	deep-rooted
		15	男性	だんせい	male
		16	やや	やや	a little; to some extent
	◆		低い	ひくい	low
10.	◆		7割	ななわり	70 percent
11.	◆	17	育児	いくじ	child rearing
12.	◇		幼い	おさない	very young; immature
			母親	ははおや	mother
			面倒を見る	めんどうをみる	to take care of
	◆	18	占める	しめる	to occupy
	◆		低め	ひくめ	on the low side
		19	肯定的な	こうていてきな	positive
	◆	20	負担感	ふたんかん	sense of burden
13.	◆		負担（する）	ふたん（する）	burden; load

			反映（する）	はんえい（する）	to reflect
	◇	24	非正規	ひせいき	non-fulltime employment
14.	◆		雇用（する）	こよう（する）	to hire
			不安定な	ふあんていな	unstable
15.			収入	しゅうにゅう	income
			[～に] つながる	つながる	to connect
		25	晩婚化	ばんこんか	tendency to marry later
			非婚化	ひこんか	tendency to remain unmarried
16.	◆		要因	よういん	factor
			～択	～たく	~ choices
17.	◇	29	[～に] 尋ねる	たずねる	to ask [*vt.*]
		30	～に続いて	～につづいて	followed by ~
18.	◇	31	挙げる	あげる	to raise; to give
	◆	33	育児休業（育休）	いくじきゅうぎょう（いくきゅう）	parental leave
		34	厚生労働省	こうせいろうどうしょう	Ministry of Health, Labour and Welfare
	◆		取得率	しゅとくりつ	acquisition rate
			取得（する）	しゅとく（する）	to obtain
19.	◆		～率	～りつ	~ rate
20.	◇	35	[～が] 浮き彫りになる	うきぼりになる	to come to surface [*vi.*]
		36	譲る	ゆずる	to give up; to yield up
			譲れぬ	ゆずれぬ	nonnegotiable
21.	◇		条件	じょうけん	condition
		38	結婚観	けっこんかん	view of marriage
22.	◇		探る	さぐる	to investigate
		39	願望	がんぼう	desire; wish
		40	年収	ねんしゅう	annual income
		41	[～が] うかがえる	うかがえる	can see
		42	いずれ	いずれ	sooner or later
			合わせる	あわせる	to combine
		45	交際	こうさい	company
		48	計～	けい～	~ in total
	◇		正規	せいき	fulltime employment
		49	形態	けいたい	form; shape
		50	国税庁	こくぜいちょう	the National Tax Administration Agency
23.	◇		平均	へいきん	average
			給与	きゅうよ	salary
	◇	52	複数回答	ふくすうかいとう	multiple answers
		53	安らぎ	やすらぎ	peace
			場	ば	place
24.			得る	える	to get
			老後	ろうご	old age
			ともに	ともに	together
	◇	55	昨年	さくねん	last year

単語	例文
1. 両立(する)	勉強とクラブ活動の両立は高校生にとって難しい問題だ。
2. 実施(する)	明日から３日間、大学の入学試験が実施される。
3. 当然	困(こま)っている人を助けるのは当然だ。
4. ～層	この本は幅広い年齢層の人に読まれている。
5. 役割	上司(じょうし)の重要な役割の一つは、部下の教育だ。
6. 分担(する)	みんなで分担したおかげで、片づけは１時間で終わった。
7. 夫	「夫」とは、夫婦のうち男性のことを表す言葉だ。
8. 主に	この本は主に「夢を持つ大切さ」について書かれている。
9. 妻	男性の多数が結婚後も妻とデートしたいと答えた。
10. ～割	この大学では女子学生が７割を占めている。
11. 育児	母によると、育児は 24 時間休みがない仕事だそうだ。
12. 幼い	山田(やまだ)さんにはまだ２歳の幼い子どもがいる。
13. 負担(する)	経験が少ない彼にこの仕事をさせるのは負担が大きい。
14. 雇用(する)	技術の発展によって、新しい雇用が生まれた。
15. 収入	毎月 20 万円の収入で家族４人が生活するのは苦しい。
16. 要因	その会社が成功(せいこう)した要因の一つは、海外から新しい社長を迎えたことだ。
17. [～に] 尋ねる	旅行先で道がわからなくなって、人に尋ねた。
18. 挙げる	日本に興味を持ったきっかけとして「アニメ」を挙げる人は多い。
19. ～率	その国の離婚率は 50%を超えるらしい。
20. [～が] 浮き彫りになる	調査の結果、多くの人が仕事でストレスを感じていることが浮き彫りになった。
21. 条件	１週間だけという条件で兄から車を借りた。
22. 探る	彼の気持ちを探ろうとしたが、結局わからなかった。
23. 平均	大人が本を読む時間は、１日平均で 35 分だそうだ。
24. 得る	試合で優勝して、自信を得た。

読み物2 日本人が政府に期待するもの

◆ 新出漢字がある単語（読み書き） ◇ 新出漢字がある単語（読みだけ） ＿ 新出漢字

	漢	行	単語	読み	意味
	◆	0	政府	せいふ	government
25.	◆		[〜と] 比較（する）	ひかく（する）	to compare
		2	ＮＨＫ	えぬえいちけー	NHK
			放送（する）	ほうそう（する）	to broadcast
			研究所	けんきゅうじょ	research institute
			[〜に] 加盟（する）	かめい（する）	to join
		4	地域	ちいき	area
			望ましい	のぞましい	desirable
			あり方	ありかた	way
			とらえる	とらえる	to catch
26.		5	[〜に] 報告（する）	ほうこく（する）	to report
		6	格差	かくさ	differential; gap
		7	広がり	ひろがり	extent; spread
27.	◇		背景	はいけい	background
			本稿	ほんこう	this article
		8	各国	かっこく	each country
			[〜に] 位置づける	いちづける	to place [*vt.*]
		9	〜を中心に	〜をちゅうしんに	with a focus on ~
28.	◆	10	責任	せきにん	responsibility
29.		11	失業者	しつぎょうしゃ	unemployed people
30.			対策	たいさく	measure; provision
31.			縮小（する）	しゅくしょう（する）	reduction
		12	水準	すいじゅん	level; standard
			維持（する）	いじ（する）	to retain
		13	どちらかといえば	どちらかといえば	if anything
32.			含む	ふくむ	to include
			以下同	いかどう	the same hereinafter
		15	クロアチア	くろあちあ	Croatia
	◆		失業率	しつぎょうりつ	unemployment rate
		16	チェコ	ちぇこ	the Czech Republic
33.	◆		傾向	けいこう	tendency
	◆	17	低所得	ていしょとく	low income
34.	◇		援助（する）	えんじょ（する）	to support; to assist
		20	韓国	かんこく	the Republic of Korea
		24	時系列	じけいれつ	chronological order
		26	相変わらず	あいかわらず	As usual
	◆	27	割合	わりあい	proportion
			高等教育	こうとうきょういく	higher education
35.			公的な	こうてきな	public
36.	◇		支出（する）	ししゅつ（する）	to spend
		28	教育観	きょういくかん	educational philosophy
			[〜が] 根づく	ねづく	to take root
37.	◇	30	〜主義	〜しゅぎ	principle; -ism
			[〜が] 浸透（する）	しんとう（する）	to become widespread

			無理（を）する	むり（を）する	to overdo; to work too hard
			家計	かけい	family budget
		31	生み出す	うみだす	to make
	◆		公的負担	こうてきふたん	public expenditure
			[～が] 顕在化（する）	けんざいか（する）	to become obvious
38.	◇	32	指摘（する）	してき（する）	to point out
	◇	33	監視（する）	かんし（する）	to watch
			許容（する）	きょよう（する）	to allow
		34	許容度	きょようど	latitude
			電子メール	でんしめーる	E-mail
39.	◇		防犯	ぼうはん	prevention of crime
40.		36	許す	ゆるす	to tolerate; to forgive
			まあ	まあ	all right
		39	公共	こうきょう	public
		42	中間	ちゅうかん	middle
			位置（する）	いち（する）	to position
41.	◇		[～に] 設置（する）	せっち（する）	to install
			費用	ひよう	cost
		43	助成（する）	じょせい（する）	to subsidize
			取り組み	とりくみ	effort; trial
			台数	だいすう	the number of (machines, etc.)
			今や	いまや	now
42.	◇		犯罪	はんざい	crime
	◇	44	捜査（する）	そうさ（する）	to investigate
43.	◆		[～が] 欠かせない	かかせない	indispensable
	◆		比較的	ひかくてき	relatively
44.		45	身近な	みぢかな	familiar
			保障（する）	ほしょう（する）	to guarantee
			表れ	あらわれ	mark
	◇	48	概観（する）	がいかん（する）	to review
		49	取り巻く	とりまく	to surround
			ばらつき	ばらつき	variation
45.		50	果たす	はたす	to fulfill; to accomplish

▶第 10 課・読み物 2 ▸▸▸▸▸ 覚える単語と例文

5.Tango_L10-2

25. [～と] 比較（する）　日本と比較しながら母国の習慣を説明した。

26. [～に] 報告（する）　部長に東京(とうきょう)出張の報告をした。

27. 背景　少子化の背景には、非婚化などの価値観の変化がある。

28. 責任　大人は自分の言ったことに責任を持つべきだ。

29. 失業者　経済の状況が悪くなると、失業者も増える。

30. 対策　ネットのセキュリティ対策のため、ソフトウェアを買った。

31. 縮小（する）　メールで写真を送るために、サイズを縮小した。

32. 含む	牛乳にはたくさんカルシウムが含まれている。
33. 傾向	最近の日本の若者は海外留学をしたがらない傾向がある。
34. 援助（する）	親がいない子どもには、生活や教育などの援助をすべきだ。
35. 公的な	申し込みには運転免許証（めんきょしょう）など公的な書類が必要です。
36. 支出（する）	一人暮らしの大学生の支出で一番大きいのは、家賃（やちん）だ。
37. ～主義	完璧（かんぺき）主義の人は、目標や理想が高く、すべて完璧にやりたいと考える。
38. 指摘（する）	クラスメートに、みんなの前で漢字の間違いを指摘されてしまった。
39. 防犯	防犯対策として、玄関（げんかん）にカメラを設置した。
40. 許す	彼女のうそをどうしても許すことができません。
41. [～に] 設置（する）	この部屋にはエアコンが設置されていない。
42. 犯罪	人が多い都市部は犯罪が多い。
43. [～が] 欠かせない	水は人間にとって欠かせないものの一つだ。
44. 身近な	「いじめ」は身近な社会問題の一つだろう。
45. 果たす	彼はチームキャプテンとして大きな役割を果たした。

第11課 読み物1 よろしく — 日本語 表と裏（うら）

◆ 新出漢字がある単語（読み書き） ◇ 新出漢字がある単語（読みだけ） ＿ 新出漢字

	漢	行	単語	読み	意味
		0	表	おもて	front
	◇		裏	うら	back
		1	いたるところ	いたるところ	everywhere
			連発（する）	れんぱつ（する）	to speak continuously
	◇		年賀状	ねんがじょう	New Year's card
		2	きまって	きまって	as usual
			本年	ほんねん	this year
			知人	ちじん	acquaintance
1.	◆	3	[～に] 依頼（する）	いらい（する）	to request [*vt.*]
			慣用語	かんようご	idiom
		4	聞き流す	ききながす	to take no notice
2.	◇	5	誠実に	せいじつに	sincerely
			[～に] こたえる	こたえる	to respond
		7	[～に] 心を配る	こころをくばる	to care
	◆		～て欲しい	～てほしい	to want someone to ~
		8	頼みごと	たのみごと	favor
3.			具体的な	ぐたいてきな	concrete

4.		9	[〜に] 要求（する）	ようきゅう（する）	to request; to demand [*vt.*]
			明示（する）	めいじ（する）	to make explicit
5.	◆		[〜に] 迷惑（する）	めいわく（する）	to be bothered
	◇	10	範囲	はんい	range
			[〜に] 力を貸す	ちからをかす	to help
6.		11	[〜に] 任せる	まかせる	to entrust [*vt.*]
7.		12	したがって	したがって	therefore
	◇		志	こころざし	will; motive
8.	◇	13	結構な	けっこうな	fine
9.	◇	15	[〜に] 寄付（する）	きふ（する）	to donate [*vt.*]
	◇		乞う	こう	to ask
		16	一口	ひとくち	a unit of donation
10.	◆	17	断る	ことわる	to turn down
11.	◆	18	[〜に] 協力（する）	きょうりょく（する）	to cooperate
	◆		思い悩む	おもいなやむ	to be worried
12.	◆		[〜に] 悩む	なやむ	to be troubled
13.	◆	19	判断（する）	はんだん（する）	to decide
			強いる	しいる	to force
			ずいぶん	ずいぶん	quite
14.	◇	21	[〜に] 滞在（する）	たいざい（する）	to stay
	◇	22	某氏	ぼうし	unnamed person
		23	よこす	よこす	to send
15.		25	さっぱり〜ない	さっぱり〜ない	not at all
16.			見当がつく	けんとうがつく	to have a clue
		26	出迎える	でむかえる	to pick up and meet someone
		28	共にする	ともにする	to do it together
		29	さんざん	さんざん	deeply
	◇	31	冗談	じょうだん	joke
		32	[〜に] 甘える	あまえる	to lean on; to rely on
	◇		虫がいい	むしがいい	take too much for granted
	◇		虫	むし	insect
17.		33	一見	いっけん	at a glance
18.	◇		意志	いし	will; volition
19.			尊重（する）	そんちょう（する）	to respect
20.	◇	35	[〜に] 転嫁（する）	てんか（する）	to pass (the buck) [*vt.*]
		36	のがれる	のがれる	to avoid
	◇		呪文	じゅもん	spell
	◆	37	[〜に] 判断をくだす	はんだんをくだす	to make a decision
		38	面倒な	めんどうな	troublesome; laborious
		39	思案（する）	しあん（する）	to think
21.	◇		放棄（する）	ほうき（する）	to abandon
			[〜に] 押しつける	おしつける	to push [*vt.*]
		40	無礼な	ぶれいな	rude
		41	別言（する）	べつげんする	to say in other words
			よきにはからえ	よきにはからえ	Do what you think is best (old-fashioned saying)

22.	◇	42	殿様	とのさま	lord
			家来	けらい	retainer
		43	[～に] 命じる	めいじる	to order [*vt.*]
	◇		横柄な	おうへいな	arrogant
			～以外の何ものでもない	～いがいのなにものでもない	nothing other than ~

▶ 第11課・読み物1 ▸▸▸▸▸ 覚える単語と例文

🎧 5.Tango_L11-1

1. [～に] 依頼(する)　ある有名な作家に講演を依頼した。
2. 誠実に　彼は誠実に仕事に取り組むので、大事な仕事をよく任される。
3. 具体的な　説明する時は、具体的な例を挙げたほうがわかりやすい。
4. [～に] 要求(する)　社員の代表が社長に給料を上げるように要求した。
5. 迷惑(する)　約束の時間に遅れて、友達に迷惑をかけてしまった。
6. [～に] 任せる　部長は部下にそのプロジェクトを全部任せた。
7. したがって　これはコーラではなく酒だ。したがって、子どもに与えてはいけない。
8. 結構な　「面接はスーツではなく私服で結構です」と言われたので、何を着ていったらいいか困(こま)った。
9. [～に] 寄付(する)　難病の子どもをサポートするNPOに寄付をした。
10. 断る　飲み会に誘われたが、都合(つごう)が悪かったため断った。
11. [～に] 協力(する)　アンケート調査にご協力ください。
12. 悩む　彼女と結婚すべきかどうか、悩んでいます。
13. 判断(する)　明日の天気を見て、イベントを行うかどうかを判断します。
14. [～に] 滞在(する)　夏休みはスペインに1か月ほど滞在する予定です。
15. さっぱり～ない　その本は何度も読みましたが、さっぱり理解できません。
16. 見当がつく　道が込んでいて、何時に着くか見当がつきません。
17. 一見　彼は一見、静かな人に見えるが、実はそうではない。
18. 意志　意志が強い人はどんな時もあきらめず、努力し続けられる。
19. 尊重(する)　両親は私の気持ちを尊重し、留学することを許してくれた。
20. [～に] 転嫁(する)　彼は自分が悪くても他人に責任を転嫁しようとする。
21. 放棄(する)　育児を放棄する親がいるなんて悲しいことだ。
22. 横柄な　横柄な態度をとる店員がいる店には行きたくない。

◆ 新出漢字がある単語（読み書き）　◇ 新出漢字がある単語（読みだけ）　＿ 新出漢字

	漢	行	単語	読み	意味
		0	二重人格者	にじゅうじんかくしゃ	person with dual personality
	◇		復権	ふっけん	restoration
		1	みごとな	みごとな	wonderful
			あやつる	あやつる	to manipulate; to speak
		2	[～が] かけめぐる	かけめぐる	to go around [*vt.*]
23.	◇	3	[～が] 交錯（する）	こうさく（する）	to cross [*vi.*]
			おそう	おそう	to strike
			なんだか	なんだか	somehow
		4	二人ながらに	ふたりながらに	although we are two
			都合	つごう	in all
			なす	なす	to have
24.	◆	6	拒絶（する）	きょぜつ（する）	to reject
25.	◇		姿勢	しせい	posture; attitude
		8	[～に] 持ちかける	もちかける	to start talking [*vt.*]
26.		9	[～が] はっきりする	はっきりする	to become clear [*vi.*]
			[～に] 返答（する）	へんとう（する）	to respond
27.		10	適当に	てきとうに	halfhearted
			にごす	にごす	to dodge
28.		12	細かい	こまかい	fine; detailed
29.	◇		詮索（する）	せんさく（する）	to pry into
			おおよそ	おおよそ	approximately
			ストレートな	すとれーとな	straight
		13	情的な	じょうてきな	emotional
30.			あいまいな	あいまいな	ambiguous
31.			[～に] 共通（する）	きょうつう（する）	to be common
		14	言えよう	いえよう	you can say that
32.	◇		双方	そうほう	both
			国語	こくご	national language
		15	人格	じんかく	personality
			いつのまにか	いつのまにか	without knowing
			使い分ける	つかいわける	to use properly
		16	心なしか	こころなしか	somehow
			おとなしい	おとなしい	quiet
		17	手ごわい	てごわい	tough
		18	使用（する）	しよう（する）	to use
		19	身ぶり手ぶりよろしく	みぶりてぶりよろしく	using a lot of gestures
		20	母音	ぼいん	vowel
			ふんだんに	ふんだんに	abundantly
			響く	ひびく	to resonate
33.	◇		陽気な	ようきな	hilarious
34.	◇	21	抑制（する）	よくせい（する）	to suppress
	◇		抑制がきく	よくせいがきく	suppressed; restrained
			キングズ・イングリッシュ	きんぐず・いんぐりっしゅ	King's English
35.			[～が] 落ち着く	おちつく	to calm down

		22	あながち	あながち	not necessarily
			俗論	ぞくろん	popular opinion
			言いきる	いいきる	to say definitely
		23	平板な	へいばんな	flat
	◆		国民	こくみん	citizens of the country
		26	通ずる（通じる）	つうずる（つうじる）	to apply
36.	◆	27	製造（する）	せいぞう（する）	to manufacture
37.	◆		検証（する）	けんしょう（する）	to verify
38.	◇	28	同胞	どうほう	fellow being
			セリフ	せりふ	quote; line
		29	～にしくはない	～にしくはない	nothing surpasses ~
		30	そのへん	そのへん	around
		31	きっぱりと	きっぱりと	clearly
			[～に] 呼びかける	よびかける	to call
39.			ぼんやりと	ぼんやりと	vaguely
40.	◇	32	喚起（する）	かんき（する）	to arouse
41.	◆		自己主張（する）	じこしゅちょう（する）	to assert oneself
		33	[～に] つけ加える	つけくわえる	to add
			物言い	ものいい	saying
		34	ぼかす	ぼかす	to blur
		36	さぞかし	さぞかし	I bet; indeed
42.	◆	37	歯がゆい	はがゆい	frustrating; irritating

▶第11課・読み物2 ▸▸▸▸▸ 覚える単語と例文　　5.Tango_L11-2

23. [～が] 交錯（する）	留学する前は、期待と不安が交錯していました。
24. 拒絶（する）	理由もわからず友達に拒絶されるのは、辛い。
25. 姿勢	夢を実現させるためには、前向きな姿勢が必要だ。
26. [～が] はっきりする	大学で何を学びたいか、はっきりした目的を持つべきだ。
27. 適当に	作文は適当に書くのではなく、きちんと考えてから書いてください。
28. 細かい	助詞など細かい間違いにも気をつけるようにしています。
29. 詮索（する）	私のことをいろいろ詮索するのはやめてください。
30. あいまいな	「ちょっと」は、よく使われるあいまいな表現の一つだ。
31. [～に] 共通（する）	彼らに共通しているのは、ゲームが好きだということだ。
32. 双方	早期英語教育について賛成と反対の双方の意見を聞いた。
33. 陽気な	彼女はとても明るく陽気な人なので、友達が多い。
34. 抑制（する）	怒りの感情を抑制するのはなかなか難しい。
35. [～が] 落ち着く	引（ひ）っ越（こ）しから３か月が経（た）ち、生活が落ち着いてきた。
36. 製造（する）	あの工場ではチーズやヨーグルトが製造されています。

37. 検証（する）　大学院の研究ではサプリメントの効果を検証するつもりだ。

38. 同胞　海外で生活していると、同胞に助けられることが多い。

39. ぼんやりと　彼女はぼんやりと窓（まど）から外を見ていた。

40. 喚起（する）　海でおぼれる人が多いので、自治体（じちたい）は注意を喚起する看板を立てた。

41. 自己主張（する）　自己主張が強すぎると、周りの人たちとうまくいかない。

42. 歯がゆい　積極的に行動できない自分の弱さが歯がゆいです。

第12課　読み物1　奇跡の職場　新幹線清掃（しんかんせんせいそう）チームの“働く誇り（ほこ）”

◆ 新出漢字がある単語（読み書き）　◇ 新出漢字がある単語（読みだけ）　＿ 新出漢字

	漢	行	単語	読み	意味
		0	職場	しょくば	workplace
1.	◇		新幹線	しんかんせん	bullet train
2.	◇		清掃（する）	せいそう（する）	to clean
			誇り	ほこり	pride
		1	定刻通り	ていこくどおり	on schedule
			運行（する）	うんこう（する）	to operate; to provide (transportation)
	◆		集団	しゅうだん	group
		2	～こと	～こと	known as ~
			株式会社	かぶしきがいしゃ	company limited
			JR東日本	じぇいあーるひがしにほん	East Japan Railway Company
			東北	とうほく	Tohoku area
		3	上越	じょうえつ	Joetsu area
3.			担当（する）	たんとう（する）	to take charge of
		7	座席	ざせき	seat
			物入れ	ものいれ	compartment
4.			[～が] たまる	たまる	to build up; to accumulate [*vi.*]
		8	かき集める	かきあつめる	to gather up
			向き	むき	direction
			進行方向	しんこうほうこう	direction of travel
		9	戻す	もどす	to return; to put back
		10	拭く	ふく	to wipe
	◆		窓	まど	window
			ブラインド	ぶらいんど	window blinds
	◆		窓枠	まどわく	window frame
5.	◇	12	紛失（する）	ふんしつ（する）	to lose
6.	◆		管理（する）	かんり（する）	to manage; to administer
7.	◇		[～が] 壊れる	こわれる	to break [*vi.*]
			箇所	かしょ	part; place
		13	施す	ほどこす	to do; to give
			まとめる	まとめる	to put together

		14	多種多様	たしゅたよう	wide variety
		15	やる気	やるき	motivation
			[〜に] あふれる	あふれる	to be full of
			やる気にあふれる	やるきにあふれる	fully motivated
			きつい	きつい	tough; hard
8.	◆		危険な	きけんな	dangerous
		16	バブル	ばぶる	bubble economy
	◇		全盛期	ぜんせいき	the golden age; heyday
			[〜が] 流行る	はやる	to be popular; to be in fashion [*vi.*]
		17	頭文字	かしらもじ	the first letter
			敬遠（する）	けいえん（する）	to keep something at a distance
		19	現場	げんば	site; field
9.		21	[〜に] 向く	むく	to be suited for ~
10.	◇	22	維持（する）	いじ（する）	to maintain; to sustain
		23	〜ありき	〜ありき	based on ~
11.	◆		経営（する）	けいえい（する）	to manage
12.			目指す	めざす	to aim
		24	制服	せいふく	uniform
	◇		帽子	ぼうし	hat; cap
		27	本来	ほんらい	by all rights; originally
			活気	かっき	liveliness
		29	見出す	みいだす	to find out
		30	おもな	おもな	main
			収入源	しゅうにゅうげん	source of income
			車両	しゃりょう	train car
	◇		編成（する）	へんせい（する）	to organize
			〜あたり	〜あたり	per ~
		31	〜平米	〜へいべい	~ square meters
	◆		計算（する）	けいさん（する）	to calculate
		32	支払う	しはらう	to pay
		33	増発（する）	ぞうはつ（する）	to increase the number of trains [*vi.*]
		34	範疇	はんちゅう	category
13.	◇	36	自己肯定感	じここうていかん	self-esteem
	◇		肯定（する）	こうてい（する）	to affirm
		38	結果的に	けっかてきに	as a result; unintentionally
			周囲	しゅうい	surroundings
		39	見回す	みまわす	to look around
			世の中	よのなか	the world
		40	美徳	びとく	virtue
14.	◇	41	稼ぐ	かせぐ	to earn (money)
15.		42	大前提	だいぜんてい	major premise
		43	[〜に] さしかかる	さしかかる	to near; to approach
16.		44	把握（する）	はあく（する）	to grasp
17.			無視（する）	むし（する）	to ignore
	◆	45	〜側	〜がわ	~ side
18.	◆		[〜に] 感謝（する）	かんしゃ（する）	to be thankful

	◇	46	好循環	こうじゅんかん	virtuous circle
19.	◇		[〜が] 循環(する)	じゅんかん(する)	to circulate [*vi.*]
		47	〜をもとに	〜をもとに	based on
		51	創造部	そうぞうぶ	creative department
			顧問	こもん	adviser
		52	日本国有鉄道	にほんこくゆうてつどう	Japanese National Railways
			以後	いご	since; after
			乗客	じょうきゃく	passenger
			専門家	せんもんか	specialist
20.	◆	52	[〜に] 勤務(する)	きんむする	to work
			鉄道整備株式会社	てつどうせいびかぶしきがいしゃ	railway maintenance and repair co., Ltd
		53	社名	しゃめい	name of company
21.	◆		[〜に] 変更(する)	へんこう(する)	to change
			取締役	とりしまりやく	director
			経営企画部長	けいえいきかくぶちょう	chief of corporate planning division
			[〜に] 就任(する)	しゅうにん(する)	to assume the office of; to be inaugurated
		54	国内外	こくないがい	domestically and abroad
			評価(する)	ひょうか(する)	to evaluate
		55	教材	きょうざい	teaching materials

▶ 第12課・読み物1 ▸▸▸▸▸ 覚える単語と例文

5.Tango_L12-1

1. 新幹線　東京(とうきょう)から大阪(おおさか)まで新幹線で２時間半ぐらいだ。
2. 清掃(する)　閉店後にお店の清掃をすることになっている。
3. 担当(する)　彼女が新入社員の教育を担当します。
4. [〜が] たまる　ベッドの下にゴミがたまっていたので、掃除をした。
5. 紛失(する)　クレジットカードを紛失したら、すぐカード会社に連絡してください。
6. 管理(する)　お客様のデータを管理するのが仕事です。
7. [〜が] 壊れる　パソコンが壊れてしまい、レポートが書けません。
8. 危険な　危険な場所には行かないでください。
9. [〜に] 向く　細かい気づかいができる人は接客の仕事に向いている。
10. 維持(する)　健康(けんこう)を維持するためには、食事と運動が大切だ。
11. 経営(する)　将来カフェを経営するのが夢です。
12. 目指す　兄は海外の大学院に入ることを目指している。
13. 自己肯定感　自己肯定感が低い人は「私はだめだ」とすぐ考える。
14. 稼ぐ　お金は簡単には稼げない。
15. 大前提(前提)　このアプリを使いたければ、スマホを持っていることが大前提だ。
16. 把握(はあく)(する)　母は家族全員の予定をすべて把握(はあく)している。

17. 無視(する)　　先輩にあいさつしたのに、なぜか無視されてしまった。

18. [〜に] 感謝(する)　今まで私を育ててくれた親に心から感謝している。

19. [〜が] 循環(する)　血は体の中を循環している。

20. [〜に] 勤務(する)　姉は病院に勤務しています。

21. [〜に] 変更(する)　店に電話をかけて、予約を次の週に変更した。

第12課　読み物2　あらしのよるに

◆ 新出漢字がある単語（読み書き）　◇ 新出漢字がある単語（読みだけ）　＿ 新出漢字

	漢	行	単語	読み	意味
22.	◇	0	嵐	あらし	storm
			学長	がくちょう	president (of the school)
23.	◇	1	敵	てき	enemy
		2	南座	みなみざ	Minami-za Theater
		3	新作	しんさく	new release
			歌舞伎	かぶき	kabuki
		4	オオカミ	おおかみ	wolf
		5	ヤギ	やぎ	goat
			演じる	えんじる	to act; to play
		6	[〜に] 逃げこむ	にげこむ	to take refuge
	◆	7	お互い	おたがい	each other
		8	正体	しょうたい	one's true character
		10	[〜に] 再会(する)	さいかい(する)	to reunite
			顔を合わせる	かおをあわせる	to see each other
		11	食う	くう	to eat
	◇	13	領域	りょういき	territory
			[〜に] 煩悶(する)	はんもん(する)	to suffer a mental conflict
		14	ごちそう(する)	ごちそう(する)	to give a dinner
	◇	15	天敵	てんてき	natural enemy
		16	説き伏せる	ときふせる	to persuade; to argue someone down
	◆	17	心が折れる	こころがおれる	to lose heart
24.	◆		[〜が] 折れる	おれる	to get broken [*vi.*]
		20	手を取り合う	てをとりあう	to take each other's hands
			歩む	あゆむ	to move through
		22	たわいもない	たわいもない	trivial
		23	意外な	いがいな	unexpected
			真実	しんじつ	truth
	◇	24	描く	えがく	to describe
25.		25	常識	じょうしき	common sense
26.	◆	29	永遠に	えいえんに	forever
	◇	31	敵対関係	てきたいかんけい	antagonism
27.	◆		勝手に	かってに	at someone's convenience
		33	長らく	ながらく	for a long time

	◆	34	身勝手な	みがってな	selfish
		35	翻弄(する)	ほんろう(する)	to toy with
	◇		～世紀	～せいき	-th century
			半ば	なかば	the middle
		36	欧米人	おうべいじん	Westerners
28.	◇	37	凶暴な	きょうぼうな	brutal
	◇	38	巨人	きょじん	giant person; person with special powers
	◇	39	襲う	おそう	to attack
			さらう	さらう	to kidnap
		40	真に受ける	まにうける	to take seriously; to believe
29.	◇		殺す	ころす	to kill
		41	中央	ちゅうおう	center
			低地	ていち	low ground
		42	狩猟(する)	しゅりょう(する)	to hunt
30.		46	[～が]明らかになる	あきらかになる	to be revealed; to become clear
31.			[～が]一転(する)	いってん(する)	to change completely; to turn around
	◇	47	隣人	りんじん	neighbor
		48	目玉	めだま	key element; main feature
		49	もはや～ない	もはや～ない	no longer ~
			食料	しょくりょう	food
32.			[～と]見なす	みなす	to consider as
		51	～どうし	～どうし	between ~
		52	江戸時代	えどじだい	Edo period
		53	白人	はくじん	white person
			鬼	おに	ogre; demon
	◇	54	第二次大戦	だいにじたいせん	World War II
			鬼畜米英	きちくべいえい	"The Americans and the British are brutes"
33.	◇	55	抱く	いだく	to have (a feeling or emotion)
34.	◇		憎しみ	にくしみ	hatred
		57	テロ	てろ	terrorism
			抹殺(する)	まっさつ(する)	to eliminate
35.		59	[～と]共存(する)	きょうぞん(する)	to coexist
		61	寓話	ぐうわ	fable
		62	機微	きび	subtleties
	◇		描き出す	えがきだす	to depict
36.		63	見習う	みならう	to follow a good example
			教訓	きょうくん	lesson
		64	[～に]語りかける	かたりかける	to talk to someone
		68	知能	ちのう	intelligence
		71	敬意	けいい	respect
37.	◇		距離	きょり	distance
		74	友好的な	ゆうこうてきな	friendly
38.	◇	76	地域	ちいき	area; region
	◇		武器	ぶき	weapon
			餌	えさ	bait
		79	逃げ去る	にげさる	to disappear; to take flight

			追う	おう	to chase
39.			恐ろしい	おそろしい	frightening; terrifying
			声をあげる	こえをあげる	to raise one's voice
40.	◇	80	攻撃（する）	こうげき（する）	to attack
			[〜に] 突進（する）	とっしん（する）	rush
		81	傷を負う	きずをおう	to suffer a wound
			負う	おう	to have; bear
	◇	82	敵意	てきい	hostile feelings
41.	◇		辛抱強く	しんぼうづよく	patiently
		86	[〜と] 向かい合う	むかいあう	to face each other
	◇	89	群れ	むれ	group

▶ 第 12 課・読み物 2 ▸▸▸▸▸ 覚える単語と例文

5.Tango_L12-2

22.	嵐	昨日はひどい嵐で、一日中外に出られなかった。
23.	敵	これは仲間と協力して敵と戦うゲームだ。
24.	[〜が] 折れる	スキーで転んで、左足が折れてしまった。
25.	常識	ゴミを分別するのは日本では常識だ。
26.	永遠に	永遠に生き続けられるとしたら、何をしますか。
27.	勝手に	彼は私の都合(つごう)も尋ねず、勝手に予定を決めてしまった。
28.	凶暴な	あの家には凶暴な犬がいるので気をつけてください。
29.	殺す	弟はとても優しくて、虫を殺すことさえできない。
30.	[〜が] 明らかになる	調査の結果、結婚年齢が上がっていることが明らかになった。
31.	[〜が] 一転（する）	財布(さいふ)を盗(ぬす)まれ、楽しい旅行が一転して悲しい旅行になってしまった。
32.	[〜と] 見なす	この犬と猫は仲が良く、お互いを仲間と見なしているようだ。
33.	抱く	将来に不安を抱きながら生活している若者は多い。
34.	憎しみ	その事件の犯人に多くの人が強い憎しみを抱いた。
35.	[〜と] 共存（する）	動物と人間が共存できる社会を実現させたい。
36.	見習う	先輩を見習って、仕事のやり方を変えることにした。
37.	距離	スーパーはここから歩いて 10 分の距離にあります。
38.	地域	この地域はとても静かで安全なので、住みたい街として人気がある。
39.	恐ろしい	恐ろしい夢を見て、真夜中に目が覚めてしまった。
40.	攻撃（する）	ハッカーに攻撃されないようにセキュリティに注意すべきだ。
41.	辛抱強く	言語の習得には、辛抱強く勉強を続けることが大切だ。

4技能でひろがる 中級日本語 カルテット II

QUARTET:
INTERMEDIATE JAPANESE
ACROSS THE FOUR LANGUAGE SKILLS

■ 漢字リスト

［読み物にある単語］◆読み書き ◇読みだけ

読み物1

328	壁	wall	ヘキ かべ	壁画（へきが）fresco ◇壁（かべ）wall; barrier
		(16) … 壁		
329	厚	thick; tender	コウ あつ	温厚な（おんこうな）gentle ◇厚さ（あつさ）thickness
		(9) … 厚		
330	濃	dark; thick	ノウ こ	濃厚な（のうこうな）strong; thick ◇濃い（こい）thick; dense; strong
		(16) … 濃		
331	択	choose; select	タク	◇選択肢（せんたくし）choice 選択（せんたく）choice 二者択一（にしゃたくいつ）alternatively; choice between two
		(7) … 択		
332	肢	limbs	シ	◇選択肢（せんたくし）choice
		(8) … 肢		
333	裕	abundant; rich	ユウ	◇余裕（よゆう）room; (emotional) leeway 裕福な（ゆうふくな）wealthy; rich
		(12) … 裕		
334	差	point; difference	サ さ	◆差（さ）difference 差別（さべつ）discrimination 差し上げる（さしあげる）to give
		(10) … 差		
335	落	fall; fail	ラク お	落書き（らくがき）graffiti　落語（らくご）comic story telling ◆落ち込む（おちこむ）to get depressed 落ちる（おちる）to fall
		(12) … 落		
336	刺	thorn; sting; stab	シ さ	◇刺激（しげき）stimulation 刺す（さす）to stab; to sting 刺身（さしみ）sashimi
		(8) … 刺		
337	激	violent; excited	ゲキ はげ	◇刺激（しげき）stimulation 激しい（はげしい）violent; extreme
		(16) … 激		

No.	Kanji	Meaning	Reading	Vocabulary
338	与	give; join	ヨ あた	給与（きゅうよ）salary ◆与える（あたえる）to give; to provide
		(3) 一 与 与		
339	逆	opposite; reverse	ギャク さか	◆逆に（ぎゃくに）on the contrary; conversely 逆らう（さからう）to oppose
		(9) 丶 丷 䒑 䒑 屰 屰 逆 逆 逆		
340	組	set; group; company	ソ く くみ	組織（そしき）organization 肩を組む（かたをくむ）to put one's arm around someone's shoulders ◇組む（くむ）to cross　番組（ばんぐみ）show; program
		(11) 𠃋 幺 幺 糸 糸 糸 糹 糾 組 組 組		
341	遊	play; enjoy	ユウ あそ	遊園地（ゆうえんち）amusement park ◆遊ぶ（あそぶ）to hang out
		(12) 丶 亠 方 方 方 方 斿 斿 斿 斿 游 遊		
342	束	bundle; sheaf; ream	ソク たば	◆約束（やくそく）promise ◆約束を交わす（やくそくをかわす）to make a promise 花束（はなたば）bouquet　束ねる（たばねる）to bundle
		(7) 一 厂 戸 百 申 束 束		
343	破	destroy; break	ハ やぶ	破壊（はかい）destruction ◇破る（やぶる）to break
		(10) 一 丆 不 石 石 石 矿 矿 矽 破		
344	膨	swell; thick	ボウ ふく	膨張（ぼうちょう）expansion; swelling ◇膨らむ（ふくらむ）to expand; to swell
		(16) 丿 刀 月 月 月 肀 肀 肀 肀 肀 肀 膀 膀 膀 膨 膨		
345	根	root; basis	コン ね	◇根本（こんぽん）root; foundation 根拠（こんきょ）basis 根付く（ねづく）to take root　根（ね）root
		(10) 一 十 才 木 朩 村 村 相 根 根		
346	島	island	トウ しま	島民（とうみん）islanders ◇島国（しまぐに）island country
		(10) ノ 亻 户 户 白 自 阜 阜 島 島		
347	展	display; spread	テン	◇発展（はってん）development 展開（てんかい）deployment; expansion 展示（てんじ）display
		(10) 一 コ 尸 尸 屁 屈 屈 屏 展 展		

単語リスト

漢字リスト

No.	Kanji	Meaning	Reading	Examples	Strokes
348	似	resemble	ジ に	類似（るいじ）similarity; resemblance ◆似る（にる）to resemble 似合う（にあう）to suit with	(7) ノ 亻 仆 仏 仏 似 似
349	勇	courage; bravery	ユウ いさ	◇勇気（ゆうき）courage 勇敢な（ゆうかんな）bravery 勇ましい（いさましい）courageous	(9) ㇇ マ 乛 丙 甬 甬 甬 勇 勇
350	飛	fly; jump	ヒ と	飛行機（ひこうき）airplane 飛躍（ひやく）rapid progress ◇飛びだす（とびだす）to jump out	(9) ㇈ 乙 飞 飞 飞 飞 飛 飛 飛
351	満	full	マン み	◆不満（ふまん）dissatisfaction　満足（まんぞく）satisfaction 満点（まんてん）full mark 満たす（みたす）to fill; to satisfy	(12) 丶 冫 氵 氵 汁 汁 沖 泄 浩 満 満 満
352	孤	orphan; alone	コ	孤立（こりつ）isolation ◇孤独感（こどくかん）loneliness	(9) ㇇ 了 子 孑 孒 孔 孤 孤 孤
353	耳	ear	ジ みみ	耳鼻科（じびか）otolaryngology; ENT ◇耳にする（みみにする）to hear	(6) 一 丅 F F 巨 耳
354	絡	get entangled	ラク	◆連絡先（れんらくさき）contact information	(12) ㇜ 纟 幺 糸 糸 糸 絆 紟 絡 絡 絡 絡
355	趣	purport; elegance; interest	シュ おもむき	◇趣味（しゅみ）hobby; taste; preference 趣（おもむき）taste; meaning	(15) 一 十 土 キ 卡 走 走 走 赶 赶 赶 趄 趙 趣 趣
356	共	together; common	キョウ とも	◆共有（きょうゆう）share 共同で（きょうどうで）jointly 共に（ともに）together with	(6) 一 十 卄 廾 共 共
357	没	frown; hide; disappear	ボツ	◇没頭（ぼっとう）immersion 日没（にちぼつ）sunset	(7) 丶 冫 氵 氵 氵 没 没

読み物2

No.	Kanji	Meaning	Reading	Examples	Strokes
358	頭	head	ズ トウ あたま	頭痛（ずつう）headache ◇没頭（ぼっとう）immersion　◇冒頭（ぼうとう）beginning 牛 40 頭（うし 40 とう）40 head of cattle　頭（あたま）head	(16)
359	脱	undress; removing	ダツ ぬ	◇脱出（だっしゅつ）escape 脱ぐ（ぬぐ）to take off	(11)
360	攻	attack; assault	コウ せ	攻撃（こうげき）attack ◇攻め（せめ）attack	(7)
361	素	naked; uncovered; simple	ソ ス	要素（ようそ）element　素材（そざい）material ◇素早く（すばやく）quickly　素顔（すがお）natural face 素直な（すなおな）obedient	(10)
362	望	hope	ボウ のぞ	◆失望（しつぼう）disappointment 要望（ようぼう）request; demand ◆望む（のぞむ）to wish; to desire	(11)
363	珍	curious; strange; rare	チン めずら	珍味（ちんみ）delicacy; unusual taste 珍品（ちんぴん）rarity ◇珍しく（めずらしく）unusually	(9)
364	戻	return	もど	◆戻る（もどる）to return 戻す（もどす）to put back; to return	(7)
365	速	fast	ソク はや	◆早速（さっそく）immediately 速度（そくど）speed 速さ（はやさ）speed　速い（はやい）fast	(10)
366	冒	risk; face; damage	ボウ おか	冒険（ぼうけん）adventure ◇冒頭（ぼうとう）beginning 危険を冒す（きけんをおかす）to take a risk	(9)
367	況	condition	キョウ	◆状況（じょうきょう）situation 近況（きんきょう）current state	(8)

単語リスト　漢字リスト

No.	Kanji	Meaning	Reading	Examples	Stroke order
368	各	each; every	カク	◇各～（かく～）each ～　各地（かくち）various places 各自（かくじ）everyone	(6) ノ ク 夂 夂 各 各
369	策	scheme; plan; policy	サク	◇政策（せいさく）political measures 策略（さくりゃく）trick	(12) ノ ト ⺮ … 竺 笞 笄 第 策
370	努	effort; endeavor	ド つと	◆努力（どりょく）effort 努める（つとめる）to endeavor	(7) く 女 女 奴 奴 努 努
371	徐	gradually; slowly; gently	ジョ おもむろ	◇徐々に（じょじょに）gradually 徐行（じょこう）slowing down 徐に（おもむろに）slowly	(10) ノ ㇒ 彳 彳 彸 彸 徐 徐 徐 徐
372	築	construct; build	チク きず	建築（けんちく）architecture ◇築く（きずく）to build	(16) ノ ト ⺮ … 筑 筑 築 築 築 築

［読み物にある単語］ ◆ 読み書き ◇ 読みだけ

読み物1

No.	漢字	Meaning	読み	単語	筆順
373	総	general; overall	ソウ	◇総合（そうごう）overall 総理大臣（そうりだいじん）prime minister	(14) く 幺 幺 糸 糸 糸 糸 糸 糸 紒 紒 総 総 総
374	到	reach	トウ	◆到着（とうちゃく）arrival 到達（とうたつ）attainment	(8) 一 エ 云 至 至 至 到 到
375	迎	welcome	ゲイ むか	歓迎（かんげい）welcome ◇お迎え（おむかえ）welcoming	(7) ′ 匚 卬 卬 卬 迎 迎
376	肩	shoulder	ケン かた	肩甲骨（けんこうこつ）shoulder blade; scapula ◇肩（かた）shoulder	(8) 一 ヨ ヨ 戸 戸 肩 肩 肩
377	線	line	セン	◇線（せん）line ◇延長線上で（えんちょうせんじょうで）by extension 線路（せんろ）railway　下線（かせん）underline	(15) く 幺 幺 糸 糸 糸 糸 糸 糸 紒 紒 綿 綿 線 線
378	態	figure; attitude	タイ	◆状態（じょうたい）condition 態度（たいど）attitude 事態（じたい）situation; matters	(14) ム ム 亼 肖 自 自 自 能 能 能 能 態 態 態
379	召	summon	ショウ め	召集（しょうしゅう）call to duty ◆召し上がる（めしあがる）to eat; to drink (honorific form)	(5) フ 刀 刀 召 召
380	都	city; all	ト みやこ	◆都会（とかい）city; town 都（みやこ）capital	(11) 一 十 土 耂 耂 者 者 者 者 都 都
381	精	spirit; energy	セイ ショウ	◆精神（せいしん）spirit; mind 精進（しょうじん）devotion	(14) ˋ ˊ ˊ 丬 米 米 米 米 米 粁 粁 精 精 精
382	基	foundation	キ もと	◆基本（きほん）basis; foundation 基準（きじゅん）standard 基づく（もとづく）to be based on	(11) 一 十 廾 廾 甘 甘 其 其 基 基 基

単語リスト　漢字リスト

No.	Kanji	Meaning	Reading	Examples
383	提	present	テイ	◆提供（ていきょう）provision 提出（ていしゅつ）presentation
		(12) 一 十 扌 扌 扣 扣 押 担 担 捍 提 提		
384	喜	gladness; joy	キ よろこ	喜劇（きげき）comedy ◆喜ぶ（よろこぶ）to be pleased; to be glad ◆喜び（よろこび）pleasure; joy
		(12) 一 十 士 吉 吉 吉 吉 吉 壴 喜 喜 喜		
385	形	shape; form	ケイ かたち	図形（ずけい）figure ◇変形（へんけい）deformation ◇形（かたち）shape; way; method
		(7) 一 二 チ 开 开 形 形		
386	振	shake; wave; swing	シン ふ	振動（しんどう）vibration ◇身振り手振り（みぶりてぶり）gestures 振る（ふる）to shake; to swing
		(10) 一 十 扌 扌 扩 扩 护 振 振 振		
387	延	extend; postpone	エン の	◇延長線上で（えんちょうせんじょうで）by extension 延ばす（のばす）to extend; to postpone
		(8) 一 丁 千 正 正 延 延 延		
388	磨	polish	マ みが	研磨（けんま）polishing ◇磨き上げる（みがきあげる）to polish up
		(16) 丶 亠 广 广 广 庄 床 床 麻 麻 麻 磨 磨 磨 磨 磨		
389	温	warmth; temperature	オン あたた	温度（おんど）temperature ◆温める（あたためる）to warm up
		(12) 丶 冫 氵 氵 沪 沪 沪 沪 温 温 温 温		
390	弁	speech; valve; bind	ベン	◇弁当箱（べんとうばこ）lunch box 弁護士（べんごし）lawyer
		(5) ㇐ ム 㔾 弁 弁		
391	宇	space; universe	ウ	◇宇宙（うちゅう）space; the universe
		(6) 丶 丶 宀 宀 宀 宇		
392	宙	sky; air; space	チュウ	◇宇宙（うちゅう）space; the universe
		(8) 丶 丶 宀 宀 宀 宙 宙 宙		

読み物2

No.	漢字	Meaning	読み	語彙	画数
393	密	close; secret; fine	ミツ	◆密閉（みっぺい）closing 秘密（ひみつ）secret	(11)
394	閉	close; shut	ヘイ し	◆密閉（みっぺい）closing 閉まる（しまる）to close	(11)
395	器	receptacle; vessel	キ うつわ	◆容器（ようき）container 器（うつわ）container	(15)
396	栄	prosper; thrive	エイ さか	◇栄養（えいよう）nutrition 栄える（さかえる）to prosper	(9)
397	養	foster; cultivate; develop	ヨウ やしな	◇栄養（えいよう）nutrition 養う（やしなう）to foster; to bring up	(15)
398	慮	consideration; thought	リョ	◇配慮（はいりょ）consideration 遠慮（えんりょ）reservation	(15)
399	詰	blame; pack; stuff	キツ つ	詰問（きつもん）cross-examination ◇詰める（つめる）to fill; to stuff	(13)
400	瞬	wink; blink; twinkle	シュン またた	◇瞬間（しゅんかん）moment 瞬時に（しゅんじに）instantly 瞬く（またたく）to blink	(18)
401	販	deal	ハン	◆販売（はんばい）sales 販路（はんろ）market; sales channel	(11)
402	保	keep; preserve; maintain	ホ たも	◇保冷剤（ほれいざい）ice pack; refrigerant 保存（ほぞん）preservation 保つ（たもつ）to keep	(9)

No.	Kanji	Meaning	Reading	Examples	Stroke order
403	剤	medicinal preparation	ザイ	◇保冷剤（ほれいざい）ice pack; refrigerant 洗剤（せんざい）detergent	(10) 丶 亠 ナ 文 产 斉 斉 斉 剤 剤
404	蔵	warehouse	ゾウ くら	◇内蔵（ないぞう）built-in 蔵（くら）warehouse	(15) 一 十 艹 … 蔵 蔵 蔵
405	貨	goods; coin	カ	◇雑貨（ざっか）miscellaneous goods 貨物船（かもつせん）cargo ship	(11) ノ イ 亻 化 化 … 貨 貨
406	型	pattern; model	ケイ かた	典型的（てんけいてき）typical ◇～型（～がた）~ type; ~ model	(9) 一 二 チ 开 刑 刑 型 型 型
407	街	street; downtown	ガイ まち	商店街（しょうてんがい）shopping street ◇街角（まちかど）street corner	(12) ノ ク 彳 彳 … 街
408	角	horn; angle; corner	カク かど つの	角度（かくど）geometric angle ◇街角（まちかど）street corner 角（つの）animal's horn	(7) ノ ク 户 角 角 角 角
409	雰	fog	フン	◇雰囲気（ふんいき）atmosphere	(12) 一 … 雰 雰
410	囲	surround; enclose	イ かこ	◇雰囲気（ふんいき）atmosphere 周囲（しゅうい）surroundings; neighborhood 囲む（かこむ）to surround	(7) 丨 冂 冂 冃 用 囲 囲
411	卵	egg	ラン たまご	卵白（らんぱく）egg white ◇ゆで卵（ゆでたまご）boiled egg	(7) ノ … 卵
412	並	side-by-side; together	ヘイ なら	並列（へいれつ）parallel ◆並べる（ならべる）to line up; to put in order	(8) 丶 ソ 䒑 … 並

No.	Kanji	Meaning	Reading	Vocabulary
413	統	control	トウ	◆伝統的な（でんとうてきな）traditional ◆伝統工芸（でんとうこうげい）traditional crafts 統計（とうけい）statistics
		(12) 〱 幺 幺 糸 糸 糸 糸' 紡 紡 紡 紡 統		
414	香	scent; fragrance	コウ かお	香水（こうすい）perfume ◇香り（かおり）scent; odor
		(9) 一 二 千 矛 禾 禾 香 香 香		
415	曲	bend; wrong; song	キョク ま	作曲（さっきょく）musical composition ◇曲げる（まげる）to bend ◇曲げわっぱ（まげわっぱ）*mage-wappa*; bentwood box
		(6) 丨 冂 巾 曲 曲 曲		
416	師	teacher; missionary	シ	◇伝道師（でんどうし）evangelist; missionary 教師（きょうし）teacher
		(10) ノ 亻 户 户 自 自 自 自 師 師		
417	橋	bridge	キョウ はし	歩道橋（ほどうきょう）footbridge ◇かけ橋（かけはし）bridge
		(16) 一 十 才 木 木 木 木 杯 杯 桥 桥 桥 橋 橋 橋 橋		

単語リスト
漢字リスト

［読み物にある単語］ ◆読み書き ◇読みだけ

読み物1

No.	漢字	意味	読み	単語	画数
418	静	calm; quiet	セイ しず	◆冷静に（れいせいに）calmly ◆静かな（しずかな）calm; quiet	(14) 静
419	黙	silence	モク だま	暗黙（あんもく）implicit ◇黙る（だまる）to become silent; to shut up	(15) 黙
420	刻	carve	コク きざ	◇時刻（じこく）time ◇刻む（きざむ）to carve; to tick	(8) 刻
421	誰	who	だれ	◇誰も〜ない（だれも〜ない）nobody ~ 誰（だれ）who	(15) 誰
422	想	idea; thought	ソウ	◆想像（そうぞう）imagination 発想（はっそう）idea 感想（かんそう）feedback	(13) 想
423	像	image	ゾウ	◆想像（そうぞう）imagination	(14) 像
424	暗	dark; dull	アン くら	暗黒（あんこく）darkness ◆真っ暗な（まっくらな）completely dark	(13) 暗
425	針	needle	シン はり	方針（ほうしん）policy ◇針（はり）clock hand; needle	(10) 針
426	引	pull; attract	イン ひ	引力（いんりょく）gravitation ◇引き離す（ひきはなす）to pull apart; to separate ◇引く（ひく）to pull	(4) 引
427	存	exist	ソン	◆存在（そんざい）existence	(6) 存

No.	Kanji	Meaning	Reading	Vocabulary	Strokes
428	鉄	iron; steel	テツ	◆鉄（てつ）iron ◆鉄道（てつどう）railway 地下鉄（ちかてつ）subway	(13) ノ 𠆢 亼 今 全 余 金 金 金' 金⁻ 釒 鉄 鉄
429	底	bottom; base	テイ そこ	底面（ていめん）bottom side ◇底（そこ）bottom	(8) ` 亠 广 广 庀 庀 底 底
430	沈	sink	チン しず	沈黙（ちんもく）silence ◆沈める（しずめる）to sink; to submerge	(7) ` ゛ 氵 氵 氵' 沙 沈
431	圧	pressure	アツ	◇気圧（きあつ）atmospheric pressure	(5) 一 厂 厈 圧 圧
432	臓	entrails; viscera; bowels	ゾウ	◇心臓（しんぞう）heart 臓器（ぞうき）internal organs	(19) 丿 冂 月 月 肝 肝 肝 肝 肝 肝 肝 肝 肝 肝 肝 朧 臓 臓 臓
433	路	road; path	ロ	◇線路（せんろ）rail track 道路（どうろ）road	(13) 丨 口 口 早 早 昆 𧾷 𧾷' 𧾷夂 跤 路 路 路
434	向	face; front	コウ む	方向（ほうこう）direction ◆〜へ／に向けて（〜へ／にむけて）toward ~ 向かう（むかう）to face; to look at	(6) ノ 丿 冂 门 向 向
435	浮	float	フ う	浮力（ふりょく）buoyancy ◇浮かび上がる（うかびあがる）to come to the surface ◇浮かぶ（うかぶ）to float	(10) ` ゛ 氵 氵' 氵' 氵' 氵⺤ 浮 浮 浮
436	君	you; lord; person	クン きみ	君主（くんしゅ）sovereign ◇君（きみ）you (on a friendly note)	(7) フ ヨ ヨ 尹 君 君 君
437	怖	fear	フ こわ	◆恐怖（きょうふ）fear 怖い（こわい）scary; fearful	(8) ' ハ 忄 忄' 忄ナ 忓 怖 怖

No.	Kanji	Meaning	Reading	Examples	Strokes
438	我	self; ego	ガ わ	我慢（がまん）patience ◇我が家（わがや）my home	(7) ノ 二 于 手 找 我 我
439	猫	cat	ねこ	◇子猫（こねこ）kitten 猫背（ねこぜ）stoop	(11) ノ 了 犭 犭 犭 犭 犭 猎 猫 猫 猫
440	飼	raise; keep; feed	シ か	飼育（しいく）rearing; raising ◇飼う（かう）to have (animals)	(13) ノ 人 亽 今 今 亼 今 食 飠 飣 飼 飼 飼
441	件	matter; case	ケン	◇事件（じけん）event; incident 件数（けんすう）number of cases	(6) ノ イ 亻 仁 仁 件
442	良	good	リョウ よ	最良（さいりょう）best ◇仲良くなる（なかよくなる）to get along with 良い（よい）good	(7) ' ㇇ ㇌ 彐 自 良 良
443	寝	sleep	シン ね	寝室（しんしつ）bedroom ◆寝る（ねる）to sleep	(13) ' ' 宀 宀 宀 宀 宀 宀 宀 宀 寑 寝 寝
444	枕	pillow	まくら	◇枕（まくら）pillow 枕投げ（まくらなげ）pillow fight	(8) 一 十 才 木 朩 朩 枕 枕
445	翌	next; following	ヨク	◇翌朝（よくあさ）next morning 翌日（よくじつ）next day 翌月（よくげつ）next month	(11) ㇆ ㇆ ㇋ ㇋ 羽 羽 羽 羽 翌 翌 翌
446	腕	arm; skill	ワン うで	腕力（わんりょく）physical strength ◇腕（うで）arm	(12) ノ 刀 月 月 月' 月' 肸 肸 肸 脘 腕 腕
447	暮	get dark; come to an end	ボ く	歳暮（せいぼ）year-end gift ◆～暮らし（～ぐらし）~ life　暮らす（くらす）to live a life 暮れる（くれる）to get dark	(14) 一 十 艹 廾 艹 苎 苜 苴 莫 莫 莫 暮 暮 暮

No.	Kanji	Meaning	Reading	Examples
448	胸	chest; heart	キョウ むね むな	胸中（きょうちゅう）feelings; thoughts ◇胸（むね）chest 胸元（むなもと）chest; neckline
		(10) 丿 刀 月 月 月 肑 肑 胸 胸 胸		
449	締	settle	テイ し	締結（ていけつ）conclusion ◇締めつける（しめつける）to wrench (one's heart)
		(15) 𠃋 幺 幺 糸 糸 糸 糸 紵 紵 紵 紵 締 締 締 締		
450	首	head; first; chief	シュ くび	首都（しゅと）capital city ◆首（くび）neck
		(9) 丶 丷 䒑 䒑 丷 首 首 首 首		
451	棚	shelf; rack	たな	◇本棚（ほんだな）bookshelf ◇棚（たな）shelf
		(12) 一 十 才 木 朾 枂 枂 枂 棚 棚 棚 棚		
452	埋	bury; fill up	マイ う	埋蔵物（まいぞうぶつ）something buried ◇埋もれる（うもれる）to be buried 埋める（うめる）to bury
		(10) 一 十 土 圠 圳 坦 坦 坤 埋 埋		
453	震	quake	シン ふる	◇地震（じしん）earthquake 震える（ふるえる）shake; shiver
		(15) 一 冖 冖 雨 雨 雨 雨 雨 雨 雫 雫 雫 霛 霛 震		
454	倒	fall down	トウ たお	◇転倒（てんとう）falling down　倒壊（とうかい）collapse ◇倒れる（たおれる）to fall down ◇倒す（たおす）to push down
		(10) 丿 亻 亻 仵 仵 侄 侄 侄 倒 倒		
455	細	narrow; thin; detail	サイ こま ほそ	◇細工（さいく）workmanship; handiwork 細かい（こまかい）small; delicate; subtle 細い（ほそい）thin; narrow
		(11) 𠃋 幺 幺 糸 糸 糸 糸 紅 細 細 細		
456	奇	strange; curiosity	キ	◇奇跡（きせき）miracle 奇行（きこう）eccentric behavior
		(8) 一 ナ 大 太 夲 夽 奇 奇		
457	跡	tracks; mark; print	セキ あと	◇奇跡（きせき）miracle 史跡（しせき）historic site 跡地（あとち）vacant lot; ruins
		(13) 丨 口 口 早 𧾷 𧾷 𧾷 趾 跡 跡 跡 跡 跡		

	Meaning	Readings	Examples
458 議	talk over; consultation	ギ	◆不思議な（ふしぎな）strange; wonderful 会議（かいぎ）meeting
	(20) 丶 亠 亖 言 言 言 言 言 訁 詳 詳 詳 詳 詳 詳 詳 議 議 議 議		
459 洗	wash	セン あら	◆洗濯物（せんたくもの）laundry 洗う（あらう）to wash
	(9) 丶 氵 氵 氵 氵 汫 泩 涉 洗		
460 濯	wash	タク	◆洗濯物（せんたくもの）laundry
	(17) 丶 氵 氵 氵 氵 氵 氵 氵 氵 氵 氵 氵 浧 濯 濯 濯 濯		
461 掃	sweep	ソウ は	◇掃除（そうじ）cleaning 掃く（はく）to sweep
	(11) 一 亅 扌 扌 扌 扫 扫 扫 掃 掃 掃		
462 除	remove; divide	ジョ ジ のぞ	除去（じょきょ）removal ◇掃除（そうじ）cleaning 除く（のぞく）to remove
	(10) ㇇ 阝 阝 阝 阝 阶 阾 除 除 除		

［読み物にある単語］ ◆読み書き ◇読みだけ

読み物1

No.	漢字	Meaning	読み	語彙
463	施	install; do	シ ほどこ	◇実施（じっし）implementation 施す（ほどこす）to carry out; to perform
		(9) ｀ 亠 方 方 方 方 於 旃 施		
464	未	not yet	ミ	◇未婚者（みこんしゃ）unmarried person ◇未来（みらい）future
		(5) 一 二 キ 未 未		
465	層	layer; stratum	ソウ	◇若年層（じゃくねんそう）young people ◇～層（～そう）(specific group of people)
		(14) ㇇ コ 尸 尸 尸 尸 屄 屄 屄 屆 層 層 層 層		
466	夫	husband	フ フウ おっと	夫人（ふじん）wife; Mrs. ◇夫婦（ふうふ）married couple ◇夫（おっと）husband
		(4) 一 二 チ 夫		
467	婦	woman; wife	フ	◇夫婦（ふうふ）married couple 専業主婦（せんぎょうしゅふ）full-time homemaker
		(11) ㄑ 女 女 女 妇 妇 妇 婦 婦 婦 婦		
468	割	divide; split	カツ わり わ	割愛（かつあい）omission ◆役割（やくわり）role ◆７割（ななわり）70 percent ◆割合（わりあい）proportion 割れる（われる）to break
		(12) ` ｀ 宀 宀 中 宇 宝 宝 害 害 害 割		
469	担	carry; raise; bear	タン かつ にな	◆分担（ぶんたん）allotment ◆負担感（ふたんかん）sense of burden ◆負担（ふたん）load 担ぐ（かつぐ）to shoulder 担う（になう）to bear
		(8) 一 十 扌 扌 扣 扣 担 担		
470	妻	wife; spouse	サイ つま	夫妻（ふさい）husband and wife ◇妻（つま）wife
		(8) 一 ㇇ ⺕ ⺕ 圭 妻 妻 妻		
471	低	low	テイ ひく	低学年（ていがくねん）early elementary grades ◆低所得（ていしょとく）low income ◆低い（ひくい）low ◆低め（ひくめ）on the low side
		(7) ノ イ 亻 亻 仾 低 低		
472	児	infant; child	ジ	◆育児（いくじ）child rearing ◆育児休業（いくじきゅうぎょう）parental leave 園児（えんじ）kindergarten children
		(7) ｜ ‖ 川 旧 旧 旧 児		

単語リスト

漢字リスト

No.	Kanji	Meaning	Reading	Examples	Stroke order
473	幼	infancy; childhood	ヨウ おさな	幼稚園（ようちえん）kindergarten ◇幼い（おさない）very young; immature	(5) … 幼
474	占	occupy; hold	セン うらな し	占有（せんゆう）occupancy 占い（うらない）fortune-telling ◆占める（しめる）to occupy	(5) … 占 占
475	負	defeat; negative; owe	フ ま	◆負担感（ふたんかん）sense of burden ◆負担（ふたん）load ◆公的負担（こうてきふたん）public expenditure 負ける（まける）to lose	(9) … 負 負
476	規	standard; measure	キ	◇非正規（ひせいき）non-fulltime employment ◇正規（せいき）fulltime employment 規則（きそく）rule	(11) … 規
477	雇	employ; hire	コ やと	◆雇用（こよう）employment 雇う（やとう）to employ	(12) … 雇
478	因	cause; factor	イン よ	◆要因（よういん）factor 原因（げんいん）cause 因る（よる）to be due to	(6) 丨 冂 冃 冄 闪 因
479	尋	ask	ジン たず	尋問（じんもん）questioning; interrogation ◇尋ねる（たずねる）to ask	(12) … 尋
480	挙	raise; plan; action	キョ あ	挙式（きょしき）wedding ceremony ◇挙げる（あげる）to raise; to give	(10) … 挙
481	率	lead; all; light; easy	リツ ひき	◆取得率（しゅとくりつ）acquisition rate ◆～率（～りつ）~ rate ◆失業率（しつぎょうりつ）unemployment rate 率いる（ひきいる）to lead	(11) … 率
482	彫	carve; engrave	チョウ ほ	彫刻（ちょうこく）sculpture ◇浮き彫りになる（うきぼりになる）to come to surface	(11) … 彫

No.	Kanji	Meaning	Reading	Vocabulary	Stroke order
483	条	article; clause; item	ジョウ	◇条件（じょうけん）condition 条約（じょうやく）treaty	(7) ノ ク 夂 冬 夅 条 条
484	探	search; explore	タン さぐ さが	探求心（たんきゅうしん）spirit of inquiry ◇探る（さぐる）to investigate 探す（さがす）to look for	(11) 一 十 扌 扌 扌 扌 扌 扌 探 探 探
485	均	level; average	キン	◇平均（へいきん）average 均等（きんとう）equal	(7) 一 十 土 圴 均 均 均
486	複	duplicate; compound; multiple	フク	◇複数回答（ふくすうかいとう）multiple answers	(14) 丶 ラ ネ ネ ネ ネ 衤 衤 衤 衤 衤 複 複 複
487	昨	yesterday	サク	◇昨年（さくねん）last year 昨日（さくじつ／きのう）yesterday	(9) 丨 冂 日 日 日 旷 昨 昨 昨
488	府	prefecture; center; government office	フ	◆政府（せいふ）government 京都府（きょうとふ）Kyoto Prefecture	(8) 丶 亠 广 广 庁 府 府 府
489	較	compare	カク	◆比較（ひかく）comparison ◆比較的（ひかくてき）relatively	(13) 一 厂 ⺁ 戸 亘 亘 車 車 軒 軒 軟 較 較
490	背	stature; height; back	ハイ せ そむ	◇背景（はいけい）background 背中（せなか）the back 背く（そむく）to go against	(9) 丨 ㇉ ㇋ ㇋ 北 北 背 背 背
491	景	scenery; appearance	ケイ	◇背景（はいけい）background 景色（けしき）scenery; landscape	(12) 丨 冂 日 日 旦 早 昌 昌 昙 景 景 景
492	責	condemn; censure	セキ せ	◆責任（せきにん）responsibility 責める（せめる）to blame; to torture	(11) 一 十 キ 主 丰 青 青 青 青 責 責

読み物2

単語リスト

漢字リスト

No.	Kanji	Meaning	Reading	Examples	Strokes
493	任	trust; duty	ニン まか	◆責任（せきにん）responsibility 任せる（まかせる）to entrust; to commission	(6) ノ イ 仁 仁 仟 任
494	傾	incline; slope; tend	ケイ かたむ	◆傾向（けいこう）tendency 傾く（かたむく）to tilt; to lean	(13) ノ イ 亻 化 化 化 佢 侕 侕 傾 傾 傾 傾
495	援	abet; help; save	エン	◇援助（えんじょ）support; assistance 声援（せいえん）cheering	(12) 一 十 扌 扌 扌 扌 扌 扌 扌 扌 援 援
496	支	branch; support	シ ささ	◇支出（ししゅつ）expense 支援（しえん）support 支える（ささえる）to support	(4) 一 十 支 支
497	義	justice; morality; honor	ギ	◇～主義（～しゅぎ）principle; -ism 講義（こうぎ）lecture 意義（いぎ）significance; meaning	(13) 丶 丷 䒑 羊 羊 羊 羊 羊 羊 羊 義 義 義
498	指	finger; point; indicate	シ ゆび	◇指摘（してき）pointing out 指（ゆび）finger	(9) 一 十 扌 扌 扌 扌 指 指 指
499	摘	pinch; pick	テキ つ	◇指摘（してき）pointing out 摘出（てきしゅつ）removal 摘む（つむ）to pick; to trim	(14) 一 十 扌 扌 扌 扌 扌 扌 扌 摘 摘 摘 摘 摘
500	監	oversee; official; administer	カン	◇監視（かんし）watching 監督（かんとく）supervision	(15) 丨 「 「 臣 臣 臣 臣 臣 臣 臣 監 監 監 監 監
501	防	defend; prevent	ボウ ふせ	◇防犯（ぼうはん）prevention of crime 防ぐ（ふせぐ）to defend; to prevent	(7) フ 了 阝 阝 阝 防 防
502	犯	crime; sin; offense	ハン おか	◇防犯（ぼうはん）prevention of crime ◇犯罪（はんざい）crime 犯す（おかす）to commit	(5) ノ 犭 犭 犯 犯

No.	Kanji	Meaning	Reading	Examples
503	設	establishment; prepare	セツ もう	◇設置（せっち）establishment; installation 施設（しせつ）facility 設ける（もうける）to establish; to provide
		(11) 丶 亠 亠 言 言 言 言 言 訁 訙 設		
504	罪	guilt; sin; crime	ザイ つみ	◇犯罪（はんざい）crime 謝罪（しゃざい）apology 罪（つみ）sin; crime
		(13) 丶 冖 罒 罒 罒 罒 罒 罒 罒 罪 罪 罪 罪		
505	捜	search; look for	ソウ さが	◇捜査（そうさ）investigation 捜す（さがす）to search
		(10) 一 十 扌 扌 扣 扣 扫 挿 捜 捜		
506	欠	lack; fail; yawning	ケツ か	欠席（けっせき）absence 欠点（けってん）disadvantage ◆欠かせない（かかせない）indispensable
		(4) ノ 𠂉 ケ 欠		
507	概	rough; general	ガイ おおむ	◇概観（がいかん）overview 概念（がいねん）concept 概ね（おおむね）generally speaking; for the most part
		(14) 一 十 才 木 朩 朩 朩 根 根 根 概 概 概 概		

［読み物にある単語］ ◆読み書き ◇読みだけ

読み物1

No.	Kanji	Meaning	Reading	Vocabulary	Strokes
508	裏	back; reverse; rear	リ うら	表裏（ひょうり）front and back ◇裏（うら）back	(13) … 裏
509	賀	congratulations; joy	ガ	◇年賀状（ねんがじょう）New Year's card 賀正（がしょう）Happy New Year	(12) … 賀
510	依	reliant; depend on	イ	◆依頼（いらい）request 依存（いぞん）dependence	(8) … 依
511	誠	sincerity; admonish	セイ まこと	◇誠実に（せいじつに）sincerely 誠（まこと）sincerity	(13) … 誠
512	欲	desire	ヨク ほ	欲望（よくぼう）desire; craving ◆～て欲しい（～てほしい）to want someone to ~	(11) … 欲
513	迷	get lost; go astray	メイ まよ	◆迷惑（めいわく）trouble; annoyance 迷う（まよう）to hesitate; to lose one's way	(9) … 迷
514	惑	go astray; be misguided	ワク まど	◆迷惑（めいわく）trouble; annoyance 惑う（まどう）to go astray; to be misguided	(12) … 惑
515	範	pattern; example; model	ハン	◇範囲（はんい）range 模範（もはん）model; example	(15) … 範
516	志	intention; plan; motive	シ こころざし	◇意志（いし）will; volition 志望（しぼう）wish ◇志（こころざし）will; motive	(7) 一 十 士 志 志 志 志
517	構	posture; build; pretend	コウ かま	◇結構な（けっこうな）fine 構える（かまえる）to get ready	(14) … 構

No.	漢字	Meaning	Reading	Vocabulary	Stroke order
518	寄	approach; contribute; draw near	キ よ	◇寄付（きふ）donation 寄り道（よりみち）stopping on the way お年寄り（おとしより）elderly person	(11) 
519	乞	beg; invite; ask	こ	◇乞う（こう）to beg; to ask	(3) 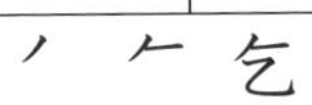
520	断	decision; resolution; refuse	ダン ことわ	◆判断（はんだん）judgement ◆判断をくだす（はんだんをくだす）to make a decision 決断（けつだん）decision 断食（だんじき）fast ◆断る（ことわる）to turn down	(11) 
521	協	cooperation; group	キョウ	◆協力（きょうりょく）cooperation 協働（きょうどう）cooperation; collaboration	(8) 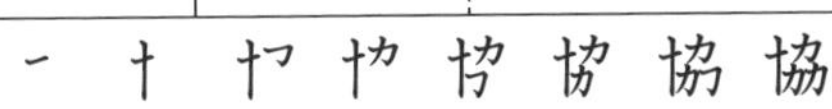
522	悩	trouble; worry	ノウ なや	苦悩（くのう）worry; agony ◆思い悩む（おもいなやむ）to be worried ◆悩む（なやむ）to be troubled	(10) 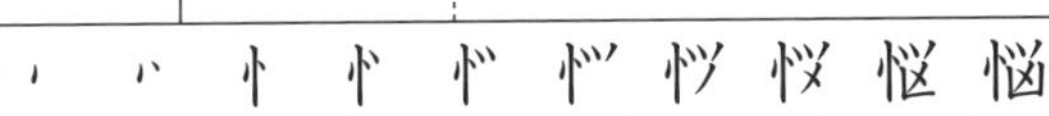
523	判	judge; decide	ハン	◆判断（はんだん）judgement; decision ◆判断をくだす（はんだんをくだす）to make a decision 批判（ひはん）criticism; comment	(7) 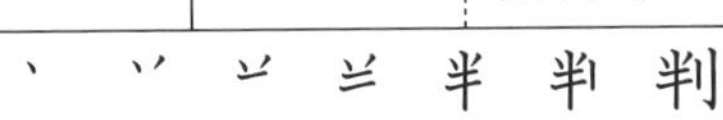
524	滞	stagnate; be delayed	タイ とどこお	◇滞在（たいざい）stay 渋滞（じゅうたい）traffic jam 滞る（とどこおる）to stagnate	(13) 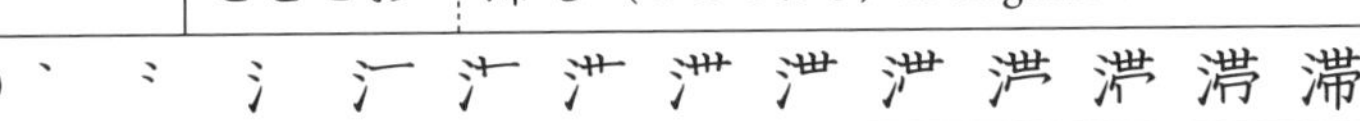
525	某	one; certain	ボウ	◇某氏（ぼうし）unnamed person 某日（ぼうじつ）certain day	(9) 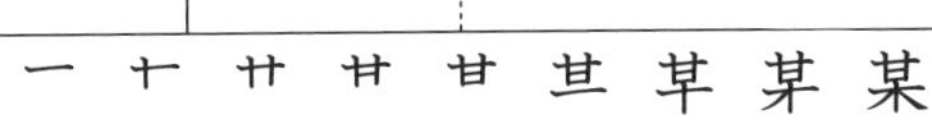
526	氏	clan; family	シ うじ	◇某氏（ぼうし）unnamed person ～氏（～し）Mr. ~; Ms. ~ 氏神（うじがみ）tutelary deity	(4) 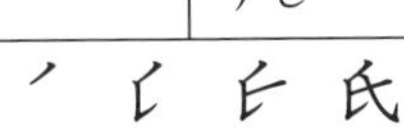
527	冗	superfluous; uselessness	ジョウ	◇冗談（じょうだん）joke	(4) 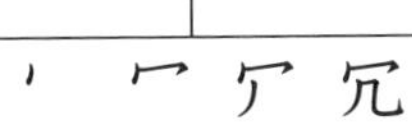

No.	Kanji	Meaning	Readings	Examples
528	虫	insect; bug	チュウ むし	昆虫（こんちゅう）insect ◇虫がいい（むしがいい）take too much for granted ◇虫（むし）insect
		(6) 丶 冂 口 中 虫 虫		
529	嫁	marry into; bride	カ よめ とつ	◇転嫁（てんか）imputation 嫁（よめ）bride; wife 嫁ぐ（とつぐ）to marry (used for women)
		(13) く 女 女 … 嫁 嫁 嫁		
530	呪	spell; curse; charm	ジュ のろ	◇呪文（じゅもん）spell 呪う（のろう）to curse
		(8) 丨 口 口 口' 口口 口口 口几 呪		
531	棄	abandon; discard; reject	キ	◇放棄（ほうき）abandonment 棄権（きけん）withdrawal
		(13) 丶 亠 … 棄 棄 棄		
532	殿	Mr.; palace; lord	デン との	宮殿（きゅうでん）palace ◇殿様（とのさま）lord
		(13) 乛 コ 尸 尸 … 殿 殿		
533	柄	design; pattern	ヘイ がら	◇横柄な（おうへいな）arrogant 柄（がら）pattern; design 家柄（いえがら）the standing of a family
		(9) 一 十 才 木 木 杠 朽 柄 柄		
534	復	return; repeat	フク	◇復権（ふっけん）restoration 復活（ふっかつ）revival 復習（ふくしゅう）review
		(12) ノ 彡 彳 彳 … 復 復		
535	権	authority; power; rights	ケン	◇復権（ふっけん）restoration 権利（けんり）right 政権（せいけん）political power
		(15) 一 十 才 木 木 … 権 権		
536	錯	confused; mix; be in disorder	サク	◇交錯（こうさく）crossing 錯覚（さっかく）illusion
		(16) ノ 人 𠆢 ニ 午 全 … 金 … 錯 錯 錯		
537	拒	refuse; reject	キョ こば	◆拒絶（きょぜつ）rejection 拒否（きょひ）denial 拒む（こばむ）to refuse
		(8) 一 十 扌 扌 扌 打 拒 拒 拒		

読み物2

No.	Kanji	Meaning	Reading	Vocabulary
538	姿	figure; form; shape	シ すがた	◇姿勢（しせい）posture; attitude 姿（すがた）appearance
		(9) … 姿		
539	勢	power; force	セイ いきお	◇姿勢（しせい）posture; attitude 大勢（おおぜい）many (people) 勢い（いきおい）momentum
		(13) … 勢		
540	詮	discussion; methods; selection	セン	◇詮索（せんさく）prying
		(13) … 詮		
541	索	cord; rope; searching	サク	◇詮索（せんさく）prying 検索（けんさく）search
		(10) … 索		
542	双	pair; both	ソウ ふた	◇双方（そうほう）both 双子（ふたご）twins
		(4) フ ヌ … 双		
543	陽	sunshine; positive; daytime	ヨウ	◇陽気な（ようきな）hilarious 太陽（たいよう）sun
		(12) … 陽		
544	抑	repress	ヨク おさ	◇抑制（よくせい）suppression 抑止力（よくしりょく）deterrence 抑える（おさえる）to suppress; to repress
		(7) … 抑		
545	民	people; nation; subjects	ミン たみ	◆国民（こくみん）citizens of the country 民（たみ）people
		(5) … 民		
546	製	manufacture; make	セイ	◆製造（せいぞう）manufacturing 製品（せいひん）product 日本製（にほんせい）made in Japan
		(14) … 製		
547	造	build; make; produce	ゾウ つく	◆製造（せいぞう）manufacturing 構造（こうぞう）structure; organization 造る（つくる）to make; to build; to produce
		(10) … 造		

548 証	evidence; proof	ショウ あかし	◆検証（けんしょう）validation 証明（しょうめい）proof 証（あかし）proof; evidence
	(12) 丶 亠 亖 言 言 言 言 訁 訂 訐 証 証		
549 胞	placenta; sac; sheath	ホウ	◇同胞（どうほう）fellow being 胞子（ほうし）spore 細胞（さいぼう）cell
	(9) 丿 月 月 月 肑 胊 胊 胞 胞		
550 喚	yell; call; summon	カン	◇喚起（かんき）arousing 召喚（しょうかん）call; summon
	(12) 丨 口 口 叩 吟 吟 唤 唤 唤 喚 喚 喚		
551 己	self; myself	コ おのれ	◆自己主張（じこしゅちょう）self-assertion 己（おのれ）oneself
	(3) ㇆ コ 己		
552 歯	tooth; cog	シ は	歯科（しか）dentist ◆歯がゆい（はがゆい）frustrating; irritating 歯（は）tooth
	(12) 丨 ト 止 止 步 步 歨 歨 歯 歯 歯 歯		

［読み物にある単語］ ◆読み書き ◇読みだけ

読み物1

No.	漢字	Meaning	読み	単語	画数
553	幹	tree trunk; ability	カン みき	◇新幹線（しんかんせん）bullet train 幹（みき）tree trunk	(13)
554	清	pure; clear	セイ きよ	◇清掃（せいそう）cleaning 清める（きよめる）to purify	(11)
555	団	group; organization	ダン	◆集団（しゅうだん）group 団結（だんけつ）unity 団体（だんたい）organization	(6)
556	窓	window	ソウ まど	同窓会（どうそうかい）class reunion ◆窓（まど）window 窓枠（まどわく）window frame	(11)
557	紛	be mistaken; get mixed	フン まぎ	◇紛失（ふんしつ）loss 紛らす（まぎらす）to divert; to distract	(10)
558	管	pipe; administer	カン くだ	◆管理（かんり）administration 管（くだ）pipe; tube	(14)
559	壊	destroy; break	カイ こわ	破壊（はかい）destruction ◇壊れる（こわれる）to break	(16)
560	危	dangerous; hurt	キ あぶ	◆危険な（きけんな）dangerous 危ない（あぶない）dangerous; risky	(6)
561	険	steep	ケン けわ	◆危険な（きけんな）dangerous 険しい（けわしい）steep; stern	(11)
562	盛	boom; prosper; copulate	セイ も さか	◇全盛期（ぜんせいき）the golden age; heyday 盛り付ける（もりつける）to dish up 盛んな（さかんな）prospering	(11)

単語リスト
漢字リスト

No.	Kanji	Meaning	Reading	Vocabulary	Strokes
563	維	cord; maintenance; hold	イ	◇維持（いじ）maintenance 繊維（せんい）fiber	(14) … 維
564	営	run; manage; administer	エイ いとな	◆経営（けいえい）management 営業（えいぎょう）business 営む（いとなむ）to run a business	(12) … 営
565	帽	hat; cap	ボウ	◇帽子（ぼうし）hat; cap	(12) … 帽
566	編	knit; compile; edit	ヘン あ	◇編成（へんせい）formation 編集（へんしゅう）editing 編む（あむ）to knit　編み物（あみもの）knitting	(15) … 編
567	算	count; calculation	サン	◆計算（けいさん）calculation 算数（さんすう）mathematics	(14) … 算
568	肯	agree; affirm	コウ	◇肯定（こうてい）affirmation ◇自己肯定感（じここうていかん）self-esteem	(8) … 肯
569	稼	earn	カ かせ	稼働（かどう）operation ◇稼ぐ（かせぐ）to earn (money)	(15) … 稼
570	側	side	ソク がわ	側面（そくめん）side ◆～側（～がわ）~ side	(11) … 側
571	謝	apologize; thank	シャ あやま	◆感謝（かんしゃ）thank 謝る（あやまる）to apologize	(17) … 謝
572	循	follow; circulate	ジュン	◇好循環（こうじゅんかん）virtuous circle ◇循環（じゅんかん）circulation	(12) … 循

No.	Kanji	Meaning	Reading	Vocabulary	Strokes
573	務	serve; work	ム つと	◆勤務（きんむ）work; serve 任務（にんむ）mission 務める（つとめる）to work; to serve	(11) … 務
574	更	change; revise	コウ さら ふ	◆変更（へんこう）change　更新（こうしん）renewal; update 更に（さらに）furthermore; additionally 更ける（ふける）to be late	(7) 一 … 更
575	嵐	storm	あらし	◇嵐（あらし）storm	(12) … 嵐
576	敵	enemy; competitor	テキ	◇敵（てき）enemy　◇天敵（てんてき）natural enemy ◇敵対関係（てきたいかんけい）antagonism ◇敵意（てきい）hostile feelings	(15) … 敵
577	互	mutually; reciprocally; together	ゴ たが	互換性（ごかんせい）compatibility ◆お互い（おたがい）each other	(4) 一 … 互
578	領	govern; rule; territory	リョウ	◇領域（りょういき）territory 領空（りょうくう）territorial airspace	(14) ノ … 領
579	域	district; boundary	イキ	◇領域（りょういき）territory ◇地域（ちいき）area; region 海域（かいいき）marine area	(11) 一 十 土 … 域
580	折	break; divide; be folded	セツ お おり	折半（せっぱん）dividing fifty-fifty ◆心が折れる（こころがおれる）to lose heart ◆折れる（おれる）to get broken　時折（ときおり）sometimes	(7) 一 十 扌 … 折
581	描	sketch; write; draw	ビョウ えが か	描写（びょうしゃ）description ◇描く（えがく／かく）to describe ◇描き出す（えがきだす）to depict	(11) 一 十 扌 … 描
582	永	long; eternal; forever	エイ	◆永遠に（えいえんに）forever 永久（えいきゅう）permanence	(5) … 永

Kanji	Meaning	Reading	Examples
583 勝	win; excel	ショウ か	勝負（しょうぶ）match　勝利（しょうり）victory ◆勝手に（かってに）at someone's convenience ◆身勝手な（みがってな）selfish　勝つ（かつ）to win
	(12) 丿 月 月 月 月' 月'' 胖 胖 胖 勝 勝 勝		
584 紀	chronicle; narrative; history	キ	◇～世紀（～せいき）-th century 紀元前（きげんぜん）B.C.
	(9) 𠃋 幺 幺 糸 糸 糸 紀 紀 紀		
585 凶	ill fortune; violence	キョウ	◇凶暴な（きょうぼうな）brutal 凶悪（きょうあく）terrible
	(4) ノ メ 凶 凶		
586 暴	violence; sudden	ボウ あば	◇凶暴な（きょうぼうな）brutal 暴れる（あばれる）to act violently
	(15) 丨 冂 日 日 旦 早 早 昰 昰 異 暴 暴 暴 暴 暴		
587 巨	huge; enormous	キョ	◇巨人（きょじん）giant person; person with special powers 巨額（きょがく）very large sum of money
	(5) 丨 厂 戶 巨 巨		
588 襲	attack; succeed	シュウ おそ	襲撃（しゅうげき）surprise attack 世襲（せしゅう）heredity ◇襲う（おそう）to attack
	(22) 丶 亠 亠 立 立 产 音 音 音 音 音 音 龍 龍 龍 龍 龍 龍 龏 龏 襲 襲		
589 殺	kill; get rid of	サツ ころ	抹殺（まっさつ）crossing out ◇殺す（ころす）to kill
	(10) ノ メ 㐅 杀 杀 杀 杀 殺 殺 殺		
590 隣	neighboring	リン となり	◇隣人（りんじん）neighbor 隣（となり）next-door
	(16) 7 3 阝 阝 阝' 阝 阝 阝 陉 陉 陊 陊 陊 隊 隣 隣		
591 戦	war; battle	セン たたか	◇第二次世界大戦（だいにじせかいたいせん）World War II 敗戦（はいせん）defeat in war　戦争（せんそう）war 戦う（たたかう）to fight
	(13) 丶 丷 丷 㣺 当 当 当 単 単 単 戦 戦 戦		
592 抱	embrace	ホウ いだ	抱負（ほうふ）ambition ◇辛抱強く（しんぼうづよく）patiently ◇抱く（いだく）to have (a feeling or emotion)
	(8) 一 十 扌 扌 扚 抅 抱 抱		

No.	Kanji	Meaning	Reading	Vocabulary
593	憎	hate	ゾウ にく	憎悪（ぞうお）hatred ◇憎しみ（にくしみ）hatred 憎む（にくむ）to hate
		(14) … 憎		
594	距	distance; space	キョ	◇距離（きょり）distance
		(12) … 距		
595	武	military	ブ	◇武器（ぶき）weapon 武士（ぶし）samurai
		(8) … 武		
596	撃	strike; attack	ゲキ	◇攻撃（こうげき）attack 目撃（もくげき）witnessing
		(15) … 撃		
597	群	gather; collect; many	グン む	群衆（ぐんしゅう）large group of people ◇群れ（むれ）group
		(13) … 群		

No.	Kanji	Meaning	Readings	Examples	Strokes
⑬					
598	泳	swimming	エイ およ	水泳（すいえい）swimming ◇泳ぐ（およぐ）to swim	(8) … 泳
599	浅	shallow	セン あさ	浅海（せんかい）shallow sea ◇浅い（あさい）shallow	(9) … 浅
600	渡	cross	ト わた	渡米（とべい）going to the U.S. ◇渡る（わたる）to cross	(12) … 渡
601	浴	bathe; bath	ヨク あ	浴室（よくしつ）bathroom ◇浴びる（あびる）to pour over oneself	(10) … 浴
602	湿	moisten; humid	シツ しめ	◇湿度（しつど）humidity 湿る（しめる）to moist	(12) … 湿
⑭					
603	拾	pick up	シュウ ひろ	拾得（しゅうとく）finding something that has been lost ◇拾う（ひろう）to pick up	(9) … 拾
604	拡	broaden; extend; enlarge	カク	◇拡大（かくだい）enlargement 拡張（かくちょう）extension	(8) … 拡
605	捕	catch	ホ つか	逮捕（たいほ）arrest ◇捕まえる（つかまえる）to catch; to capture	(10) … 捕
606	損	loss; damage	ソン そこ	◇損（そん）loss; damage 損なう（そこなう）to harm; to spoil	(13) … 損
607	拍	clap; beat	ハク ヒョウ	◇拍手（はくしゅ）handclap; applause 拍子（ひょうし）beat; rhythm	(8) … 拍

⑮

No.	漢字	Meaning	読み	例
608	縮	shrink; reduce	シュク ちぢ	◇縮小（しゅくしょう）reduction 縮む（ちぢむ）to shrink
	(17) … 縮			
609	湖	lake	コ みずうみ	◇びわ湖（びわこ）Lake Biwa 湖（みずうみ）lake
	(12) … 湖			
610	河	river	カ かわ	◇河川（かせん）rivers 河（かわ）river
	(8) … 河			
611	慎	prudent	シン つつし	◇慎重な（しんちょうな）careful 慎む（つつしむ）to refrain
	(13) … 慎			
612	溶	dissolve; melt	ヨウ と	◇溶接（ようせつ）welding 溶ける（とける）to melt
	(13) … 溶			

⑯

No.	漢字	Meaning	読み	例
613	泉	spring	セン いずみ	◇温泉（おんせん）hot spring 泉（いずみ）spring
	(9) … 泉			
614	血	blood	ケツ ち	◇採血（さいけつ）blood sampling 血（ち）blood
	(6) … 血			
615	認	recognize; approve	ニン みと	◇確認（かくにん）check; confirmation 認める（みとめる）to recognize
	(14) … 認			
616	輸	transport; send	ユ	◇運輸（うんゆ）transportation 輸出（ゆしゅつ）export
	(16) … 輸			
617	及	reach; extend; and	キュウ およ	◇普及（ふきゅう）diffusion 及ぶ（およぶ）to reach; to attain to
	(3) ノ 乃 及			

単語リスト
漢字リスト

⑰

No.	漢字	Meaning	読み	例	画数・筆順
618	緑	green	リョク みどり	緑地（りょくち）green track of land ◇緑（みどり）green	(14) … 緑
619	給	serve; provide; salary	キュウ	◇給料（きゅうりょう）salary 給水（きゅうすい）water supply	(12) … 給
620	純	pure; naïve	ジュン	◇単純な（たんじゅんな）simple 純金（じゅんきん）pure gold	(10) … 純
621	綿	cotton	メン わた	◇綿（めん）cotton 綿あめ（わたあめ）cotton candy	(14) … 綿
622	緩	loose	カン ゆる	緩和（かんわ）relief ◇緩い（ゆるい）loose; generous	(15) … 緩

⑱

No.	漢字	Meaning	読み	例	画数・筆順
623	慢	ridicule; laziness	マン	◇我慢（がまん）patience 怠慢（たいまん）negligence	(14) … 慢
624	快	comfort; pleasure	カイ こころよ	◇快適な（かいてきな）comfortable 快い（こころよい）pleasant	(7) … 快
625	懐	long for; recollect	カイ なつ	懐石料理（かいせきりょうり）tea-ceremony dishes ◇懐かしい（なつかしい）dear; beloved	(16) … 懐
626	悔	regret; repent	カイ く くや	◇後悔（こうかい）regret 悔いる（くいる）to regret 悔しい（くやしい）regretful	(9) … 悔
627	惜	regrettable; wasteful	セキ お	惜別（せきべつ）reluctant parting ◇惜しい（おしい）regretful	(11) … 惜

	No.	Kanji	Meaning	Reading	Examples	Strokes
⑲	628	救	help; aid	キュウ すく	◇救護所（きゅうごしょ）first-aid station 救う（すくう）to rescue	(11) 救
	629	護	protect; guard	ゴ まも	◇救護所（きゅうごしょ）first-aid station 護る（まもる）to protect	(20) 言 護
	630	煙	smoke	エン けむり	◇喫煙所（きつえんじょ）smoking area 煙（けむり）smoke	(13) 火 煙
	631	舗	shop; store	ホ	◇店舗（てんぽ）store 舗装（ほそう）pavement	(15) 舎 舗
	632	輪	wheel; circle	リン わ	◇駐輪場（ちゅうりんじょう）bicycle parking lot 指輪（ゆびわ）ring	(15) 車 輪
⑳	633	募	appeal; invite	ボ つの	◇募集（ぼしゅう）recruitment 募る（つのる）to appeal; to invite	(12) 一 莫 募
	634	免	exemption; permission	メン まぬが	◇免許（めんきょ）license 免れる（まぬがれる）to escape; to be avoided	(8) 免
	635	遇	unexpected; treatment	グウ	◇優遇（ゆうぐう）preferential treatment 待遇（たいぐう）treatment	(12) 口 日 禺 遇
	636	歓	joy; delight	カン	◇歓迎（かんげい）welcome 歓声（かんせい）shout of joy	(15) 歓
	637	履	footwear; do	リ	◇履歴書（りれきしょ）resume 履修（りしゅう）takeing classes	(15) 尸 履

	No.	Kanji	Meaning	Reading	Examples	Strokes
㉑	638	宗	sect; religion	シュウ	◇宗教（しゅうきょう）religion	(8)
	639	察	inspection; conjecture	サツ	◇警察（けいさつ）police	(14)
	640	宝	treasure	ホウ たから	宝石（ほうせき）jewel ◇宝くじ（たからくじ）lottery	(8)
	641	害	harm; damage	ガイ	◇有害な（ゆうがいな）harmful 害する（がいする）to injure; to harm	(10)
	642	宅	home; house	タク	◇自宅（じたく）home 帰宅（きたく）returning home	(6)
㉒	643	贈	present; give	ゾウ おく	贈呈（ぞうてい）presentation; making a gift ◇贈り物（おくりもの）gift	(18)
	644	貯	store; save	チョ た	◇貯金（ちょきん）savings 貯める（ためる）to save	(12)
	645	貧	poverty; poor	ヒン ビン まず	貧血（ひんけつ）anemia 貧乏（びんぼう）poverty ◇貧しい（まずしい）poor	(11)
	646	賃	price; fare; fee	チン	◇賃金（ちんぎん）wages 運賃（うんちん）fare	(13)
	647	財	property; finance	ザイ	◇財産（ざいさん）estate 財宝（ざいほう）treasures	(10)

No.	Kanji	Meaning	Reading	Vocabulary	Strokes
㉓ 648	柱	Pillar; cylinder	チュウ はしら	円柱（えんちゅう）column; cylinder ◇柱（はしら）pillar	(9) 一 十 才 木 … 柱
649	詩	poetry; verse	シ	◇詩（し）poetry 詩人（しじん）poet	(13) 丶 … 言 … 詩
650	扱	manage; handle	あつか	◇扱う（あつかう）to manage; to handle	(6) 一 十 扌 … 扱
651	購	purchase; procure	コウ	◇購入（こうにゅう）purchase 購読（こうどく）subscription	(17) 丨 冂 月 目 … 貝 … 購
652	唯	only; merely	ユイ	◇唯一（ゆいいつ）only	(11) 丨 口 口 … 唯
㉔ 653	坂	slope	ハン さか	登坂（とうはん）climbing ◇坂（さか）slope	(7) 一 十 土 … 坂
654	律	law; regulation	リツ	◇法律（ほうりつ）law 自律（じりつ）autonomy	(9) ノ 彳 … 律
655	移	move; shift	イ うつ	◇移民（いみん）immigration 移る（うつる）to move	(11) ノ 二 千 禾 … 移
656	祝	celebrate	シュク いわ	祝日（しゅくじつ）national holiday ◇祝う（いわう）to celebrate	(9) 丶 ラ 礻 … 祝
657	隠	conceal; hide; cover	イン かく	隠語（いんご）cant; jargon ◇隠す（かくす）to hide	(14) フ 阝 … 隠

4 技能でひろがる　中級日本語カルテット Ⅱ［別冊］

Quartet: Intermediate Japanese Across the Four Language Skills II [Supplement]

English copyreading: EXIM International, Inc.
Layout, typesetting and cover art: Hirohisa Shimizu (Pesco Paint)
Printing: Koho Co., Ltd.

Published by The Japan Times Publishing, Ltd.
2F Ichibancho Daini TG Bldg., 2-2 Ichibancho, Chiyoda-ku, Tokyo 102-0082, Japan
Website: https://jtpublishing.co.jp/

ISBN978-4-7890-1745-9

Printed in Japan